本书编辑委员会

主　编	张辉刚	宁　珂					
副主编	马晓慧	王　丹	孙兰惠	余紫翔	郭　雨	杨诗卉	曾嘉玲
编　委	钱　珺	傅居正	龙飞宇	赵　继	张　妮	韩　持	岳大为
	薛双年	黄　睿	李　旸	吴　桐	林戴维	邱秋榕	吴少菊
	汪　艺	姜　楠	杨美美	林　丹	张艺冰	管晓茹	颉杨彤
	李雨桐	李发超	郑煌勇	陈宿瀚			

艺术类高考系列丛书

Director
Scenarist

影视编导专业技巧解析

张辉刚 宁 珂 主编

中国传媒大学出版社
·北京·

前　　言

　　随着高考录取体系的日趋多元化,选择怎样的渠道进入大学已不再单一,选择自己喜欢的影视艺术类专业,通过培训进入高校进行更加系统的专业学习,已成为当下许多高中生比较热衷的一种方式。2011 年,在国务院学位委员会、教育部新修订的《学位授予和人才培养学科目录(2011 年)》中,艺术学成为了第 13 个学科门类,并以全新的面貌出现在我们的面前。戏剧与影视学作为综合艺术也成为了该门类下属的一级学科。而该学科之所以受到广大学生的喜爱,一方面从其自身的特点出发,专业自身的魅力吸引着众多考生愿意在高三选择此专业作为自己进入大学的敲门砖;另一方面,作为影视艺术类专业,它不像舞蹈、音乐、美术等专业,需要考生有较强的专业基础,甚至是"童子功",它可以在考前通过一些专业的辅导来完成对考核项目的准备,使考生能够在短期内掌握专业技能,并顺利通过艺考。当然前期的准备也是十分重要的。

　　纵观现在市场上的很多艺考培训教材,无论是在章节内容的设计上,还是在所举案例的选择上,要么知识体系过于专业,案例选择也不适合艺考学生作参考;要么就是笼统地给出讲解,似是而非反倒误导了考生。本套系列教材是编著团队在总结多年艺考教学经验的基础上耗时 3 年完成的。团队教师在整合各自教学资源的同时,紧贴全国艺考大纲完成内容写作,并且认真整理了多年来所教学生中的典型案例,所有内容的编写均本着实用的原则,力求使本套教材能够真正给予考生帮助。

　　本套教材具有以下几个特点:

　　1. 内容全面,涵盖范围广。随着艺考院校数量的不断增加,艺考的考核项目也越来越多样化,很多学校会依据自身的定位和教学特色确定自己的考试内容。**本套教材几乎涉及了近年来全国各大艺术类院校所考到的所有考试项目,并就考试具体要求作出了详细讲解**。因此考生可根据自己所要报考的院校,查询其考试项目,再结合本套教材的相关内容进行有针对性的学习,定能使考生既高效又省时地完成备考任务。

　　2. 紧贴艺考大纲,针对性强。本书的写作顺应新目录、新发展的要求,对应戏剧与影视学下属的二级本科目录中的**广播电视编导、戏剧影视文学、戏剧影视导演、电影学、播音与主持艺术以及特设专业影视摄影与制作的艺考大纲**,对于大纲中重点强调的内容，书中进行了详细讲解，而对于逐年渐冷的考核项目，本教材也相应减少了篇幅。

3. 案例通俗易懂，实用性强。在艺考培训学习中，很多考生最困惑的便是没有合适的案例可供同学们参考，要么是名家作品无法借鉴，要么是千篇一律、毫无新意，甚至有些案例是高中语文课本中的篇目。**本套教材中的所有案例均为编著团队教师在多年执教的过程中，精心收集并整理的优秀学生案例**，既符合艺考评判标准，更重要的是来自"身边"的同学之作，定能让考生们看得清、读得懂。

4. 讲解难易得当，梯度设计合理。由于影视传媒专业在本科教育中涉及很多专业课程，所以在艺考的学习过程中，很多知识都会被视为考核点要求考生有所涉猎。但毕竟艺考是一个相对初级的选拔过程，并不需要太过于深奥，因此**本套教材的编写以实用为主**，对所有内容进行了难易梯度划分，考生认真研读此书便可全面掌握艺考中的所有考核点。

本套教材之所以选择以系列教材组合的形式出现，是因为：一方面，将文艺常识作为一本工具书（即《影视编导专业文艺常识》一书），可为考生提供系统的查阅文库，艺考中大量有关常识的背诵与默写，则可通过学习本书完成系统掌握；另一方面，在《影视编导专业技巧解析》一书中，则详细介绍了艺考需要考生进行创作的所有考试类型，该书在对基本知识进行梳理的前提下，介绍经典写作模板并通过选择典型案例帮助考生更好地理解，从而使考生能够全面掌握该类型题目的答题要领。但在使用《影视编导专业技巧解析》一书时，考生则需要配合《影视编导专业文艺常识》中的相关讲解来完成。因此，编著者强烈建议考生能够同时选择两本教材，通过二者相辅相成的配套讲解来完成对本专业的学习。

造烛求明，读书求理。高三阶段对于每一位考生来讲，都是至关重要的，时间紧、任务重，能够选择一套适合的教材是十分重要的。仔细阅读本套系列教材，认真掌握其中所讲的知识体系与要点，定能够帮助考生从容应对艺术类高考。因此，本书编写组希望通过主创团队的努力，为所有考生编写一本真正有实用价值的教材，让这套教材可以帮助所有选择影视艺术类专业的同学都能梦想成真！

张辉刚
2015年6月于甘肃肃南

目录 Contents

导读：戏剧与影视类专业艺考全解析 / 1
    第一节 专业分类解析 / 1
    第二节 艺术类考试改革解析 / 5
    第三节 考试科目简介 / 6

第一章 编创故事 / 9
    第一节 故事简介和考试形式 / 10
    第二节 编创故事的概念与要素 / 12
    第三节 编创故事的方法与技巧 / 20

第二章 电影作品评论 / 27
    第一节 电影作品评论的含义及特征 / 28
    第二节 电影作品评论的结构流程及基本要求 / 30
    第三节 命题类型介绍 / 38
    第四节 实用模板分步讲解 / 44
    第五节 常见问题点拨 / 46
    第六节 经典范文举例 / 47

第三章 电视作品赏析 / 50
    第一节 电视作品的概念与分类 / 51
    第二节 电视节目分析 / 52
    第三节 电视纪录片赏析 / 57
    第四节 电视专题片赏析 / 64
    第五节 电视散文赏析 / 72
    第六节 电视广告赏析 / 77

第四章　广播电视策划写作　/ 83

第一节　策划案概述　/ 84
第二节　广播节目策划　/ 85
第三节　电视频道策划　/ 91
第四节　电视栏目策划　/ 96
第五节　电视节目策划　/ 100
第六节　电视晚会策划　/ 108
第七节　电视纪录片策划　/ 115
第八节　电视专题片策划　/ 121

第五章　广告创意写作　/ 127

第一节　广告及广告创意的相关介绍　/ 127
第二节　广告文案写作　/ 132
第三节　电视广告创意写作　/ 138

第六章　材料作文　/ 144

第一节　材料作文基本介绍　/ 144
第二节　材料作文的应试方法与技巧　/ 147
第三节　材料作文真题解析　/ 152

第七章　叙事散文写作　/ 155

第一节　叙事散文基本介绍　/ 155
第二节　叙事散文的写作要领与方法　/ 157
第三节　经典范文赏析　/ 169

第八章　摄影作品分析　/ 172

第一节　摄影作品分析基本介绍　/ 173
第二节　摄影作品分析的方法与技巧　/ 175

第九章　文学作品评论　/ 185

第一节　文学作品评论的特点与原则　/ 185
第二节　文学作品评论的方法与考试类型　/ 187

第十章　新闻稿件的写作方法与技巧　/ 198
　　第一节　消息写作　/ 199
　　第二节　通讯写作　/ 202
　　第三节　新闻评论写作　/ 206
　　第四节　专访写作　/ 209

第十一章　命题小品创作　/ 212
　　第一节　小品的概念与特征　/ 213
　　第二节　命题小品创作　/ 215
　　第三节　命题小品创作的两种特殊命题形式　/ 222

第十二章　自我介绍、才艺展示及回答考官提问　/ 229
　　第一节　自我介绍的方法与技巧　/ 230
　　第二节　才艺展示的应试方法　/ 236
　　第三节　回答考官提问　/ 240

第十三章　即兴评述　/ 245
　　第一节　即兴评述要点概述　/ 246
　　第二节　即兴评述考试题型分析　/ 248
　　第三节　即兴评述应答步骤及技巧　/ 251
　　第四节　即兴评述的准备方向及素材备案　/ 255

后　记　/ 263

导读:戏剧与影视类专业艺考全解析

第一节 专业分类解析

根据国务院学位委员会[2011]8号文件发布的新修订的《学位授予和人才培养学科目录(2011年)》,新增艺术学为第13个学科门类,下设五个一级学科,即:艺术学理论、音乐与舞蹈学、戏剧与影视学、美术学和设计学。长期以来,艺术学作为文学门类之下的一级学科,被艺术界人士戏称为"艺术是文学的儿子"。这次"升格",无疑让艺术名归正传,可以说是我国教育史和学科发展史上的一座里程碑。在此背景下,艺术类专业考试也在深化改革、逐年推进。本书的写作顺应艺术改革的大趋势,重点针对一级学科"戏剧与影视学艺术专业"考试进行探索,对新形势下的考试状况,尤其是编导类艺术专业考试做了全面深入解读。下面是对本书涉及的内容和专业划分的一个大致介绍,以便考生明确报考定位,明晰阅读目的。

一、本书涉及的专业分类

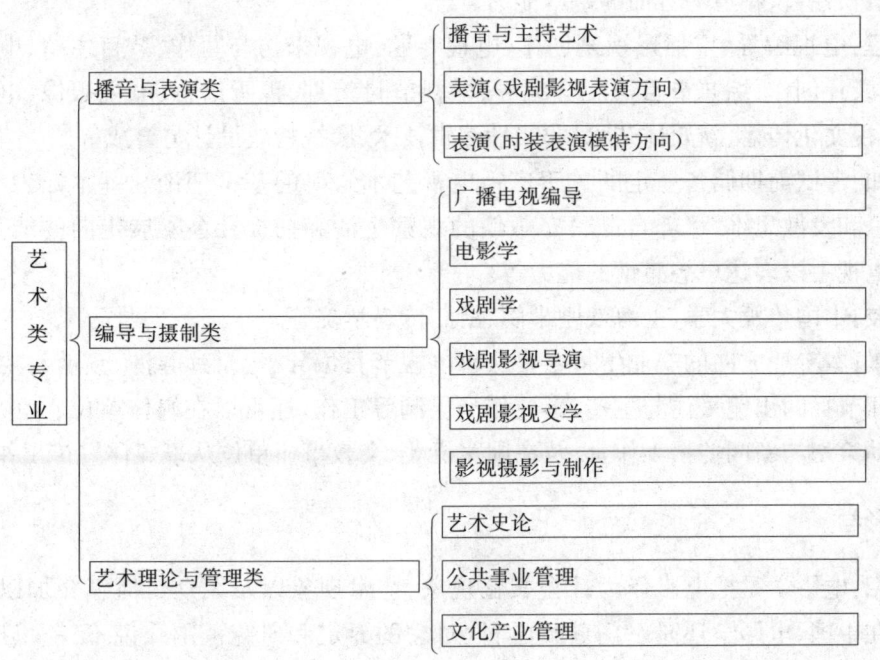

以上是作者依据近些年大多数省份和高校对戏剧影视、传媒艺术、文化管理、艺术理论等各类专业的具体招考要求进行划分的,在本书中可查阅到上述三大类专业考试中的部分考试科目内容。为了有所侧重,本书将主要依据艺术类考试的形式,重点对编导与摄制类专业下的戏剧学、电影学、广播电视编导、戏剧影视导演、戏剧影视文学以及影视摄影与制作进行讲解。

另外,由于各所院校的学科培养情况不同,特别是一些专业院校又有其各自不同的培养侧重,本书也就其特点进行了分析。以中国传媒大学为例,播音与主持艺术专业就有播音与主持艺术方向、英语节目主持方向等;广播电视编导专业又有电视编辑方向、文艺、综艺节目编导方向等。以北京电影学院为例,戏剧影视文学专业有编剧方向、影视媒体方向等;公共事业管理专业有文化事业文化经纪方向、影视制片管理方向等。因此,同学们需依据个人的兴趣爱好以及对考试内容的把握,并参阅相关院校当年的招考情况,合理选择专业与专业方向。

二、编导与摄制类相关专业介绍

(一)广播电视编导

专业介绍:广播电视编导专业是一个年轻的朝阳学科。该专业旨在培养学生成为具有较高的政治水平、理论修养和艺术鉴赏能力,具备一定的文化与科学知识,熟悉党和国家宣传政策法规,能在广播电影电视系统或其他部门从事广播电视节目编导等方面工作的应用型人才。本专业主要学习艺术、文学、美学、广播电视艺术学等方面的基本理论和基本知识,接受广播电视节目编导、策划、制作、主持等方面的基本训练,掌握创作、管理广播、电视节目、栏目、频道等方面的基本能力。

专业课程:电视编导、广播影视剧创作、电视专题、电视采访与写作、节目主持、电视节目导播、纪录片创作、综艺节目与晚会编导、电视节目策划、视听语言、电视摄像、电视画面编辑、影视文化传播、新媒体艺术、非线性编辑技术、影视特效设计与合成等。

报考须知:考试前期储备一定的关于广播电视艺术学科的基本理论和基本知识;具备一定的创意和发散思维,培养自己具有敏锐的观察生活和捕捉社会发展走向的能力,以及用广播电视手段表达思想感情的能力等。

优秀院校:中国传媒大学、上海戏剧学院、浙江传媒学院等。

就业前景:本专业方向的毕业生将主要从事电视节目编导、纪录片导演、频道与栏目策划以及新闻节目的出镜采访与主持、影视作品摄制等工作,还可以在媒体单位、大中型企业从事活动策划与新闻传播工作,以及在国家机关、文教事业单位从事媒体宣传工作。

(二)电影学

专业介绍:电影学是把电影作为社会文化现象、艺术现象以及大众传播媒介加以研究的科学。在中国,电影学还是一门新兴学科,对它的界定和研究范围众说不一。目前国内的电影学研究与其他学科研究是密不可分的,如电影美学、电影哲学、电影诗学、电影心理学、电影社会学和电影符号学等。一般认为,电影学是艺术学的一个分支,其范畴包括电影发展过程、电影审美特性、电影创作规律、电影作品分类及其社会作用与美学效应等。

专业课程：电影艺术史论、电影创作、编剧艺术、电影批评、电影电视剧表演艺术、影视制片管理、摄影艺术、电影制作、影视文化传播等。

报考须知：考生前期储备一定的电影发展历史、公共经济理论、技术与方法等方面的知识,具备一定的管理、经营、策划、调研、交际等能力。

优秀院校：北京电影学院、北京师范大学等。

就业前景：本专业毕业生可以到报社、杂志社和出版社等新闻出版机构以及国家广电总局、中影公司、地方广电集团(局)、文联、影视传媒公司等单位就职。

(三)戏剧学

专业介绍：戏剧学是一门新兴学科。狭义的戏剧学即戏剧,旧时专指戏曲,后用于戏剧、话剧、歌剧、舞剧、诗剧等的总称。广义的戏剧学还包括戏剧史、戏剧人类学、戏剧社会学、戏剧哲学、戏剧心理学、戏剧形态学、戏剧文献学、戏剧教育学等。戏剧学专业的学生需系统掌握戏剧、戏剧文学的基本理论和创作技能,了解相关学科的知识,要有较好的文化艺术修养、较强的审美感觉和创造性思维,具有较系统的、广博的戏剧影视理论和历史知识,掌握分析和研究戏剧影视作品的方法,有较强的写作能力。

专业课程：导演学、表演艺术、舞台美术设计、中外戏剧史概论、中外戏剧艺术批评、编剧理论、戏剧文化传播、化妆造型、摄影艺术、灯光照明等。

报考须知：了解我国的文艺政策,系统地掌握戏剧、戏曲影视文学的基本理论和创作技能,有较强的观察、理解、概括生活的能力,掌握分析和研究戏剧影视作品的方法,有较强的理论写作能力。

优秀院校：中央戏剧学院、上海戏剧学院、中国戏曲学院等。

就业前景：本专业培养具备戏剧和影视的理论、评论、编辑和艺术管理等方面的知识,能在剧院(团)或电视台、电影厂以及文化管理机关、文教事业单位等部门从事理论研究、编审与文化管理等方面工作的高级专门人才。

(四)戏剧影视导演

专业介绍：本专业旨在培养具备戏剧、戏曲导演、电影、电视剧导演和戏剧理论研究能力的人才,包括戏曲导演、戏剧导演和影视导演等几个学习方向。通过对故事建构、影像造型、声音处理、表演控制及后期制作等方面的训练,培养学生通晓视听语言能力、掌握导演工作技能,具备一定的想象力、创造力、执行力,能独立从事电影、电视剧、纪录片编导等工作。

专业课程：剧作课程系列、表演课程系列、导演课程系列、影视剪辑与摄制课程系列等。

报考须知：考生考试前期储备一些有关影视艺术、创作艺术学科的基本理论和基本知识；通过多种渠道积累自己的文化底蕴，对视听、剧本创作、演员表演等多门学问有一定的积累。

优秀院校：中央戏剧学院、北京电影学院、上海戏剧学院等。

就业前景：本专业学生毕业后可在剧院（团）、电影制片厂、电视台、电视剧制作中心等部门从事戏剧、戏曲艺术、电影、电视剧制作等方面的导演工作和理论研究工作。

（五）戏剧影视文学

专业介绍：本专业以研究电影、舞台剧（包括话剧、小品等）、电视剧的文学剧本创作为核心，重点在于培养编剧、戏剧影视策划与戏剧影视文学评论等方面的专业人才。要求学生系统地掌握戏剧、戏曲影视文学的基本理论和创作技能，能细致地观察、理解、概括生活，有较强的剧本创作能力和文艺编导能力。

报考须知：考生需对影视艺术和舞台艺术有浓厚的兴趣，文学功底强，镜头感强，能区分剧本和其他文学形式的不同，擅长讲故事，思维开放，表达大胆，善于从生活中取得灵感。

优秀院校：中央戏剧学院、北京电影学院、中国传媒大学、上海戏剧学院等。

就业前景：本专业学生毕业后可在剧院（团）或电视台、电影厂以及文化管理机关、文教事业单位等部门从事文学创作、编辑和理论研究工作。

（六）影视摄影与制作

专业介绍：本专业主要学习影视摄影与制作的基础理论，培养具备一定的影视摄制技术应用能力，能在电视台、影视制作公司等单位从事影视摄影和后期节目制作等工作的高级应用型、创新型、复合型传媒人才。

专业课程：数字电视制作技术、图片摄影创作、影视声音、照明技术与技巧、摄影画面创作、电视剧摄像创作、影视剪辑技巧、动画创作与制作、影视特效设计与合成、新媒体艺术、数字媒体技术等。

报考须知：考生考试前期储备一些关于影视专业的基础理论、摄影以及计算机方面的基本知识；具备一定的创意和发散思维，以及能利用影视手段表达艺术审美思想的能力。

优秀院校：中国传媒大学、北京电影学院、浙江传媒学院等。

就业前景：本专业学生毕业后可在广告公司、影视剧制作公司、新闻媒体、报社、杂志社、出版社以及婚纱影楼等单位从事摄影摄像、影视制作、计算机平面设计、广告策划与制作、文化宣传、社会教育方面的工作。

需要特别提示的是：影视摄影与制作专业是国家确定艺术门类，调整本科专业目录后首次创办的艺术类特设专业。至今，开设此专业的院校仍较少，并且大多数影视摄影与制作专业是由院校本来已有的如摄影摄像、灯光照明、电视节目制作、数字电影制作等专业合并修改整合后形成的一个新专业。

该专业强调一切从业界创作和制作的实际要求、从学生就业现实出发,以"重基础、宽专业"为原则,并以具有编导思维和意识、编导能力和技能的影视创作与制作人才为培养目标,在专业建设和课程设置上,真正体现"一专多能"(导演、剪辑、摄影、录音、制作等)的特色,真正体现"注重创作实践技能"的特色。因此近几年来,在编导艺考过程中,该专业受到了较多考生的追捧。由于该专业注重对学生能力的培养,也被业界和学界认为是具有极大发展潜力的就业专业,因此尽管开设时间较晚,近几年的录取人数和院校数量仍呈逐年增长之势。在这里,我们也推荐编导艺术类考生报考该专业。

第二节 艺术类考试改革解析

一、艺术类专业的改革探索

根据近些年教育部对普通高等学校艺术类专业招生工作的具体要求,再结合各个省份的艺术考试趋势,我们可以看出,艺术类专业考试的改革已经在逐年深入,这样的改革无论是从专业类别的具体划分,还是考试的公平、公开、公正程度上来讲,都有了长足进步。从改革内容上来讲,主要涉及以下三个方面:

1. 加大文化课分数在艺考录取中的比重,逐步提高艺术生的文化成绩要求。

2. 各省级招生机构进一步扩大省级统考的科目类别,按照普通高等学校本科专业目录中的艺术学门类专业,逐步组织开启音乐学类、舞蹈学类、戏剧与影视学类、美术与设计学类统考,进一步扩大省级统考适用范围。

3. 严格限定按艺术类招生的专业,包括艺术教育、服装设计与工程、风景园林、文化产业管理,可划定为艺术学学位的非艺术学门类专业。若招生学校有相关专业要求,需在招生简章中明确考生应参加的专业考试科目类别及录取要求。其他非艺术类专业不得按艺术类专业招生考试办法招生。

【温馨小贴士】

现今编导艺术类考试文化课的比例有所上升,但相较于一本、二本院校的录取分数,还是要低50~120分,个别学校艺术类考试的文化课录取分数还要更低。虽然各个艺术类别省统考范围在逐步扩大,但全国31所独立设置的艺术类院校以及13所参照独立设置的本科艺术院校招生高校(如中国传媒大学、北京电影学院等),以及具有相应学科艺术硕士点的高校和个别重点高校等,原则上经教育有关部门批准,仍允许自主设置艺术类的专业校级考试。近些年,由于艺术门类的确定,非艺术类专业按照艺术类招生的乱象得到了一定的控制,校级考试的院校层次和规范性某种程度上得到了保证。对考生而言,考试秩序的公平、公正进一步得到了维护。

二、改革后优势解读

1. 新政策主要体现在优化艺术门类专业布点、加强艺术学门类专业招生计划宏观调控、分类确定艺术学门类专业招生办法、加强艺术学门类专业考试规范化管理等方面。
2. 承认艺术专业省级统一招生考试的学校增多,这样考生的录取机会也相应增大。
3. 艺考生的报考负担减轻,避免盲目报考,提高艺术类考试的录取几率。
4. 由于对文化课要求逐年提高,也就相应地促进了艺术类考生对文化课的重视程度,从而加强了对艺术生文化底蕴的培养。

第三节 考试科目简介

一、面试

面试的出题方式及目的很大程度上区别于应试教育下的考试出题。标准化的高考试题使考生多元的发散思维受到限制,甚至扼杀了考生的想象力和创造力,这使得在面试中,有相当一部分考生思维简单,缺乏最基本的审美能力,想象力与创造力匮乏,不能很好地面对他人和自己的情感,在认识、理解、处理问题上缺乏批判精神,没有坚持自己的立场和观点的勇气,更没有独立的见解与立场,有很明显的惯性思维倾向。因此,在艺考面试环节,考生需要经过专业练习,方可顺利通过。面试包含自我介绍、即兴评述、才艺展示、回答考官问题等内容。

(一)自我介绍

自我介绍是考生与考官的第一次面对面交流,因此考生给考官留下好的印象是以后各项考试的基础。考官通过考生的自我介绍,了解考生关于自己和专业等方面的具体情况。自我介绍中最重要的是考生突出自己与众不同的个性,因为时间短暂,自我介绍不能全面展示,必须要突出重点。自我介绍涉及的一些话题,可能会成为之后考官提问环节考官所问问题的依据,因此,一方面要求考生的自我介绍内容必须真实,另一方面考生也应该尽情展示自身的特长,以便考官更好地了解自己,发现自身的潜力。

(二)即兴评述

即兴评述的目的是考查应考者的快速思维和语言组织能力、口语的表达能力以及临场不慌的心理素质。它要求考生思维敏捷,快速组织语言能力强,记忆力强,同时,它也是对考生的知识功底、文化素质的检验。

(三)才艺展示

才艺展示主要是考查考生的艺术修养和综合素质。各学校各专业在"才艺展示"项目上一般有不同的要求,考生可根据自己的兴趣爱好和长处选择展示项目,如声乐、舞蹈、戏曲、小品、书法、器乐、武术等均可,但要扬长避短,不求面面俱到,只求重点突出。

(四)回答考官问题

编导专业面试的考官提问大体上分为两个部分:第一部分是关于文艺常识和影视常识方面的知识;第二部分是随机问答。一般来说,考查重点和难点会出现在第二部分中,这部分题目范围广,偶然性大,考生应注意平时积累,多看专业书籍和相关资料。

二、笔试

笔试通常包含影视作品分析评论、编写故事、节目策划、叙事散文、材料作文、命题小品、广告创意等内容。下面将逐一概括介绍。

(一)影视作品分析评论

这一部分主要是考查考生对影片的分析能力,涉及具体影片创作的问题,电影诗情品格或美学定位能力及视听和文学叙事知识的能力。考生要有意地形成一套与自己的专业相适应的分析影视作品的方法。比如,认识与运用视听技巧,分析具体影片创作的问题;结合影视化的呈现,把握具体作品的诗情品格或美学定位。

(二)编写故事

故事编创是编导类艺术考试中的核心科目。在影视作品的创作中,故事的具体表现既是形式也是内容,同时它还是影视作品文学层面的主体。编创故事的考试分为编写和编讲两种考查方式。近些年来,大多数院校在此项考试中是以编写形式出现的,主要有立意鲜明、主题积极、结构完整、刻画详略得当、文笔流畅以及具有画面感等几点要求。

(三)节目策划

在广播和电视节目的前期构思创作阶段,策划文案的写作是一项十分重要的流程,而作为一名编导,撰写规范、准确的策划文案也是其基本功之一。不同类型的节目在策划文案的写作上有其各自不同的侧重点。在本书第四章,将针对各类节目讲解其策划文案的侧重之处,并给出实用的模板及案例。节目策划在近几年的艺考中加大了比例,故需要引起考生足够的重视。

(四)叙事散文

顾名思义,就是写人记事,以塑造人物和表达情感为目的。叙事性散文比较灵活,它不像小说一样要求具有严密的故事逻辑,可有叙有议,可以有比较大的时空跨越性与内在描述空间,当然,所描写的人物也可以只是性格片段的展现。以写人、叙事为主的散文,或通过叙述事情的经过来反映社会生活,或以描写人物的言行来表达作者的思想感情(喜、恶、爱、憎)。这类散文对人和事的叙述和描绘较为具体、突出,同时表现作者的认识和感受,也带有浓厚的抒情成分,字里行间充满着深厚的感情。

(五)材料作文

材料作文是根据所给材料(一种社会现象、一个生活画面或一则寓言故事等)和要求来写文章的一种作文形式。它要求考生依据材料来立意、构思。材料所反映的中心就是文章中心的来源,不能脱离材料所揭示的中心来写作。

(六)命题小品

艺术源于生活且高于生活。小品的题材多取自于生活中的一些凡人小事。考生要用生活的眼光去挖掘题材,在生活的基础上进行创作,不能瞎编滥造;在对生活进行"艺术夸张"的时候,要注意夸张的度,应给人一种真实的感觉。

考生在进行命题小品创作的时候,语言要风趣、幽默,要通过语言揭示人物的内心世界。小品最宝贵的是语言的生动和妙语连珠。因此,首先,要巧妙地运用各种修辞手法,切忌平铺直叙;其次,小品中一个人物的一段台词不宜过长,尽量使用短句,力求简洁。考生创作命题小品的时候要注意这是剧本形式的,所写内容均可通过镜头进行表达,过于抽象的表述不适合出现在小品中,要用细节展示人物性格,让作品充满画面感。

(七)广告创意

广告创意简单来说就是通过文字将大胆、新奇的广告手法、视听效果书写出来。考生应掌握广告的基本原则和创意基本方法,能够创作好的广告作品,并能准确分析和评估广告作品;此外,考生应掌握文案和广告分镜头脚本结构,在此基础上撰写广告文案和分镜头脚本。

第一章 编创故事

框架梳理

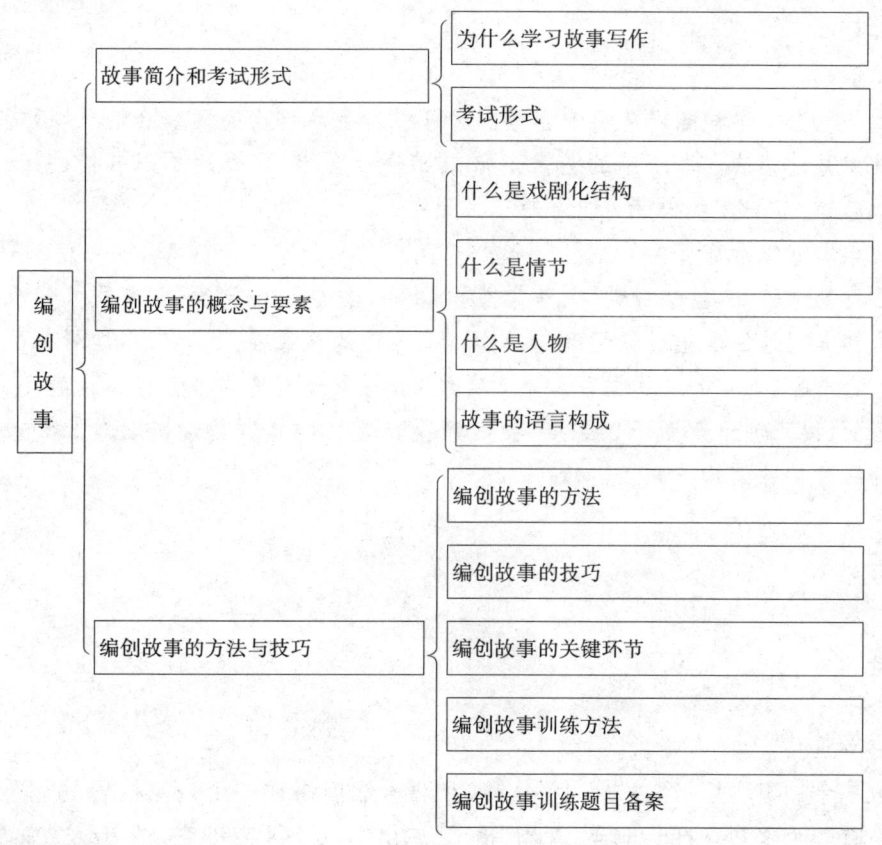

本章提要

　　故事是"编"出来的。当然这个"编",绝不是凭空瞎编,而是在积累了大量的生活素材后,对素材加以提炼。故事的写法,一般可以简要地概括为:三两个人物,在两三个不同的场合,围绕一个中心情节(故事核心思想)展开两三次矛盾冲突,最后使矛盾得到解决。还有,故事是"讲"出来的。既然是"讲",那就必须使用口语,方便你的讲述,使故事生动,注意不要书面化太强或者使用散文语言。

第一节 故事简介和考试形式

一、为什么学习故事写作

在编导考试中，故事写作是绝大多数院校的必考科目。究其原因，故事是剧本的雏形，对于学习编导的同学来说，写故事是基本功，是考查考生的影视文学表达能力的有效方式之一。

【温馨小贴士】

1. 影视文学

影视文学是电影文学和电视文学的合称。它可以对生活作出高度综合的反映，能够运用形象思维和通过塑造生动可感的艺术形象来反映社会生活、表达思想感情，从而唤起人们的审美感知、审美教育和审美娱乐的艺术形式。

2. 影视文学的基本特征

影视文学的基本特征，包括视觉性、动作性和蒙太奇结构。视觉性，指影视文学剧本用文学描写能够鲜明地体现出视觉形象，具有具体、实在的视像性。动作性，即影视文学剧本能给予人物清晰、丰富的动作描写。蒙太奇结构，指影视文学剧本把许多内容不同、场景各异的画面，按照创作意图予以组接，使之产生连贯、对比、联想、衬托、悬念和节奏等艺术效果的一种特殊结构方式。

二、考试形式

（一）面试

1. 方法及要求

考生抽取一个故事题目，经过3～10分钟的准备，然后讲述一个自己构思的完整故事。编讲故事有四个要素：时间、地点、人物、情节。其中，人物要有冲突，情节悬念强烈，叙述要有画面感。

2. 题目类型

（1）命题词语编讲故事（个人形式）

考官给出一个命题（具体参见"故事写作命题的一般分类"），让考生以个人形式在规定时间内讲出一个故事。所讲故事不仅要紧扣命题，同时还要以命题的中心及含义推动情节发展，影响人物命运，揭示故事主题。

【范例一】2008年中央戏剧学院电视系导演专业试题

（三试）命题编讲故事，故事里必须出现"秘密"、"妻子"、"馄饨"三个词语（时间限制在四分钟内）。

（2）图片分析讲故事

考官给出一张图片或摄影作品，考生仔细观察图片，抓住图片中隐含的环境信息、人物关系和图片主题，推出图片或摄影作品创作的原因，形成故事。

【范例二】请观察下图，编讲一个故事。

图1.1

（3）集体接龙编讲故事

考官给出既定的故事题目，考生若干人为一组（一般为5～8人）。这样的考试一般以一个考生开场，以接龙的方式集体完成故事编讲过程。

（二）笔试

1. 方法要求

命题编写故事要求考生根据给出的题目编写故事，着重考查故事的结构性、完整性和原创性。

2. 题目类型

（1）命题式

考官直接给出题目，要求扣住题目编创故事。例如：以"雨夜"为题编一个故事。

（2）续写式

考官给出故事的开头或其他部分要求续编故事。例如：以"初冬的江边，寒风瑟瑟，两个人正向这里走来……"为基础，续创一个故事。

(3)图片式

考官给出漫画、摄影作品、插图等,要求考生编讲或写一个故事。

(4)联想式

考官给出一组相关联的词语,要求考生讲或写故事。例如:用"白云"、"鲜花"、"少年"三个词编创一个故事。

(5)改编式

考官给出一则材料,根据材料编故事。例如:根据一则新闻、一个寓言等改编成故事。

(6)情节拼块式

此类题型如同小时候玩魔方,有几个混乱的情节拼块,要把它们用你认为比较合理的顺序增加适当情节拼回原状。例如:根据给出的下面三段话编一个故事:a. 小易从阁楼上翻出了一台收音机,掸了掸灰尘。b. 小雅走到镜子前,摘下一根鬓前的白发。c. 小易走到露台上,望着飞机划过天空。

第二节 编创故事的概念与要素

故事是通过画面语言来描述具有戏剧化结构特征的事件,它有三个基本要素,即情节、人物和环境。

一、什么是戏剧化结构

一个故事,在结构上,它应该是下面这个样子:

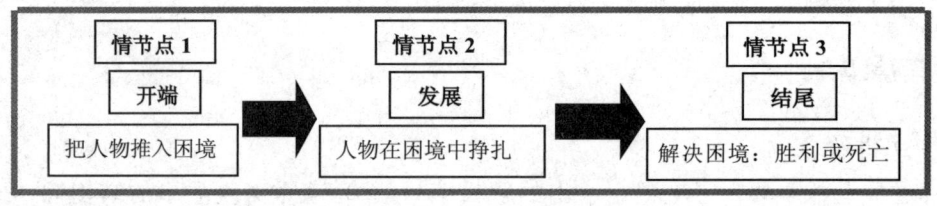

图 1.2

我们观察图1.2,它包含的内容有:

(一)故事结构的三部分

一个故事,不管它有多少情节点和情节段落,都可以分为三部分:开端、发展及结尾。

(二)三个部分在故事中的比例

如果一个故事的长度是1200字,那么,开端、发展及结尾三部分的比例如下:

开头:300 字左右,约占总字数的四分之一;
发展:600 字左右,约占总字数的一半;
结尾:300 字左右,约占总字数的四分之一。

(三)情节点

情节点是故事开端、发展及结尾的标志,对故事的走向起到关键作用。下面以赵宝刚导演的电视剧《老有所依》中的一个片段为例,了解故事的基本结构。

【范例】

患轻度老年痴呆的老刘受儿媳虐待食不果腹。饥肠辘辘的老刘在深夜去小饭店却弄丢了家门钥匙,多次求助无果,老刘流浪街头。一个热心警察见老刘可怜,送老刘回了家,儿子、儿媳羞愧不已。

a.开端

儿媳打来电话撒谎无法做午饭,老刘辗转楼下馄饨铺。

(情节点1:由儿媳制造冲突,老刘食不果腹。)

b.发展

老刘吃饭弄丢钥匙,求助无果。

(情节点2:丢失钥匙,忘记求救电话,无家可归。)

c.结尾

老刘流落街头,好心警察送其回家。

(情节点3:好心警察出现,送老刘回家。)

【温馨小贴士】

艺考要求考生所编故事须结构清晰,层次分明。故事应该协调好开端、发展及结尾的关系。开头过长,显拖沓;发展过短,情节突兀;结尾仓促,故事平庸。因此,把握好每个部分的层次关系都是非常重要的。

二、什么是情节

情节是故事中推动人物关系变化、影响人物行为、改变人物命运的事件,其核心是矛盾。

(一)情节分类

情节分为一般性事件和故事的事件。一般性事件推动故事进程的能力很弱;而故事由于篇幅短小,需要更具矛盾冲突性的激烈事件。例如:

片段一:"啪"的一声,名贵的琉璃花瓶摔得粉碎,红红闻声从厨房赶了出来,客人明明愣愣地站在一堆碎片旁不知所措,看到红红,明明怯怯地说:"对不起。"红红安慰着他说道:"没关系",接着便转身回到厨房继续准备晚饭了。

片段二:"啪"的一声,名贵的琉璃花瓶摔得粉碎,红红闻声从厨房赶了出来,客人明明正愣愣地站在一堆碎片旁不知所措,看到红红,明明怯怯地说:"对不起。"红红脸色一沉说道:"哎呀,你把我爸爸最喜欢的花瓶打碎了……"

从上面两个事件片段我们可以看出,后者更易引发精彩的故事,让情节得以延续。

(二)故事的情节线

情节线最好只有一条,围绕中心人物展开。

(三)情节的合理性

故事要符合生活逻辑、情感逻辑;处理恰到好处的矛盾冲突时,注意把握尺度。

【范例一】

《巧合》

辽宁考生　刘宇洲

因为肾脏出了问题,小红一直躺在医院里。突然有一天,医院得到了一位肾脏与小红相匹配的好心人的捐献,小红的生命有了新的希望。在手术过后,经过一段时间的休息,小红的身体恢复得差不多,她出院了。

出院后,小红在一家公司的基层工作,当一个月薪高达一万元的白领,她在身体康复的同时也慢慢变得自信起来。看似无忧无虑的生活下,小红的内心却寻找着一个声音,那个在她心里最凄凉无助时陪伴着她、带给她阳光般温暖的声音。她确定那个声音是捐给她肾脏的人的,因为那声音是在她听到有人愿意捐给她肾脏的时候出现的。但与此同时,她并不清楚家里发生了什么事,她的父亲在五六年前失去了他的大女儿小兰——那个跟小红同父异母的姐姐,那个曾经给她幼小的心灵带来创伤、总是在没有别人在的时候欺负她的姐姐,那个让小红一看到就全身发抖的人。小红只知道小兰去美国留学以后一直都没有回来过。

有一天,当小红走出电梯之后就看见一个女生跟她的同事说话间走进了电梯。这个声音好熟悉,回味间小红突然肯定就是她,那个在小红最难熬的时候,是这个声音的出现带给她了一线生机,是她把肾脏捐给了小红。小红回过神来立刻在电梯门快要关闭前把手伸了进去,手被电梯门夹住了,这才使小红有机会再次进了电梯。小红满心欢喜地对那个女生介绍了自己,说明自己也在这个公司工作,既然大家都是一个公司的同事,她要和那个女生做朋友,那个女生被她的诚恳打动了。

终于,在一来二去的短信联系和电话问候之下,两人成为了好朋友。小红急切地想知道真相。一天,小红迫不及待地去了那个女生的家里,她向那个女生说出了自己五六年前的遭遇,她问那个女生是不是那个为她捐献肾脏的人。在她的一再追问下,那个女生说出了真相:那个女生确实在小红生病期间看望过她,但她并不是那个为她捐献肾脏的人。她对小红说,她是在美国上学期间和小兰同宿舍的好朋友。那个女生向小红读了一本日记,内容是小时候,由于父母离异,小兰的内心十分孤独,曾经习惯欺负那个同父异母的妹妹小红。后来小红生病住院,小兰非常希望小红能醒来叫她一声"姐姐"。然而在小红生病住院期间,小兰却因为一场车祸在美国不幸去世。临终前,她对那个开车司机说的最后一句话竟然是把肾脏捐献给她的妹妹。那个女生把小兰的日记本让她的父亲看,她的父亲按照小兰的意思把肾脏捐献给了小红,而小红也找到了与自己相匹配的肾脏。小红的爸爸看完日记后知道小时候小兰总是欺负小红,他对小红的态度变得温柔起来,不再对小红提苛刻的要求。

小红听到这个消息后如晴空霹雳,此后小红再也不恨小兰了,每次在小兰的生日时,她总会对着小兰的照片唱生日歌来怀念她。

【评析】

这是一则虚假的反面编创故事案例,其中"出院后,她在一家公司的基层工作,当一个月薪高达一万元的白领"和"小兰却因为一场车祸在美国不幸去世。临终前,她对那个开车司机说的最后一句话竟然是把肾脏捐献给她的妹妹。那个女生把小兰的日记本让她的父亲看,她的父亲按照小兰的意思把肾脏捐献给了小红"这两个部分描述的情节是严重违反日常生活逻辑的,在现实生活中是难以真正实现的。情节可以虚构,但要考虑它的可实现性。

【范例二】

父亲在那一年的地震中死了,明明和母亲相依为命住在郊区的房子中,母亲每天早出晚归,在纺织厂做着一份勉强糊口的工作。幼小的明明好像也一夜间懂事起来,很少再缠着母亲要这要那。

"糖葫芦,好吃的糖葫芦",正在房间做作业的明明被叫卖声吸引,他站起身,拉开窗户向窗外大喊要小贩等他。明明冲进父母的卧室,找到在衣柜第三层衣服后面母亲藏的月饼盒,他看到过母亲把所有零钱都整理到这个月饼盒里。他打开盖子,却在拿钱的时候犹豫了,里面父亲的遗像慈祥地看着他。明明轻轻地把盒子扣好,小心翼翼地放了回去,眼看着小贩越走越远,明明咽了咽口水。

宁静的夜,屋子里只剩下孩子均匀的呼吸声,门"吱呀"一声响了,母亲悄悄地推门进来,她一点点调亮台灯,照亮孩子的脸庞。她摸着明明的头,轻拍着他的背,一天的疲劳,立马烟消云散了。明明翻了个身,母亲这才注意到枕头底下压着什么东西,那是一张纸。母亲小心翼翼地把纸抽了出来,借着昏黄的灯光一看,白纸上歪歪扭扭地画着一串糖葫芦,纸被揉得皱巴巴的,一定是被瞧了很多次。

第二天一大早,临走前的母亲告诉明明一定会给他带回最爱吃的糖葫芦,明明欢快地手舞足蹈。等啊等,好不容易盼到了天黑,母亲却还没有回来,明明安慰自己妈妈现在还没回来一定是去买糖葫芦耽搁了,毕竟在郊区,零食很是稀罕。

"叮咚"门铃响了,明明鞋子也没有穿就冲到了门口,打开门一看……

第一种情节设置：门外站的不是母亲，是母亲的同事王大妈。王大妈蹲下身把明明搂在怀里，大哭着说道："明明，你妈妈死了，她着急追一个卖糖葫芦的小贩，横穿马路被卡车撞倒了。"明明脑子"嗡"的一声，瞬间不能思考。王大妈缓了缓情绪，从怀里掏出一串糖葫芦，告诉明明，母亲临死前要她把糖葫芦交到明明手中，告诉他要坚强地活下去，苦了就吃一颗糖葫芦……

第二种情节设置：母亲回来了，明明围着母亲转圈圈，却发现母亲手中空空如也，完全没有糖葫芦的影子。明明小脸一沉，问妈妈糖葫芦哪里去了，妈妈挠挠头说忘记了，下次妈妈给你买。明明刚要转身回房间，妈妈一把拽住他，神奇地从背后掏出一串糖葫芦，说道"傻孩子，妈妈骗你的……"

第三种情节设置：母亲回来了，明明把妈妈从头到脚看了一个遍，却完全没有发现糖葫芦的影子，但是母亲今天和平时不一样，头发乱蓬蓬的，衣服上粘的都是雪，鞋子也脏兮兮的。明明不甘心地追问糖葫芦的下落。母亲含着眼抱住了明明，轻声说道："对不起，明明，妈妈没能给你买到糖葫芦。"明明气急了，他讨厌妈妈失约，愤恨地跑回了房间。母亲换下脏衣服，简单地洗漱了一把就转身走进了厨房。"砰砰"，母亲敲开了明明的房门，说道："明明，妈妈给你拿糖葫芦来了。"明明撅着嘴过来一看，洁白的盘子中有一串面做的糖葫芦，裹着白砂糖……

【评析】

我们看到，在这个故事中，设定的三个情节，显然第三种情节强弱处理相对得当，第一种处理得过于激烈，母亲因为买糖葫芦死亡，显得不合情理且刻意。第二种又处理得过于平淡，使得故事索然无味。

三、什么是人物

根据艺考要求，故事的篇幅一般要短小，少则 500 字左右，多则 1200 字左右。艺考故事写作对人物的要求相对简单，把握核心的两个准则：一是人物少；二是人物鲜明。受篇幅所限，整个故事的人物数量不会多，更多的笔墨要用在塑造鲜明的故事形象上。鲜明的人物形象可以有效地活化故事，让它变得生动、真实，弥补情节简单或平淡的不足。如果没有好的情节构思，就想方设法构建一两个鲜明的人物形象。塑造人物形象的方式主要包括人物外貌描写、人物动作描写和人物语言描写。

【范例三】

开往春天的地铁
四川考生　曾佩韵

孟飞住的地方离公司不算很远，可每天上下班时，路上总是很堵，所以他每天总得在路上浪费掉一两个小时。还好不久前家门口的地铁开通了，以前坐公交半个多小时的路程，现在只需几分钟。

这天早上,孟飞刚到地铁站,忽然听到不远处传来一阵吵闹声,扭头一看,一个留着长头发的男人正跟一个三十多岁的汉子争论着什么。那汉子一身粗布衣裳,脚蹬一双解放鞋,一看就是民工。

只见那汉子指着地铁站的墙壁说:"同志,这墙壁雪亮雪亮的,你为啥要画几个光屁股小人?"长头发不屑地说:"乡巴佬,你懂什么,这叫涂鸦!"汉子不由分说,拉起袖子就往墙上擦:"俺不管什么涂鸡涂鸭,俺就爱看白墙!"长头发恼了,冲上去就扭汉子的胳膊。

眼看两人就要动手,孟飞忙上前打圆场:"算了算了,一大早的,别为这个动气!"说着拉开长头发,扭头问那汉子:"大哥,你今天刚上班吧?人家外国的地铁,是有人去画些这样的玩意儿的。"他还以为这汉子是地铁公司聘请的清洁工呢。谁知汉子却摇摇头,憨笑着说:"俺就是看不惯这样的人。"说完他转过身继续擦墙,直到擦干净才满意地舒了口气。

这时地铁快要到了,人们纷纷散开,汉子却站在原地发愣,显得十分紧张。孟飞觉得奇怪,便对那汉子说:"大哥,你不是遇上什么麻烦事了吧?"汉子不好意思地说:"俺也想坐一次地铁,可不知咋个坐法。"孟飞恍然大悟,乘地铁确实不比坐公交车,得琢磨一会儿才能明白。

车门打开了,人流卷着汉子进了车厢,汉子眼疾手快,占了靠门的一个座位。他把跟在后面的孟飞拉到座位上,客气地说:"小兄弟,你坐。"孟飞推辞不过,只好坐了下来。汉子拉着头顶上的拉环,稳稳当当地站在孟飞身旁。列车悄无声息地开动了,整洁明亮的车厢里,汉子一身乡下打扮格外引人注目。旁边一位时髦女子不小心打了个趔趄,汉子好心伸手去扶,女子像避瘟神一样急忙躲开。

汉子只好把头扭向窗外,结果什么也看不到,他不禁有些失望。突然,他拍拍脑袋说:"瞧我这记性,差点忘记正事了。"说着利索地掏出一块电子表,问孟飞:"听说地铁挺快的,人走几小时的路它一会儿就到了,是不是真的?"孟飞点点头,汉子又问:"这趟车经过绿景公园和新城宾馆吧?"孟飞有点惊讶:"到是到,可地铁在那儿没有站呀。"

汉子解释说,他只是想算一下,地铁从绿景公园开到新城宾馆要多长时间。幸好孟飞对地上建筑比较熟悉,估摸着快到绿景公园了,便大声提醒他:"绿景公园到了!"

汉子紧张地按下电子表,眼睛一眨不眨地盯着跳动的数字。过了一会儿,孟飞又说:"新城宾馆到了。"汉子大拇指一按,看着电子表上显示的数字,像孩子一样惊叫出声:"2分13秒,天哪,这段路我们整整花了三个月才挖通呀!"

孟飞听出了点意思,便问:"你是挖掘这段路的工人?"汉子有些得意地点点头。孟飞暗暗吃惊,因为这段路地质复杂,市里当初曾经考虑放弃地下施工,改由架设高架桥替代,后来经过论证,还是由"上天"改回"入地"。工程能顺利完工,那些建筑工人功不可没。知道了汉子的身份,周围的人都忍不住冲他点点头,汉子倒有点不好意思了。列车很快到站了,汉子有些忸怩地跟在孟飞后面,孟飞装作不知道,把汉子"领"出了通道。

出了站台,孟飞买了份早点,正要向公司走去,突然看见刚才那汉子被三四个民工围住,正说着什么。

他走到跟前,只听一个大嗓门问:"二愣子,那段路真的只用了2分多钟?"原来那汉子叫二愣子,他听了同伴的问话,不容置疑地点了点头。大嗓门吃惊地说:"我还以为至少要5分钟呢!不过你那地摊货手表,鬼知道走得准不准。"二愣子不高兴地说:"我都跟地铁站的大钟对了好几次,错不了的!"一个年长的民工摆摆手,说:"别争了,那么长一段路,地铁只用了2分13秒,三狗子要是地下有知,也会闭眼了……"

看来这里面有着不少故事,孟飞急忙冲过去,问:"几位大哥,你们都是修这地铁的?那个三狗子,他……怎么了?"那几个民工警惕地盯着孟飞,二愣子忙解释说:"这个小兄弟是好人,刚才就是他带我上车的!"听他这么说,那几个民工都松了一口气。

原来当初在这段路施工的,正是二愣子他们那一拨儿老乡。这个工程难度真是挺大的,地道里经常出现险情,不是塌方就是漏水,还好大伙儿挺了下来。可就在地道快挖通的时候,三狗子却被掉下来的石块砸中了脑袋……临终前,三狗子说他就想等地铁修好后也去坐一回,体验体验几分钟跑那么远是什么感觉。

现在,地铁通车了,二愣子他们也到了另一个工地。为了满足三狗子的遗愿,他们特意趁休息日赶来,让二愣子代表三狗子,也代表他们,坐一回地铁。他们要把这个"2分13秒"带回去,刻在三狗子的墓碑上,告诉他,地铁真的很快,他三狗子为地铁死,值了!

【评析】

1. 人物外貌描写

那汉子一身粗布衣裳,脚蹬一双解放鞋,一看就是民工。

2. 人物动作描写

列车悄无声息地开动了,整洁明亮的车厢里,汉子一身乡下打扮格外引人注目。旁边一位时髦女子不小心打了个趔趄,汉子好心伸手去扶,女子像避瘟神一样急忙躲开。

3. 人物语言描写

只见那汉子指着地铁站的墙壁说:"同志,这墙壁雪亮雪亮的,你为啥要画几个光屁股小人?"长头发不屑地说:"乡巴佬,你懂什么,这叫涂鸦!"汉子不由分说,拉起袖子就往墙上擦:"俺不管什么涂鸡涂鸭,俺就爱看白墙!"长头发恼了,冲上去就扭汉子的胳膊。

《开往春天的地铁》并不是凭借巧妙的情节构思一鸣惊人的作品,它的优势在于塑造了一群鲜明可爱的农民工形象。

四、故事的语言构成

故事的基本语言构成包含:画面语言、概述性语言、人物对话及人物心理活动。

画面语言对艺考学生来说是最陌生的,而它又是很多学校写进考试要求里面的。所谓画面语言,其实是文字语言的一种,其特征是文字具有明显的画面感、可拍摄性强,是转换成具有镜头感的影视作品的直观语言方式。来看下面两个例子:

1.(孤儿院)彩霞的同事兰兰温柔善良,对孩子们特别好,每一天都和孩子们在一起开心地玩耍。

2. 宁静的夜,窗子里透出淡黄色的灯光。值夜班的彩霞从孩子们的卧室前走过,听到里面传来欢乐的嬉闹声,忍不住伸头探望。卧室里,兰兰正在给川川洗脚,江江趴在她的背上,搂着她的脖子,玩弄着她的辫子。

由以上范例可以看出我们了解到,第二个例子的画面语言有明显的情景感、现场感。但如果故事全部都由画面语言构成,也会过于细节化,情节会弱化。所以,故事除了有画面语言,还应该有概述性语言,去推进故事的进程或转换场景。

【范例四】

生病的小明正在百无聊赖地看书,门忽然开了,进来的是下面传达室的刘大妈。"小明在吗?刚才传达室电话响了几声,我接了说是人民医院让你拿化验单去哪!"小明下了床道了声谢穿了外套便下楼了。

他边走还边想:我昨天往医院去,医生还说结果要3天才出来呢,怎么这么快?他打的到了医院,找到3楼的内科主任。主任让他坐下,然后从病历夹中取出几页纸,问他是一个人来的吗,小明点了点头;又问他身边有没有亲人,小明说他父母在外地,女朋友在上班。主任抖了抖病历沉静地说:"我们经过血液化验分析,又组织了专家讨论,初步鉴定你得的是艾滋病。请问你曾有过什么不卫生的血液接触史吗?"小明一把夺过病历,瞪大眼睛瞧了瞧:"王小明,男,26岁,病因:艾滋病……"

小明眼前一黑便什么也不知道了,醒来时,他已躺在401病床上,他看见病房里有几位面容憔悴的病人。小明一把拔下针头直冲下楼,正撞上迎面而来的护士。护士拼命地追喊他,他理也不理,一口气跑回了公司宿舍。他想到自己刚刚26岁,刚离开父母一年来北京工作,公司里的家属楼还没轮到自己,和女朋友谈了三年今年春节就要结婚了。他走到床前,伸手拿他和女朋友的照片,"啪"的一声,相框掉到了地下。这时门开了,女友燕儿笑盈盈地进来了,看到一地的碎玻璃,阴着脸问他:"你干什么呀?"女友走过来低头捡,正巧看到小明手里的化验单。女友看到后"哇"的一声哭了,小明要抱女友,女友推开他跑了。

从那以后小明再找燕儿就找不到了,她已搬了屋子,打她手机关机。小明意识到了什么,他来到公司,公司里的同事都离他远远的;他刚要进总经理办公室找经理请假,只见经理用纸帕掩住耳鼻让他别进,并指了指墙上的公告:公司裁员,王小明予以解职。王小明扭过了头,他走到了公司的顶楼,看到楼下川流不息的人群,一阵冷风吹过他的头发,头发被吹乱了。他向前走,走到了楼顶的边沿,双脚向前一迈,纵身跳下……

宿舍的门又响了,门开了,刘大妈探过头来说:"小明,传达室电话,说化验错了,叫你去重新拿……"没人答应,地上的化验单被吹走,飘飘悠悠飞了起来……

【评析】

语句"小明下了床道了声谢穿了外套便下楼了","小明眼前一黑便什么也不知道了,醒来时,他已躺在401病床上","从那以后小明再找燕儿就找不到,她已搬了屋子,打她手机关机。小明意识到了什么,他来到公司,公司里的同事都离他远远的"是概述语言,所描述的是概括性动作,实现时间、空间的变化,推动故事进程,节奏快。人物对话语言和人物心理活动语言在文中显而易见。它们所占的比例不大,其存在意义在于补充故事内容。其余部分则是画面语言,它描述的是具体情境,让故事生动,具有真实感,节奏慢。

综上所述,故事的语言是有明确分工的,一篇好的故事应该是几种不同语言的混合体。当完成一篇故事后,考生需要反复修改,语言繁琐要做集中化处理,主干情节的语言要具体有情景。人物内心描写和对话描写要适量,既丰富形式又能推动情节发展或补充故事信息。

第三节 编创故事的方法与技巧

一、编创故事的方法

(一)确立主题

确立主题就确定了故事的中心内容。一个事件往往会有多个主题,这时考生必须根据自己对事件的把握,找出最能吸引人的主要事件作为切入点。

(二)结构故事

故事结构:进入——情节——人物——矛盾冲突(形成高潮)——结局(如果结局能反转是最好的,这样意犹未尽的效果会更吸引读者)。

有了故事人物以后,下一步便是将人物安排在一些看似无法解决的难题与逆境中,他们必须面临同他们相对立的人或事(情节的安排),也就是说,故事必须有矛盾冲突。

具有正面特点的人物和具有反面特点的人物之间的矛盾纠葛是数不胜数的。只要有这一组人物,那故事里的矛盾就可以轻松地抖出了。这种人物特性也可以慢慢隐藏着,到最后的高潮部分揭露出来,悬疑感也会自然而然地出现。如果感觉能把握好节奏和叙事效果,考生不妨大胆地将自己的创意表露出来,可能会意外得到考官的青睐。

文学作品中的情节,是某一个特定的矛盾冲突形成、发展和转化的过程。它作为一个过程,必然会受到一定的时间、地点和条件的制约。它是被作家反映出来的生活长河中的一段,有着自己的开端与终结。在开端和终结之间,还有一个发展变化。这个发展变化,也必然像现实生活一样,由微小的、不明显的量的变化向巨大的、显著的、质的变化发展。在文学创作中,情节与人物的安排都显得极为重要。

情节是作家从生活之树上撷取下来的一枝一节,而生活之树则有千枝万叶。一篇作品不可能把它们全部撷取下来,只能一枝一节慢慢摘下,也许只有几片叶子,但它们总是生活之树的一部分。我们把经过重新安排的事件称作情节。关于情节,我们给大家归纳了以下几点以供参考:

1. 进入故事创作。
2. 根据命题,选择主题,设置情节。
3. 根据情节设置人物,包括主要人物与次要人物,以及他们之间的关系(人物以3～5人为宜)。

4. 注意对环境的描述,以烘托人物。

5. 寻找或设计矛盾,制造矛盾冲突,形成高潮。高潮可以从已解决问题或未解决的问题中获得,它终于把中心人物带到他一生中的特定时刻,故事也就此结束。

6. 选择结局。

其实艺术类面试中的"命题讲故事"和考生在高中作文课中接触的"命题作文"有相似之处,它也有人物、情节和环境。考生们在平时都进行过这方面的作文训练,都有过创作的经历,所以"命题故事"相较其他类型的考题而言较容易掌握。但不同于"命题作文"的是,"命题讲故事"要求考生在15分钟里现场创作一个小故事,且讲述时间不允许超过5分钟,并且是要求口头表达,这相对于平时40分钟的书面作文而言,还是有一些难度的,需要考生在平时多下点功夫来准备。

二、编创故事的技巧

(一)抓住关键点结构故事

很多考生在考试时总觉得准备时间太短,往往底气不足,再加上考试时的紧张情绪,更是让他们在这15分钟里不知从何处下手构思故事,脑子空白一片,到最后准备时间到了,只能随便瞎编一个故事草草应付,考试结果当然可想而知。其实考生在创作故事时根本不用慌张,只要抓住了结构故事的几个关键点,用15分钟创作出一个情节完整的小故事也并非难事。

故事的基本要素是人物、环境和情节。考生在抽到考题后,首先应认真审题,看清楚到底是实体性的题目还是场景性的题目,又或者是开放性、限制性的命题,是要你以"花"为中心来开展叙事,还是已经给了你一个场景"下课时间"来让你讲故事。在认清楚命题后,再从情节、人物、环境上来构思,迅速确定三个信息,即"一到两个主要人物,在某个时间某个地方,发生了某一件事情"。

比如以"花"这个题目为例,考生在拿到题目后就可以确定"一个中年男子,在一个大雪纷飞的夜晚,在甜甜那儿买下了一朵玫瑰花"。按照这样的思维方式,考生先从三个基本要素开始构思设定,即给整个故事先架起"故事脊椎",让自己的思路变得清晰,可以很好地顺着这三个点来往下搭建故事。但要提醒考生的是,不同类型的命题在确定三要素时应有所侧重。

一般来说,实体性命题,例如"玩具"、"照片"等,这样的命题本身就是情节发展和故事矛盾设置的中心,考生在构思情节时,一定要紧紧扣住命题,要以所给的实体为中心来结构故事;而面对场景性的命题,例如"假期"、"教室"等,已经在环境这个要素上对故事做了限制,确定了时间或者空间,考生在这样的命题下构思故事时,就要结合所给的环境侧重对故事人物的选择和情节设置,即往环境里放故事;对于一些抽象的命题,比如"梦想"、"乡愁"等,这样的命题是比较难的,需要考生将抽象的题目通过人物、环境、情节来予以具象化,主要是在主题的升华上下功夫;而一些带有限制性的命题,往往给考生一系列的词组,例如"老人、草帽、鱼、爬楼梯",这样的命题限定了人物、环境、情节,已经为考生搭好了故事脊椎。面对这样的命题，考生要关注的是如何结合所给的要素继续发展故事，要侧重确定矛盾、丰富人物，以戏剧化的故事情节为线索来串联这些词组。

(二)好的故事核

故事写作讲究要有个好的故事核。也许有人会问：什么是故事核？故事核是故事中的核心情节或细节，是整个故事的闪光所在。例如：

前些年，河南文友金一在《故事会》发了篇小故事，叫做《太阳从西面升起》。故事讲一个十一二岁的小姑娘画了一幅画，参加全省少儿美术比赛。那画画得很好，但最终却因犯了个常识性的错误，小姑娘因为把初升的太阳画到了西边而落选。老师不解地去问小姑娘："你怎么会将太阳画到西边的呢？"小姑娘哭着说："我就是要让太阳从西边升起……"原来，她的爸爸和妈妈吵架了，爸爸出走时说，"要我重回这个家，除非让太阳从西边升起。"所以小姑娘就天天盼望西天出太阳了……

在这个故事中，太阳画到了西边的细节便是整个故事的故事核。没有这个故事核，整个故事也就不成立了。

(三)叙述性的故事语言

写故事对语言的要求与其他文学样式不同。故事要用叙述的语言，是比较接近口语的通俗性文学创作。初学者可尝试用"讲"的办法来适应故事的语言。比如，形容早晨天刚亮，文学作者会写成"东方刚刚露出一丝晨曦"。可你想一下，谁平时会这么说话？要用平时说话的语气，那马上就会变成"天刚刚有了点亮光"或"天刚亮"了。这便是故事语言。还有，不少初学者写故事时对话极多，这是故事的大忌。这时可试想你平时和别人讲故事时的情景，如果老是"张三说"、"李四说"的，听者会感到厌烦。所以只要考生懂得和掌握了用讲述的语气来写故事，那么所写的故事起码在叙述方式上已经过关了。

(四)故事标题

故事的标题也是十分重要的，它讲究有故事性，具有吸引力和冲击力。比如上面举例的《太阳从西面升起》，人们一听题目，便迫切希望知道内容。而一些平庸的标题往往会使人不屑一顾。在故事的题材上，讲究的是一个"新"字，考生要尽量写新鲜的东西，与众不同的东西往往更容易成功。

三、编创故事的关键环节

第一，题材的选择要独特。大家都在写相对简单的题材，其实那并不好写，更不好用。因为众所周知的选题很难再写出新意，如果非要超越，那必须要有多于别人的生活素材积累，然后再付出多倍的创作思维。

第二，读者看中的首先是情节，而不是主题。例如好的武侠小说，并不以打斗为始终,而是以情节作主线。故事也如此,应以情节取胜。故事编辑部的择稿,具体操作中也是首先看中情节,然后再讨论主题。同时情节再精彩也不能偏题,这是编故事最大的扣分点。

第三,利用对比的手法,在同一个故事中安排反差极大的一对人物,起到互相衬托的作用。正面文章反面做,反面文章正面写。利用细节塑造人物,把人物的形象树立起来。要让故事中的人物尽量少张口说话,多干点实事。

第四,故事语言讲究通俗化。考生应尽量避免使用书面语,忌讳用生僻字词,修饰语不能太长,长句子可一分为二,以方便考官阅读。

第五,故事开头要精,尽快"入戏"。对话、心理活动、意识流等静止的叙述描写要少,动作性强的东西要多。中心线索鲜明突出,准确把握简繁疏密,着力塑造好人物形象。结尾不要拖泥带水,该收手时就收手,戛然而止。

四、编创故事训练方法

(一)把握编故事的原则

1. 何谓故事?何谓情节?如何理解命题?如何把命题中的实物(道具)、地点、时间等元素构思到故事中去?如何让故事变得生动?如何让讲述引人入胜?
2. 典型的人物如何才能体现出来?
3. 如何才能让故事结构严谨?
4. 如何把握讲述节奏?

(二)掌握故事素材训练的方法

1. 经常观看影视作品或戏剧作品,对作品的故事梗概进行复述训练,提升故事各元素的运用能力,练习将影视作品用语言来描述。
2. 寻找身边的人、事、物,通过联想和想象组接不同版本的故事,从生活出发、从实际出发,完成对日常生活的故事化表达。
3. 阅读相关文学作品,如《故事会》《小小说》《微型小说》等期刊,以掌握大量的故事素材,对其中的故事梗概进行复述训练。

五、编创故事训练题目备案

1. 老太太带着三岁的孙子XX在公园里玩耍,突然发现自己的孙子不见了,焦急的她马上报了警……请编写这个故事(重庆邮电大学2011年考题)。
2. 以"尴尬"为题写一篇故事(四川音乐学院2012年考题)。
3. 以关键词:生日、半截香烟、电影院,编写一个故事(湖南师范大学2011年考题)。
4. 以关键词:跛脚猫、彗星、咖啡厅,编写一个故事(湖南师范大学2012年考题)。
5. 小梅的父母向来不和,在闹离婚,小梅很痛苦。这天她放学回家,听见父亲和母亲在打架,吵架的原因竟是跟自己有关……请续写故事。

6. 小丽有个幸福的家庭,可是有一天她的父亲被检察院的人抓走了,说是犯了贪污罪,小丽觉得无法承受。在她眼里,父亲是慈祥的,不可能做出那样的事情来。这到底是怎么回事呢?请讲述这个故事。

7. 在别人眼里,李斌是个好学生,而张小强则是个调皮捣蛋的坏学生。放学后他们乘同一辆公共汽车回家,路上发现一个小偷在偷人钱包……你想想看,后面的故事会是怎样的?请讲述这个故事。

8. 小丽和小梅是一对好朋友,两人性格却很不同。小丽听话,成绩好,却生性胆小;而小梅性格直爽,像个男生。这天放学后她们一同回家,遇到两个小流氓把她们拦住了……想想看,以后的事情会怎么样?请讲述这个故事。

【范例一】请用"面试、做饭、妈妈"作为关键词,编写一则故事。

要求:1. 题目自拟。
　　　2. 原创故事,主题突出,有情节冲突,人物鲜明。

一场特殊的考试
江西考生　余思乔

又到了艺考的时间,二十七中的很多考生都在等着各自的校考,小涵也是很早就开始准备艺考了,但她报的学校不多,只报了本市的一所艺术类院校。同学们都说,按小涵的水平,只要她好好发挥,考到北京的重点院校都没有问题,但小涵还是笑着说能考上市里的这所学校,她就心满意足了。

今天是小涵所要考取学校面试的日子,学校早早就在网上公布了面试考题,学校要求每位考生必须和家长一起完成一段才艺表演,具体内容不限。在候考室里,所有的考生和家长都在做着考前的热身,有和爸爸一起表演篮球技巧的,有和妈妈一起跳舞的,还有的同学是一家三口一起表演《吉祥三宝》……候考室看起来一点儿也不像考试的地方,倒像是中央电视台的《神州大舞台》。

轮到小涵这一组了,所有的考生都在家长的陪伴下等在了考场外,小涵一个人站在了这一组的最后。很多热心的家长过来询问小涵怎么是一个人,小涵微笑着解释说爸爸妈妈马上就到了,让叔叔阿姨不用担心。

在小涵之前的正好就是刚才的《吉祥三宝》一家,全家人充满激情的表演得到了所有考官的一致好评。轮到小涵表演时,小涵一个人走了进去,所有的考官和考生都很好奇,为什么小涵的爸爸妈妈没有来。小涵没有过多解释,便开始介绍自己今天所要表演的内容是情景剧《最幸福的时刻便是和你在一起》。

小涵的表演是从洗菜、切菜开始的,尽管小涵面前没有任何道具,但她惟妙惟肖的表演让所有考官都沉浸在她的表演中。过了一会儿,小涵开始炒菜、蒸米饭、盛菜,大家能看到忙碌的小涵脸上始终挂着幸福的笑容,考官们也忘了这位考生的表演其实是不符合要求的,因为她没有按要求和家长一起表演节目。就在表演的最后,小涵端起饭来给一个虚拟的角色喂饭,喂饭时的神情亦如她的考试题目一般,是她对幸福时刻最好的诠释。小涵表演完了,现场所有人给予了小涵比上一组还要热烈的掌声,小涵也开心地向老师们鞠躬答谢。

就在这时,主考官老师示意大家停止鼓掌,并说道:"周小涵同学,你的表演是我今天看到的最能打动我的作品,我也感受到了你最幸福的时刻,但你的作品不符合我们的考试要求,因为你是一个人,所以很抱歉我们不能录取你。"所有人都发出惋惜的声音,但小涵仍然笑着向老师们鞠躬并走出考场。

就在小涵即将离开考场时,主考官老师叫住了小涵并问道:"周小涵,你没有被录取,就不觉得遗憾吗?"

小涵笑着回答道:"老师,你们刚才的掌声就已经是对我最好的肯定,但我确实违反了要求,只是我的爸爸妈妈确实不能来考场,但我也不怪他们,因为我,我已经很幸福了!"

小涵的回答更让老师们感到疑惑,主考官老师要小涵解释一下爸爸妈妈为什么来不了。

小涵说道:"谢谢所有老师,其实在我上六年级的时候,我们一家三口开车去郊游,回来的路上出了车祸,爸爸不幸遇难,妈妈也成了高位瘫痪,只有我是健康的。从那时候起,照顾妈妈的任务就落在了我身上。一开始我什么都不会干,给妈妈做饭成了我最大的负担。不是我不愿意做,是我担心自己做得不好。可每次妈妈吃我做的饭时,都说很好吃。其实我知道一开始的那段时间,饭并不好吃。慢慢的,我越做越熟练,越做也就越好吃了,每天最幸福的时刻,就是将自己精心做好的饭喂给妈妈吃。妈妈总会自责地说她成了我的负担,可我觉得和妈妈在一起是我最幸福的时刻。今天考试我觉得我不是一个人,爸爸肯定在远处看着我,妈妈在家里等着我,我的表演也是有爸爸妈妈陪伴的。"

看着眼眶湿润的小涵,所有人再次饱含热泪地为她鼓掌,可这次的鼓掌所有人都是站着的。主考官老师再一次示意大家停止鼓掌,并大声说道:"周小涵同学,你被录取了。"

【范例二】根据"父亲敲门的时候,男人正叽里呱啦接着一个电话……"续写故事。

隔壁的父亲

四川考生 郭雨

父亲敲门的时候,男人正叽里呱啦接着一个电话。父亲放下一个大纸箱,找出一双最旧的拖鞋换上,小心地问:"要出去?"

男人说:"朋友约吃中饭,不过不着急。"他打开纸箱一看,见里面塞满烙得金黄的发面烧饼,这才想起又到七月七了。

老家有风俗:七月七,烙花吃。花,即发面烧饼。以前在老家,每逢这天,母亲都会烙出满锅金灿灿的烧饼。男人进城以后,母亲便将烙烧饼的时间提前几天,然后打发父亲将烧饼送到城里。老家距城市不过两小时车程,可男人总是没有回家的时间。

和父亲喝了一会儿茶,电话再一次响起。男人跟父亲说:"要不一起过去?"父亲一惊,说:"这怎么行?我一个乡下人,怎好跟你的文化界朋友吃饭?"

男人说:"那有什么,正好把您介绍给他们。"父亲一听更慌了,连说拘束,不去不去。

男人说干脆这样,不去赴约了,自己下厨,爷俩在家里吃算了,说着就要给朋友们打电话。父亲急忙阻拦儿子,他说:"做人得讲诚信,答应人家的事情,再失约,多不礼貌……你去吃饭,我正好回乡下,乡下好多事呢。"

费尽九牛二虎之力,男人与父亲达成协议——偷偷在那个酒店另开一个只属于他们爷俩的小包间。这样,男人既能不驳朋友面子,又能陪父亲吃一顿饭了。父亲勉强同意了,但路上还是一个劲地嘱咐儿子别点菜,要两盘水饺就行了——一人一盘,聊聊天,多好。

到了饭店,小包间正好被安排在朋友请客的大包厢的隔壁。男人没敢惊动朋友,悄悄帮父亲点好菜,又说:"等菜上来,您慢点吃,我去那边稍坐片刻,马上回来。"父亲说:"那你快点儿啊!还有,千万别说你爹就在隔壁啊!"

男人笑了,父亲与自己刚刚进城时一样拘谨。

做东的朋友废话连篇。男人念着隔壁的父亲,心里有些着急,说:"要不我先敬大伙儿一杯酒吧,敬完我得失陪一会儿,有点事。"

朋友不干,让他给一个说得过去的理由,否则罚他六杯。男人笑笑,说:"我爹在隔壁。"

满桌人全愣了。听了他的解释,朋友们长吁短叹,一个说:"你爹白养你这个儿子了,你这算什么?在隔壁给他弄个单号?虐待他?你愣着干什么,快请他过来啊!"男人说:"如果你们不想让他拘束,让他难堪,就千万不要拉他过来。"朋友说:"那我们现在过去敬杯酒,这不过分吧?"

男人答应了。朋友们全体离桌,来到隔壁。然而,推开门,男人愣住了,房间里只剩一个埋头拖地板的服务员。

男人问:"刚才那位老人呢?"

服务员说:"早走啦!你点的菜,也都被他退啦!不过他还是打包带走了一盘水饺,他说,想给乡下的老伴尝尝城里的水饺。"

父亲进城一趟,送给儿子五十六个烧饼,几大兜蔬菜,然后,在一个小包间里独坐了一会儿,再然后,饿着肚子回家。而他的儿子,却在隔壁与一群朋友吹牛扯皮、胡吃海塞,还美其名曰:周末小酌。

男人端起杯,对朋友们说:"咱们敬我父亲一杯吧!"朋友们一干而尽。

然而那位父亲,既不会看到,也不会知道。此时他正坐在开往乡下的公共汽车上,怀里,抱着一个装了城里水饺的饭盒……

第二章　电影作品评论

框架梳理

电影作品评论	电影作品评论的含义及特征	含义与特征
		高考作文与影评文章的比较
	电影作品评论的结构流程和基本要求	评论元素
		影评写作步骤
		写作的基本要求
	命题类型介绍	电影成片评论
		电影片段评论
		微电影评论
		默评电影
	实用模板分步讲解	
	常见问题点拨	褒贬鲜明，缺乏分析
		囫囵吞枣，生搬硬套
		面面俱到，泛泛而谈
		有"观"无"感"，"述"多"评"少
		以影片的顺序写影评的顺序
	经典范文举例	

本章提要

电影评论的写作在影视编导专业的艺考中是十分重要的,几乎所有学校的考试都会涉及该项目。准确评析一部电影,不仅能够全面考查考生对影视作品内容的概括,对视听语言的理解,更重要的是,通过观看影片提炼出影片的主题,并结合影片对其进行分析,则是编导考生必须具备的基本功。因此,本章节中详细讲解了影评写作的要求、步骤等,介绍了几乎所有的考试类型,并给出实用模板分步进行讲解,考生务必要在认真学习本章内容后,系统掌握如何完成影评的写作。

第一节 电影作品评论的含义及特征

一、含义与特征

(一)含义

电影评论,简称影评,是对一部电影的主题、剧情、拍摄技术、线索、导演、演员、镜头语言、环境、色彩、光线等进行分析和批评。影评是电影艺术与观众之间的桥梁,是实现电影艺术、经济、社会三重价值的重要手段,有利于提高人的审美能力、思辨能力和写作能力。

在近些年的编导专业艺考中,电影作品的评论分析成为了诸多院校的重要考试项目,除了对学生的基本写作能力进行考查外,还对考生的影片理解能力、影视知识的运用能力和理论联系实际能力等做出了重要考查,对个人的视听语言的理解力、创造力和表达力也具有相当高的要求,因此影评写作也成为编导艺术高考中相对较难的一个环节。

(二)特征

1. 以具体作品为主要对象

电影评论的主要对象是具体的电影作品,按照评论对象自身的形态、性质、特点,依据其所属范畴的客观规律,做出恰当的分析和评论。

2. 影视鉴赏活动的一种完成形态

影视鉴赏活动是审美意识和审美评判的过程,包括如下步骤:
(1)品读欣赏作品,产生审美感知。
(2)进行审美联想,得到新的认识。
(3)获得审美判断和评价。
(4)完成影视鉴赏的完整形态。

二、高考作文与影评文章的比较

我们结合影评写作的具体要求、阅卷标准和考生的写作特点,总结其与高考作文的诸多不同。这些不同点可帮助考生摆脱高考作文的固定思维模式,让考生们以一种全新的视角面对影评写作。以下是对二者不同之处的分析:

(一)写出好开头和好结尾对于文章的意义非凡

高考阅卷老师会仔细地看文章的开头和结尾,因为在高考作文阅卷中,老师在行文中往往只关注每个部分的重点论述,而对部分与部分之间的关联和这种关联性对文章的影响,以及总体上的一脉相承关注度不高。如果起笔先声夺人,收笔回味无穷,相对来说容易得高分。在影评中,开头和结尾的重要性也不可忽视,但好的开头只是在文章中作为一个好引子,好的结尾也只是做出了相对精彩的总结和升华,它们只是写出一篇好的文章的前提。有了好引子后,随后的重点部分能够相对轻松,不坍塌,不断层。有了这个基础,文章便可以推着写,直至结尾。由于结尾是水到渠成的,所以每个部分都有着很好的关联,这样能让阅卷老师感受到你对影片完整的理解。

(二)结构特征不同

高考阅卷时,老师喜欢结构精巧的文章,认为"有时妙借古典名著中故事,加以演绎,以古言今,旧瓶装新酒,会表现出身手不凡的能力"。这大概是因为高考时不限制作文的体裁。影评却并非如此,由于影评是议论文(一般都是正面议论,驳论性的文章较少,对于考生来说,驳论文有一定的难度),它要求的结构逻辑性较强,即层层分析、层层深入的结构。在影评文章的结构上,既不要面面俱到,也不要蜻蜓点水、无法深入。

(三)行文中的过渡与照应不同

过渡和照应,在结构上的作用其实都一样,即起到联系上下文的作用,使文章读起来更加流畅。好的议论文,除了体现出思想性之外,过渡和照应显得至关重要,它们是决定文章好坏的重要因素。没有过渡和照应的议论文,只分"首先"、"其次"、"再次"、"最后"等段落,读起来就好像枯燥的教案。但往往在高考中,我们经常会看到很多考生的作文出现"首先"、"其次"、"再次"等字眼,这些可以形成作文相对紧密的逻辑,高考阅卷老师也相对可以接受。但这些字眼在影评中是万万不可出现的。

(四)表达思想观点的不同

高考作文要求真情实感,把自己的感受和生活联系在一起,根据这种感受总结出的论点和合适的论据结合在一起,就能成为作文的精彩部分。影评文章也要求真情实感,但在影评中我们不能完全凭借自身的感受写文章,这样会让影评变成观后感。在影评中,我们更多的是运用电影理论知识与影片本体相结合的方法进行合理论述,形成文章的精彩部分。在影评进行主旨升华时，我们首先应该以影片为前提，再结合社会文化的本质进行内容提升。一般来说，高校教师的标准与高考阅卷老师的标准并不相同，影评文章注重"学术标准"，高考作文注重"思想标准"。

（五）语言表达不同

在高考中，老师最看重的是语言是否流畅、优美；在影评考试中，考官则通常把合理的观点放在第一位。影评文章的语言有很多抽象的要求，在这方面，同议论文较相似。不过，具体来说，影评所需的技巧性更强一些，例如，修辞的运用、排比的气势、言辞的达意等，但所有这一切，都必须为论述观点服务；如果离开观点的论述，语言方面再好，分数也不会很高。这就是为什么说影评中语言的流畅性、优美性排第二位的原因。

第二节　电影作品评论的结构流程及基本要求

一、评论元素

（一）主题

主题，即一部影片将要传达的核心思想，也是影视作品的主旨所在。如何分析一部电影的主题？影片的内容或者是影片的导演力图告诉我们什么？这一点我们从影片的叙事中、人物中可以清楚地看到和感悟到。它既不是抽象的符号，也不是概念的堆砌，而是体现在充满视觉造型特点的银幕效果上。通过对电影的主题、立意及影片的整体视听形象表达的理解，我们感悟到了什么，这点正说明了影片将给我们传递的东西。主题正是影片所表达的创作者对生活、对社会的认识、态度、情感和审美观念，带有明显的个人主观色彩和风格样式。但需要注意的是，主题不会是纯主观化的东西，一定是一种个人生活的感悟。因此考生应从这个角度入手，写出作品的主旨以及深化和升华主旨。特别需要注意的是，主题的分析需要有正确的感悟和升华，不能偏离影片，因为任何一个角度的分析都需要围绕主题而展开。

（二）人物

人在复杂的社会环境中活动，在多变的自然中生存，这就决定了他们的非单一性。特殊的生活内容反映在影视作品中，就更具有了创造出多姿多彩的人物性格的基础和生活环境。在影视作品中，一个人能通过语言、动作、表情、外貌等向我们揭示许多有关他/她的情况，尤其是不易表现的性格，最终把它融入影视故事的内容里，成为情节、主题等强有力的支撑。精彩的影视人物设计能将人物形象和性格塑造得活灵活现，从而吸引观众的注意力。

(三)结构

电影作品由于是戏剧化故事创作的结果,因此结构方式多种多样。在电影结构分析中,如果把剧作结构看作情节的结构,很自然的,时间的坐标便成了分析的基本框架。不管什么样的剧作结构,首先都是按照情节的发展分解为前后相接的几个阶段,再进一步去考察它们之间的关系。在戏剧式电影的剧作结构中,情节是主题性的情节,是冲突性的情节,是封闭时空中的情节,是遵循"三一律"的情节,所以,情节的结构、人物关系的结构、时空的结构、场景的结构是一个综合体。所以,只要把情节的结构分析透彻,对剧作结构的分析也就基本完成了。这就造成剧作的结构分析极其看重时间因素,以情节的戏剧性冲突作为分析框架的观念。除此之外,在结构分析中,我们也应该考虑到电影蒙太奇手法的运用,这样的运用方式形成了结构特征,尤其是表现结构特征,也往往会对影片的风格形成影响。

(四)情节

情节在电影作品中是描写人物关系、人物行动所构成的整个生活事件的发展过程。因此在电影作品中的情节分析,我们主要应从人物关系入手。人物关系分析会牵扯出线索的设计、情节所引发的脉络结构和人物的关系设置在影视作品中的铺陈作用等。从这几个方面分析,做好人物、结构和细节分析的一个搭配组合,并结合影片表达的主题思想,情节分析就基本达到了艺考电影作品分析的要求了。另外,情节的梳理还可以帮助大家准确区分电影作品的主干和分支。

(五)细节

影视作品的细节在情节、人物性格、行为表现、语言等设计中都显示出不可忽视的作用,从而给人们许多审美感知的启发。细节的深厚点活了人物,给予性格丰富的表现,使观众的审美处于激荡的饱满状态中。细节使我们对人物性格获得完整的、系统的认识。影视作品中的人物行为作为角色塑造的手段,其细节的真实与丰富永远是艺术家们追求的理想目标,细节为人们的心理判断提供了生动依据。电影中的情节细节更是诉诸视觉或听觉的具象行为,有着很重要的价值。表现在具体内容当中,微妙而又精细的情节让人物生辉,使故事增色,让作品更深刻并较长时间地存留在观众的记忆中。

(六)色彩与光线

色彩和光线是电影作品中的两个重要视觉造型手段。自从有了彩色电影开始,色彩对影片起着重要的推动作用,让人们重新认识了电影。光线让电影中的所有物像有了质的属性,它能让我们感受到电影中各种视觉元素的所知所在。除此之外,在现代电影中,色彩和光线往往还成为了极为重要的造型元素,影响着影片内容的表达。

在色彩分析中,我们一般包括三个部分:色调分析、色相分析和黑白彩色交替出现的分析。在光线分析中,我们一般会从光的造型作用和戏剧作用入手。前者如人工光、自然光的选择,用光角度,光的性质和属性等;后者我们应从光线对影片的人物、情节、主题、结构、风格、人生体验等方面的作用着手分析。需要注意的是,有时我们也会把光线和色彩结合起来进行分析,有了足够的光影变化,色彩也就有了充分的展示空间。

不论淡雅的还是浓厚的色调风格,只要有光影与色彩的结合,这个空间就是有生命的,在这里人们即使身处室内也一样可以嗅到阳光、空气与水的气息,领略到光及光影与色彩在空间层次中的韵律。因此结合分析,有时候更能达到全面和完整的效果。

(七)镜头与画面

电影作品中的镜头画面分析一般包括景别分析、拍摄角度分析、运动镜头分析、光学镜头分析、转场手法分析、构图分析等,这里我们暂不作每一个部分的详细解读。电影作品的分析可以从影片中选取你认为较为重要的角度入手,再联系影片的其他相关因素,让分析形成一个完整合理的段落结构。

(八)音乐与音响

音响在影片中能够增加生活气息,烘托气氛,扩大视野,赋予画面以深度和广度。音响在影片中的具体作用:一是配合动作准确;二是真实可信;三是准确传达规定情境应有的情绪和气势。电影音乐的功能一般包括:(1)抒情;(2)渲染气氛;(3)评论;(4)深化主题;(5)剧作功能;(6)连贯作用——音乐的这种连贯作用又称为"音乐的蒙太奇"。在电影音乐的分析中,我们一般还会考虑到主题音乐的作用和音画关系的问题。音画关系包括音画同步和音画对位。音画对位又包括音画对立和音画并行两类。

(九)语言

影视作品中的人物语言是指两人或两人以上相互交流的声音。在影视作品中,对话在实现传递信息、表达情感、描写环境等日常生活功能的同时,又按照其特殊的规律运行:对话与画面结合,人物与动作结合,发挥其独特的审美创造功能。从影视作品的特性上讲,运动的画面造型艺术是影视艺术的表现中心。恰当地运用对话,可以加深观众对动作造型的理解。在电影中恰当地使用方言,有助于人物性格的塑造并可以强化影片的风格。因此在考试时,考生一定要多加记忆人物语言,往往它会成为深层次分析人物性格和主题表达的关键。

(十)造型与服饰

在电影中,服装和化妆是表现人物、塑造性格、揭示内心世界的重要造型元素,具有明确的象征意义。

二、影评写作步骤

写影评要有一定的积累和准备。一般说来有四个方面:生活经验、影视常识(包括影视理论、视听语言等)、理解能力、文字水平。

生活经验是理解的基础——通过调动知识储备,形成影评的观点。

电影常识是联想的依据——通过作品比较,定位影片重点的评析元素。

理解能力是分析的保证——通过内容论述,组成逻辑化结构。

文字水平是表达的前提——通过文字发挥,构成议论文章。

(一)边看边记、整理感受

在观看影片时,一定要认真看、认真记、认真想。"认真看"是要求把影片看懂、看透,尤其是情节与细节;"认真记"是要求对影片中的重点内容和特色进行记录,记录的内容越多越好,因为最后写作会有一定的取舍;"认真想"是为之后所做的分析提供依据,能够在看的同时结合影片形成思考。

所谓"认真看",主要是要把故事看明白,知道影片讲了一个什么样的故事,这个故事有什么价值或意义。比如看了影片《黄土地》后,该片讲述的是一位八路军从延安来到陕北国共交界山区收集民歌时,住在一户农民家里看到的农民生活。影片让我们看到了农民的愚蠢和贫穷,看到了中华民族生存的沉重和千百年传统文化对生命的伤害这一富有人文色彩的主题。

看影片时准确记录知识点,对于之后顺利完成影评是十分重要的。在观看影片的过程中,考生们会认为自己已经熟记了重点内容,但在具体的写作过程中,则会因为紧张或知识点较多,而忽略很多原本已经发现的内容。因此,考生在观看的过程中及时记录自己捕捉的重要内容和影片特色,这样在写作时便可以参照自己的笔记准确完成写作,甚至可在后期通过分析笔记,得出很多以前没有考虑到的结论。比如影片《谁说我不在乎》第 13 分钟左右,影片正式进入一个荒诞的故事——关于结婚证的故事。现代都市中一些常见的婚姻家庭现象(如婚外恋、离家出走等)都被编织到这个故事的框架当中,一方面用"迪厅"等表现城市的"堕落",另一方面用故事本身展现中国社会向法制社会过渡时期所面临的曲折和荒诞性。为了更好地体现内容的深度,在艺术手法上,导演黄建新把顾明(冯巩饰)安排成精神病院的医生,使精神病院成为城市的一个形象的隐喻(比喻、象征),从而试图艺术化地告诉观众,城市生活同精神病院极为相似。像这样的重要内容,考生就应该在看片时着重记录,以便后续的思考。

所谓"认真想",主要是指思考的进一步深入,形成自己对影片的基本看法。比如《黄土地》,由于它是探索片,所以思考的重点应该是:它在哪些方面进行了电影的探索?具体表现得怎么样?在这方面,有许多思考角度,比如它的思想探索或艺术探索(包括镜头、光线、构图、形象、场面等的运用)。再比如影片《谁说我不在乎》,撰写影评时可以有好几种思路,比如,写婚外恋同子女的关系,写现代女孩的传统意识,写城市生活的荒诞感,或者写美学题目,如悲剧故事的喜剧化、幽默的艺术力量……无论写哪一种,有一点是必须强调的,那就是最好只写其中的一点或一个方面,顺着这一点、这一面来考虑,而不要面面俱到。

(二)拟定提纲

对于一部影片有了上述思考之后,考生就应开始设计写作提纲。首先,要写哪方面必须确定,一定要选择你自认为感受最深、最有独立见解的方面来写。与这方面没有关系的内容就不要再作考虑。其次,由于影评的实质就是用影视常识和艺术方法写作议论文,所以,提纲必须要有逻辑性,只有有逻辑性的提纲才能保证把问题分析透彻。比如《谁说我不在乎》,便可设计这样一个提纲:

1. 开头:揭示影片的荒诞性,由此做一个引子。
2. 观点:用荒诞的故事揭示身边生活的荒诞性(谈影片的思想深度)。
3. 观点:荒诞的内容最好用荒诞的形式来表现,达到内容与形式的统一(可以分析细节或者典型情节)。
4. 观点:形式取决于内容的需要(顾小文的荒诞梦想、看镜头、动画的运用等)。
5. 结论:内容与形式上的雅俗共赏是优秀作品的标志。《谁说我不在乎》体现了雅俗共赏的审美品格,因此是一部优秀的作品。
6. 题目:荒诞不止的美(都市的荒诞、荒诞美、摄影机下的城市、黄建新导演所表现的荒诞美学……)。

当然,也可以变换为其他的角度。例如,有人就认为故事是所谓的小题大做,不就一张纸吗?婚姻已经如此,何必在乎那张纸呢?这不符合实际,因此应探讨影片所折射的社会意义。再比如,有人看到影片中的"尴尬"问题(如"脱裤衩做弹弓"),认为这是一部黑色幽默片,于是从这个角度去分析影片的思想内涵。这些都是娱乐元素的作用。在这部影片中,主要的娱乐元素有三个:类型化的问题人物(声嘶力竭的妻子、心力交瘁的丈夫、早熟早恋的女儿、第三者助手、假证贩子、精神病人等);冲突激烈、情节起伏、故事有趣;明星众多,大腕云集。从这些元素出发,可以分析这部影片给受众的启发。

再比如《黄土地》的提纲:

1. 开头:《黄土地》让人印象最深刻的便是由于场景拍摄而造成的视觉震撼。
2. 观点:在影片中大量运用了极不协调的画面比例,给人一种压抑和沉闷的感觉,表现了几千年来封建思想对劳动人民特别是妇女的压迫。例如在影片中,山与天的比例严重失调,人物在片中的位置被脚下的山顶到了画面的最上方。在影片中拍摄远景时,山占据了画面的绝大部分,而人只是山中的一个小点。再如,大山象征了封建思想,不协调的比例表明封建思想对人民的压迫到了极点,人的渺小表明封建思想的根深蒂固,它控制了人的命运,制造了翠巧的悲剧。
3. 观点:人物的分析,剧中的典型人物。
4. 观点:对于黄色色彩的视听结合分析。
5. 结论:影片揭露了封建思想的罪恶,成为反封建、提倡劳动人民解放的一声呐喊。
6. 题目:黄土上的震撼——评《黄土地》。

(三)正式写作

在影评正式写作的过程中,考生需要结合影片内容,认真总结所记笔记,再依据写作提纲,完成影评的写作。影评的写作既要表达充分又要准确简练。所谓充分,就是把与主题有关的影片主要内容都写出来,尤其是影片中导演有意强调的情节、人物等重要信息,一定要在影评中有所提及,这样才能让考官认为考生看懂了影片并抓住了影片的核心。切不可因为字数、时间的限制而有意忽略这些原本已经意识到的重要信息。所谓简练,就是不能长篇大论,对于可以一笔带过的知识点,不可过于繁琐地进行细致交代;对于与主题无关的内容,甚至可以不用提及。像部分考生在影评写作时,将近一半的篇幅是在介绍故事梗概,这是坚决不允许的。

三、写作的基本要求

(一)主题明确,中心突出

对影视作品要有基本的评析态度,有明确而在理的乃至独到的见解,分析要全面。并且分析的几个重点要素和部分一定要突出,切记不要空、大、全。

(二)结构严谨,条理清晰

先说什么、后说什么要有全盘安排,过渡、呼应要完整,论证要严密。具体而言,要做到下列几方面:

第一,取个好标题。题目可以使文章骤然生动,阅卷老师由此会积极进入文章的内容里。标题应该能体现文章和影片的主旨,并且它是一个题眼,容易让人们产生阅读的冲动,这样的标题才能为文章增色,更好地突出主旨。例如,曾经有考生在写影片《幼儿园》的影评时,用了这样的标题"那片阳光并不灿烂",这样的题目对影片的中心思想有一定的概括,并且它有一种跟影片片名反其道而行之的意味,因此容易吸引读者的目光。

第二,有个好开头。万事开头难,好的开篇非常重要:一是会影响到意思的表达,开篇是结构安排的重要一环;二是好的开篇是吸引人看下去的重要表征。好的开篇应具备对影片内容和主题的大致概括,还应该有自己的一些思想精华,让阅卷老师在一开始就能感受到你的文采,并使其对文章有一个良好的印象。

怎样写好影评的开篇

影评的开头非常重要,它往往决定着文章的走向。一般来说,开头都与影片的特色联系在一起。下面给大家介绍几种方便写作的开篇方式供参考借鉴。

1. 用感悟气势来开头

例一:随着年龄一天天在变大,人们会越来越有这样的感触:富有意义不必和做大事联系在一起,惊天动地也不是幸福的必要成分。使我们温馨永存、回味无穷的,常常是生活中某些看来并不起眼的细节和稍纵即逝的瞬间。山东电影制片厂摄制的电影《金婚》，看似平平淡淡、普普通通，实则让人回味无穷，是一部给人深刻启迪的作品。

例二：人的一生是短暂而又漫长的，人生的历程从来就是不平坦的。一个人想要在一生中有所作为，实现自己的理想，随时随地都可能遇到意想不到的挫折。在挫折面前应如何应对，影片《背起爸爸上学》中的主人公石娃，用实际行动给了观众一个明确的答案和深深的启示。

2. 用排比造势来开头

国歌，让每一个中国人都怦然心动的旋律。电影《国歌》讲述了中华民族不屈抗争的故事。吴子牛的《国歌》，将旋律和故事连在一起，让观众在壮美的感受中，经历了心灵的震撼和感情的倾泻。

3. 用特色定位来开头

"为历史写作，为人生而写作"的影片《国歌》以宏大的场面、磅礴的气势、昂扬的激情和悲壮的气质，重铸了"主旋律"电影的形象坐标，将"主旋律"影片与历史的丰富细节结合了起来。在"主旋律"影片中，它是世纪末的新收获。

4. 用奇特悬念来开头

东北青山乡兰河峪村缺少一位妇女主任，已经空缺一年多时间了。但是县里马上要开会，要由当地的妇女主任参加。村长在无奈中，只好让男性公民刘一本临时当上了妇女主任。于是，影片的思想深意就在滑稽的阴错阳差中展开了。

5. 用联想升华来开头

一个苦难家庭的辛酸，一名求学少年的艰辛，一对患难父子的真情。《背起爸爸上学》让我们远离琼瑶、三毛们的缠绵柔情，走出金庸、古龙们的刀光剑影，真真切切地感受到了血浓于水的人间真情，品味出人生一世的生命真谛。

6. 用有关名人名言来开头

著名导演罗姆说过，"电影具有比任何其他艺术更富有表现力的细节"，确实，《不见不散》中的细节不仅具有以小见大、深化主题的表现力，而且具有强烈的感染力。

7. 用提出疑问来开头

也许是过于喧嚣的都市使越来越多的人渴望一丝清凉的慰藉，也许是太多激情泛滥的"快餐式爱情"使得人们变成"现实主义者"，当我们再一次坐到电影院时，也在应接不暇中忘记了感动。然而，张艺谋的《一个都不能少》却让我们流了泪，随之而来的是辛酸、焦虑和感叹。究竟是一种怎样的力量，能将都市化的我们这样紧紧抓住？这一力量又来自何方？

第三，重视展开部分。这也是一个推理过程。要以有代表性的、能够成立的论据材料，依据相应的推理前提，展开分析，说明自己所持见解的合理性。具体而言，就是每一个段落部分都应该有一个主要论点，即前面我们所提到的评论元素，然后根据论点从影片中找出重要的能够印证论点的相关内容作为论据，展开文章的分析。例如影片《我的父亲母亲》，很多同学都会找出"红色"这个色彩作为论点，然后再从影片中找到红布、红袄、红窗花等,这些与红色相关且对影片主题表达有积极意义的物件内容作为论据展开分析,只有论据充分才能使文章论述得具体、准确、到位。

第四,追求好结尾。好的结尾可以使文章的最后部分仍然有浓厚的韵味,甚至可以使余韵延伸到文章阅读之后,因而,观众常用"余韵悠长"来赞誉这种好文章,作者也常追求文章的好结尾来造成这样的效果。好的结尾应具备以下几个特点:首先,结尾对文章应该有总结作用;其次,结尾对影片的主旨可以进行再次升华;最后,结尾应尽量做到首尾呼应、文采飞扬。具备了这样几个特点,阅卷老师自然对你的文章有一个好的印象,阅读之后仍余韵尤存,在提笔打分时也才有得到高分的可能。

怎样写好影评的结尾

1. 利用影评的结尾再次升华主旨

如在《天下无贼》的影评范例中,影评最后说道:"这个世界并非没有贼,天下无贼的理想也只是一种美好的愿望。只不过在这浮躁的尘世里,保持一颗善良的心,善待自己,善待别人,众多人会去为守护一些简单的梦想而努力,生活也会变得很纯净。"这样的结尾无疑是对影片理解的升华。

2. 利用影评的结尾对超越影片的一些社会意义有所揭示

如在微电影《阿美的绿豆》的影评范例中,影评最后说道:"从公益行动的角度出发,为乳腺癌病人唤起了重拾爱情和生活动力的信念。"这样让影评有了更多思考的空间。

3. 利用影评的结尾揭示影片给现实生活的指导和呼唤

如在《我的父亲母亲》的影评范例中,影评最后说道:"它似乎告诉我们,这样的爱情不是没有,只要我们都怀着一颗真爱的心,或许你也会寻找到像影片里那般纯洁平实而又宝贵的爱情。"这种影评结尾方式对观看者而言有了更清晰的指导思路,是对现实生活的呼唤。

4. 利用影片中的重要情节因素展开影评结尾,让阅读余韵延伸

如在《千里走单骑》的影评范例中,影评结尾这样写道:"人们久久地忘不了在日本的海边,海水呼啸地拍打着岩石,一位老人,凝望着远方的云,思念着他的儿子。"这个情节因素出现在影片的末尾,加深了我们对主人公的感情。这个重要情节运用到影评结尾处,让阅读余韵有了延伸,并使阅读者产生了更多思考。

5. 利用首尾呼应的方式写影评的结尾

依然是在《千里走单骑》的影评范例中,这篇影评的开篇这样写道:"故事从一个老人在海边的自白开始……"这个开篇方式利用了影片中开端的重要情节因素,与此同时,结尾写作也正好落到了在海边的情节因素中,做到了首尾呼应,让文章的连贯性增强。

(三)文笔流畅,论述准确

不能堆砌似是而非的专业术语,不死记硬背专业理论,文风要平实,字迹要清楚工整。

第三节 命题类型介绍

一、电影成片评论

作为一种影视分析的常考题型,成片评论需要考生在观看完整部电影后完成影评写作。电影成片评论应把握影片整体,分析、鉴定和评价蕴含在影片中的审美价值、认识价值、社会意义以及镜头语言等方面。

【范例一】

温情的守候
——评《天下无贼》
陕西考生　韩亚琳

最后的最后,当王薄拼尽性命为傻根守护"世人尽善"的理想,当王丽抛却一切匍匐在朝圣的路上虔诚跪拜,仿佛是曾有那么一个人,轻轻转动经轮,只为这一段关于弃恶向善的故事,吟一首这世间最动人的诗,"那一年,我磕长头匍匐在山路,不为觐见,只为贴近你的温暖"。不为觐见,不为朝圣,只为了我心中仍有那么一分真善,只为了这世间仍有那么些好人,只为了,总有那么一天,这天下,终于无贼。

电影《天下无贼》延续了一贯的冯氏幽默,讲述了一对贼夫妻弃恶从善的故事。故事的脉络简单清晰,一对惯偷男女驾着骗来的宝马车逃至西部。女主人公因为怀孕想"为孩子积德行善"而决定洗手不干,并遇上了单纯善良的农村青年"傻根";男主人公依旧执迷不悟继续作案;"傻根"揣着修庙所得的6万块钱准备回家盖房娶媳妇,在回家的列车上,贼男女,还有一个贼窝团伙,以及乔装的警察"意外相遇",故事由此展开……一辆疾驰而行的列车上,命运的齿轮悄然转动,善与恶的交锋,心与心的碰撞,结局到底如何反而不再重要,可结局不重要,那又有什么是重要的呢?冯小刚的电影,每每看到最后,总会让人忍不住一遍一遍地叩问这个社会,叩问我们自己,我们想要坚守的是什么?我们能坚守的又是什么?

冯小刚的电影,善于用矛盾来说理,《天下无贼》也不例外,影片展现了多层矛盾线索:贼婆王丽和贼公王薄之间的情感冲突,一个想回归正常生活,另一个却执拗着不回头;王薄与以黎叔为代表的贼团伙之间的较量,双方之间斗智斗勇、惊心动魄,也是矛盾冲突的主体;还有躲在暗地里的警察和这一大帮贼之间正义与邪恶的较量。三条线索却又殊途同归,贼公王薄的复杂心理穿插其中表现深刻,善良的"傻根"扮演了一个心灵净化者的角色,因为他的"天下无贼"的梦想,更多的人加入为他守护梦想的行列,决绝中充满温情,柔软中包含坚持。矛盾的集中点又交织在"傻根"身上,只为他对世界美好的憧憬,众多人在努力,而这一切,他却浑然不知。

"傻根"这个角色的设置起到了升华影片主旨的作用。他是纯朴善良的象征,虽然对于周围发生的一切浑然不知,却为众人指明了一条出路。他的价值观是人类最原始、没有经过世俗污染的道德体系。在他的眼里,世界是美好的,他都能与狼一同生活,人不会比狼还凶狠。出身下层的农村小青年,在西部的高原上修庙,靠自己的劳动来实现最基本的生活目标——盖房子娶媳妇,简单而充实。与众多看似很有水平的城里人比较,也许他平凡普通到甚至有些缺心眼,但是他却有着现实生活中很多人没有的坚守——勤劳善良,执著踏实。观众在被他的"傻气"逗乐的同时,也在同王薄一样思考着:这个世界,以及存在于这个世界的人,到底应该抱有怎样的价值观,又到底该以怎样的面目去生活?

电影里随处可见冯式影片的特点。导演冯小刚把他一贯的黑色幽默发挥得淋漓尽致。一开始傅彪扮演的富翁几句蹩脚的英语,迅速抓住了观众的笑点。为增强影片的戏剧性,列车还出现了一幕令人捧腹大笑的抢劫,范伟和冯远征滑稽幽默的打劫场面,令人津津乐道,也缓解了影片的紧张性。而在众多经典桥段中,最令人心动的莫过于王薄与黎叔在车顶的对决。这场对决,与其说是两个盗贼的巅峰对决,毋宁说是善与恶的对决。这场对决以王薄的牺牲落幕,表面上来看,王薄的死似乎是良善的落败,可恰恰是王薄以命相搏夺回傻根包裹的精神,使影片的主题得以进一步升华到人性本善的高度上来。当王薄拼尽最后一口气将包裹放到熟睡的傻根身旁时,当那一滴象征牺牲与觉醒的鲜血落在傻根天真的睡脸上时,观众在为王薄唏嘘的同时,也在为这样一份善良拍手称赞,王薄的死不是善良之路的终结,反而恰恰是"天下无贼"的理想的开始。

或许对于这个日渐浮躁的社会来说,"天下无贼"永远都只能是美好而虚茫的理想,可我们宁愿抱着这样美好的愿望去看待人生,善待自己,也善待他人。《天下无贼》给了我们这样的期待,人性本善,每个人心底都该有一方净土,哪怕浮世沧桑,哪怕人心易改,这份初心却永远都不会变。正如仓央嘉措在诗中写到的那样,"佛是过来人,而人则是未来佛,我执初心,这世间便又多一份温情,一份善良。"

二、电影片段评论

部分电影分析考题会以电影片段的形式展开,要求考生就某段影片内容进行分析。考生应就所观看的部分进行分析,切忌按照自己的想法评析整部影片。若需要分析的片段为影片的过渡段,恰巧考生又比较熟悉整部电影作品,则可适当结合影片的前后段进行分析。

以小见大是一种能力,对细节进行准确分析可以很好地抓住考官们的眼球。片段的分析也会体现考生对镜头、音乐、演员动作等的专业分析能力。因此,抓住细节对片段进行准确分析,是该类型影评写作的关键所在。

【范例二】《公民凯恩》片段

特写镜头:苏珊在练唱。镜头拉出,我们看到声乐老师在一旁训话。这时,出现咏叹调的前奏。镜头继续拉出,左边有人给苏珊戴帽子和头饰。镜头猛然往上摇,出现舞台灯特写;又猛然往下摇,回到苏珊。镜头缓缓拉出,我们看到台上一片混乱,苏珊一行在中间，他们前面和后面都有人在急急忙忙地走动。换到舞台全景镜头，前景在暗处。这时，画面由下至上渐渐发亮，暗示大幕徐徐升启。

苏珊开唱。镜头往上移动，移过天幕，进入顶上密密麻麻的杆和绳子，最后升到舞台工作人员的吊桥。两名工作人员面面相觑，右边那个用手捏住鼻子。

【评论】

这最后一个镜头可谓是所有表现对文艺演出反应的镜头处理中的珠穆朗玛峰。首先，它是一个虚拟的角度，真正舞台上是不可能拍到这个镜头的，除非把舞台顶端顺着幕布切开。在拍摄上，该镜头是由三个不同镜头拼贴起来的，极为巧妙，其中中间那个是模型。

为什么不用某个台下观众的反应呢？在香港古装片中，凡是街上有人表演杂耍时，旁边总有人叫好或故意起哄。对于古典音乐表演者的水准，剧院工作人员比谁都有发言权，因为他们见多识广，口味很挑剔，而且深知大腕的薄弱环节。如帕瓦罗蒂等歌唱家的传记中，记述着乐团或剧院工作人员即兴鼓掌的事例，尤其是排练时或演员未成名时，因为这在业内被当作一种很高的荣誉。其次，把那两名工作人员安排在"高高在上"的舞台正顶端，有一种象征意义，暗示他们具有"上帝"一般的审视力。

这一段的音响效果也非常贴切。随着镜头的上升，歌声越来越空旷，仿佛是另外一个世界传过来的。仔细想一想，坐在包厢里的李仑德是不可能从这个角度看到这些场面的，这一段的视角介于观众和表演者之间，准确地说是大幕的角度，也是一个客观公正的"无形上帝"的角度。

苏珊的回忆重复了这一段，但镜头是从台上对准观众席，台前的一排灯使得她无法看到台下的任何人。台下凯恩等三人的反应（凯恩紧张，如同他自己在演戏；伯恩斯坦打瞌睡，醒后热烈鼓掌；李仑德撕破节目单）体现了三种态度，但真正普通观众的反应是通过画外音及凯恩的表情来体现的。

苏珊的歌声听起来越来越远，但随着摄影机的上升，声音似乎也有了方向，不仅是越来越远，而且是向下越来越远。在这一段，奥逊威尔斯将视觉和听觉结合起来，营造了一种声音上的幻觉。

三、微电影评论

(一)微电影概念

微电影，即微型电影，又称微影，是指专门运用在各种新媒体平台上播放的、适合在移动状态和短时休闲状态下观看的、具有完整策划和系统制作体系支持的具有完整故事情节的短片，内容融合了幽默搞怪、时尚潮流、公益教育、商业定制等主题，既可以单独成篇，也可以系列成剧。它具备电影的所有要素：时间、地点、人物、主题、故事情节。

(二)微电影的特点

1.篇幅短小化

"微(超短)时"(30～300秒)放映、"微(超短)周期制作(1～7天或数周)"和"微(超小)规模投资(几千至数千/万元每部)"的视频("类"电影)短片。

2.成本低廉化

微电影在投放上花费很少甚至不需要花费一分钱,只需要简单地上传到视频网站或交友网站即可。这大大缩减了品牌的促销费用,为产品节约了成本。

3.传播便捷化

微电影的魅力在于短小而又充满悬念,能够吸引受众主动并多次观看。

4.广告电影化

微电影有明确的营销传播诉求点,诉求方式更加坦诚、自然、直接。

5.类型多样化

相较于电影而言,微电影更加贴近人们的生活,类型也更加丰富,比如有草根恶搞型、青春爱情型、励志奋斗型、古风型、感人亲情型、唯美风景型等。

(三)微电影评论

关于微电影的评论与普通电影的评论相差无异,但对微电影的评论考生应将重点更多放在它的创新性和内容上,因为微电影毕竟不同于常态电影的生产制作模式,它对于镜头和一些细节的把控会有其自身特点。因此,对于一部好的微电影,考生可以关注其主旨是否精良、创新,可适当放宽对其制作水准的要求。

(四)微电影的常见类型

1.草根型

所谓草根型,是指以社会底层人物为电影的主角,通过其行为动作故事反映草根人物的生存现状。虽然主题内涵看起来颇为深刻,可是微电影制作的手法却是通过恶搞的方式来表现的。其特点是通过比较夸张的演绎,加入大量幽默搞笑的元素,增加电影的趣味性和观赏性;由于所选择的电影人物主角为草根型人物,因此其电影所反映的生活符合小众的特点。

2.青春爱情型

以青春和爱情为微电影拍摄内容,一般是借助微电影去反映青春的美好或者青春期的迷茫,爱情的苦涩或者甜蜜等。这一类微电影往往都是采用叙事的方式进行拍摄,在场景的布置上以突出青春为主要特色,营造浪漫温馨的爱情氛围。

3.奋斗励志型

这一类型的微电影主要是以表现奋斗为电影的主题,以叙事为主,不过其场景的布置更加贴近生活,一般以真实的奋斗故事引起观众共鸣。

(五)微电影营销

1. 微电影如何与广告相结合

从植入式广告逆向生长出的微电影广告借助网络平台大放异彩,其核心是在广告内容、生产过程以及广告投放中都把产品作为重要角色渗透进故事,让受众积极参与生产故事,使投放的渠道和方式紧扣故事发展。微电影广告的长远发展依赖包装和投放的不断创新。

2. 故事性如何突出

微电影的故事主题是对现实生活的思考和提升,它牵系着故事的走向、脉络与细节,是创意时首当其冲要解决的问题,要尽量做到集中、新颖、正确而又深刻。

故事可以是平凡真实的生活化主题,受众能从微电影中找到自己的原形,触动心弦,引起共鸣。故事主题可以是话题型、幽默型或励志型的,等等。这些主题可以成为网民日常的谈资;可以成为让受众放松心情,博得开怀一笑的娱乐方式;也可以成为激励消费者,引导其人生观和价值观的原动力。总之,微电影广告主题的选择必须和受众息息相关,注重题材的应景应势,将故事与广告的服务对象相结合。

四、默评电影

默评电影是近些年艺术类考试中电影作品分析评论科目的一种考查方式。它主要考查考生对电影作品的积累能力、分析能力、理解能力以及文学表达能力。一般来说,考试时会给出几部国内外著名电影,或是近些年在中国荧幕上备受关注的影片,让考生们在不观看影片的前提下,选择一部考试范围内自己比较熟悉的影片进行评论分析,从而完成影评写作。这样的考查方式既为考试节约了时间,同时也要求考生们平时做到对电影的真正热爱。

近几年出现频次较多的默评作品主要有:《阿甘正传》《这个杀手不太冷》《辛德勒名单》《罗拉快跑》《泰坦尼克号》《公民凯恩》《阳光灿烂的日子》《霸王别姬》《黄土地》《红高粱》《大红灯笼高高挂》《一个都不能少》《活着》《芙蓉镇》《牧马人》等。还有一些当年热映的影片,考生可根据具体情况,随时进行默评影片库的更新。

【范例三】

绿豆的萌芽
——评微电影《阿美的绿豆》
黑龙江考生　王涵

《阿美的绿豆》是大学生拍摄的一部成功的爱情微电影,朴实无华的场景、平凡无奇的小人物和荒诞的喜剧视听形象,赋予了短片耐人寻味的韵味与体验。影片以"绿豆"作为元素,将一个让主人公阿美啼笑皆非、令人感动的爱情故事娓娓道来。

从影片的人物设置来讲,主人公阿美和老李这两个朴实的社会小人物,导演对他们的设置可谓十分精妙。阿美长相平平、体态肥硕,身着一件红色毛衣或是朱红色短棉袄,从中反映了她对爱情的追求和向往。而老李体型瘦弱,以一位"怪大叔"的形象出现在观众面前。老李开始以红色贝雷帽、黑色框架眼镜、白色风衣出场,这时他对感情胆怯、优柔寡断。后来,他脱下白色风衣,身着红色针织衫与阿美舞蹈时,象征着他大胆敞开心扉迎接爱情的决心和信念。加上影片中大量穿插四川方言喜剧对白,语言平实而不乏幽默感,并时常伴随出现两人怪异荒诞的行为举止,令人忍俊不禁。

在影片中,"绿豆"始终作为一个有具体意义的载体贯穿影片,对影片主旨不断进行升华。阿美得了乳腺癌,切除了女人最重要的部位,这让她不可接受。在经过无数次尝试后,她用新鲜绿豆裹在布里缝合成"绿豆包",导演利用心理蒙太奇的手法让阿美幻想绿豆发芽,放弃使用。接着又用炒熟的绿豆,并运用同样的手法幻想绿豆被老鼠吃掉的后怕。当她克服这些心理压力,却在重要的舞蹈排演时,将"绿豆包"从身体掉出,绿豆洒落一地。这样充满戏剧性的一幕反倒促成老李对阿美求婚,二人完美结合。在求婚后,导演特意设置了绿豆洒在泥土中长出新芽的情节,这也意味着老李和阿美新生活的开始。影片让绿豆的情节延续到了最后,通过小物件不断升华平实的爱情观念,成为影片重要的趣味细节,打动了观众。

在影片中,大量特殊镜头和画面的处理,在体现喜剧元素的同时又让我们伴随人物的命运层层推进。在阿美做检查与医生对话的一场戏中,面部特写镜头将阿美的突兀表情呈现在观众眼前,并利用俯拍突出了人物的幽默与无奈。当阿美被推进手术室后,导演再次运用俯拍角度和眼泪的特写镜头相结合,体现出一种凄凉,深深牵动了观众的心弦,并为后面小人物不屈抗争命运形成了铺垫与褒扬。影片在画面光影上,一直比较暗淡,刻画了阿美的命运走向,并表现出她内心自卑的一面。当阿美和老李经历爱情时,光线由暗逐渐转亮。最后在江边,老李向失落的阿美求婚时,光线呈现出影片最为明亮状态,对影片的主旨起到了推进作用。

影片的音乐和音响恰到好处地呼应了片中人物的感情基调,让观众随着主人公的命运跌宕起伏。在影片中,阿美由于体型和动作的不协调,跳舞时处处经受挫败,而缓慢沉重的音乐旋律很好地配合了主人公的内心感受,吊足了观众的胃口。当阿美得知自己患病时,"雷声"作为音响效果出现,映衬了此消息如同晴天霹雳一般降临在阿美身上,呈现出一种悲剧的气氛。而当阿美舞蹈排演尴尬摔倒时,导演刻意停止所有的声音元素,让绿豆洒落一地的音响声效清晰地呈现,使观众紧张阿美命运的同时让剧情矛盾一点点推进,也让该片到达了情节的高潮。影片中,阿美排演的舞蹈配乐为《好日子》,这首乐曲多次出现,昭示了阿美与老李即将迈入"好日子",开始新生活的命运结局。

每段岁月都有褪色的时候,每个人生都有挫败的经历。阿美,虽然不美丽,但平凡朴实的小人物依然拥有勇敢去爱的平等权利。本片在歌颂小人物的同时也从公益行动的角度出发,为乳腺癌病人唤起了重拾爱情和生活动力的信念。正如影片给出的温情暗示,绿豆的萌芽,开启了一段崭新的人生。

第四节　实用模板分步讲解

　　该模板共由六部分组成,其中开篇和结尾可为考生所写影评起到画龙点睛的作用,故事梗概、主题分析、细节分析和视听语言分析则是一篇影评的主体,而主题分析又是影评写作最核心的部分。

一、开篇

　　结合影片主题进行文学化、意象化的开篇,可用 3~4 句话完成。该部分的写作旨在让阅卷老师能从一开篇便捕捉到学生的文学及写作功底。如果考生能够在结合影片主题的同时,利用所学诗词、散文等进行点题式开篇,则将为自己的影评增分不少。开篇不必紧紧围绕影片内容展开,可在影片主题的统领下进行延伸性思考。

二、故事梗概

　　一部长则 3 小时、短则 10 分钟的影视作品,用 150~200 字完成概述,是具有一定难度的。既然是概述,就需要考生用最概括、准确、精练的话讲述影片内容。所谓的精练,并非指考生可随意省略影片相关线索,它要求考生不必交代所有细枝末节,但必须理清影片主脉络。在理清主脉络的同时,必然会有很多影片中的各色人物出现,考生可结合主脉络,就轻重、主次做出筛选,不必面面俱到。

　　故事梗概要求考生用较少的文字描述清楚一部作品,重在考查学生的总结、概括能力。由于该部分重点是写影片的梗概,所以考生不可在该段落分析主题、抒发感慨、论述观点、对比视听,只要能简明扼要地讲述清楚影片的主要内容即可。

三、主题分析

　　主题分析是影评写作最核心的部分,对主题的准确把握会影响到影评其他部分的写作。在进行该部分写作时,语言表达切忌过于感性,以理性、客观的表达为最佳。主题分析可由以下三部分组成:

　　1.通过对影片的赏析,理解影片所表达的主题,并用最准确的一句话或几句话直接讲清楚作品主题,让阅卷老师一目了然地看到考生对影片主题的准确把握。

　　2.结合影片内容对之前所得出的影片主题进行分析,切忌大量描述内容。影评重在评论而非描述,它不同于观后感,因此,在结合影片内容的前提下游刃有余地分析影片主题,是该部分的重要内容。考生一定要牢记影评中的评论一定是远大于对影片内容的描述的,这一点需要引起考生足够的重视。

　　3.考生可结合自我认识、个人经历、社会现实、人生百态等,对主题作延伸、拔高性的分析,以小见大、由点到面。此部分是主题分析中可为考生加分的部分,同样切忌大量感性的抒发,需要考生作理性的分析。

四、细节分析

细节分析是指找到作品中最典型、最精彩、最有意义的一个镜头或一句话等来展开分析。细节既不是一个段落,也不是一个情节,它是指影片中足以让观众印象深刻的某一个点。因此,考生需认真思考细节的概念,再对细节展开分析。影评中一般以分析两个细节为宜:

细节一:找到导演用来深化主题的某一细节,先对此细节进行准确描述,再着重结合影片主题分析该细节是如何深化影片主题的。

细节二:找到导演用来刻画人物性格的某一细节,先对此细节进行准确描述,再着重结合影片主题分析该细节是如何刻画人物性格的。而当影片中很难找到专门用来刻画人物性格的细节时,则可用两个深化主题的细节完成该段落写作。

当作品中有指向性非常明显的物件时,可分析其对表现主题、刻画人物性格所起的作用,如《北逃》中的下雨、《李米的猜想》中的风筝等。

五、视听语言

视听语言的分析在近几年的影评写作中所占的比例越来越大,但这并不意味着需要考生通篇围绕视听语言进行分析。在影评写作中,考生只需结合影片中的2~3个视听语言点进行分析即可。考生可先对影片中的一个视听语言点(可在影片中出现一次或多次)进行描述,再分析该视听语言点是如何表现影片主题或刻画人物性格的。

需要提醒考生的是,切不可就某一段落,甚至整部影片中所有的视听语言点一一进行分析。很多考生习惯于将自己看到的视听语言点从头到尾泛泛而谈,却没有任何细致到位的分析,这是极不可取的。实际上,一篇合格的影评中,考生只需有针对性地深入分析2~3个点即可。

六、结尾

结合影片主题对整篇影评进行总结,可用3~4句话完成。该部分的写作要求可参照模板对开篇所列的写作要求。

影评汇中各部分所占比例					
开篇	故事梗概	主题分析	细节分析	视听语言	结尾
5%	15%	40%	15%	20%	5%

注:该模板并非影评写作的唯一标准,仅仅是为部分面对影评写作无从下手的考生提供的捷径。本书作者仍提倡考生可依据自身经验,完成个性且到位的影评写作。

第五节 常见问题点拨

一、褒贬鲜明，缺少分析

有些考生在评析中只有褒贬，却没有让人信服的分析。有时表面看起来得出的结论很深刻，却缺乏足够的论据来支撑。因此在艺考影评写作中，考生不应针对影片的好坏作过多争论，而是应运用叙事和视听的分析方法，以影片中的内容作为论据进行影片的分析评论，在分析和推论中完成影评。

二、囫囵吞枣，生搬硬套

很多考生在写作时，喜欢一味地进行电影理论和视听语言理论的堆砌，拿自己熟悉的电影概念，不论是否合适都运用到个人的影评分析中。很多考生只会生搬硬套，并没有将电影作品中的内容与电影评论进行结合，让整篇影评文章没有重点，而且显得假、大、空，文章看起来更像是在看一篇电影学专业的学术论文，而非结合理论所写的影视评论。

三、面面俱到，泛泛而谈

在前面的内容讲解中我们提到，在影评写作时，考生要学会选取适合的角度进行切入，否则文章会泛泛而谈，变得没有重点。很多考生在考试时会发现多个适宜展开分析的角度，认为但凡在影片中出现的角度都是重要角度，没有进行取舍和综合，而这样的面面俱到则会使文章流于表面，无法深入评析。因此要想深入探讨影片中的内容，必须合理选择几个重点角度，并且让其能够结合影片内容进入到升华主题的层次，这样的文章才会详略得当，主次分明。

四、有"观"无"感"，"述"多"评"少

影评与观后感是有很大差别的。其实，要写好影评，考生必须对影片有深刻的理解。在写作的时候，考生需要运用影视理论知识进行评析，考生可将自身的感受用于升华主题，但绝不能长篇大论抒发感情。因为影评不等于抒情散文，它的文体属于评论文章范畴。为了避免出现这样的问题，考生应做到：第一，在文章中尽量不要使用"我"怎么看，因为"我"字容易带有很强烈的主观色彩；第二，尽量以电影理论角度切入，不要用自身的体会进行遐想；第三，要跟影片内容结合，才能有合适的论据作为支撑。

我们还要提醒考生的是，除了不要写成观后感外，还要注意影评不等于记叙文。影评考查的是考生对所观看影片的分析理解能力，并不是考生记忆影片内容的能力。因此，考生切勿将影评写成记录梳理、影片的内容介绍。

五、以影片的顺序写影评的顺序

考生们要特别注意,无须刻意按照影片顺序来写影评,这样则会使文章显得片面且分析不准确。从考试阅卷而言,这样的写法容易让评卷老师误解为你在对影片内容进行逐段梳理,有可能会导致低分。所以在写作影评时,考生一定要认真观看,仔细完成知识点的记录与梳理,做到边看边整理思路,切不可在看完电影之后才思考如何下笔。

第六节　经典范文举例

【范例一】

望空冰火

——评《白日焰火》

江苏考生　沈韩成

在独立电影界混迹十余年,导演刁亦男在自己的作品《白日焰火》中找到了随升空花火一同绽放的契机,让影片在体现导演风格的精华之时,为此类黑色电影手法凿出了一条雪地小径。

影片讲述了五年前吴志贞的丈夫梁志军被警方认定死于一桩离奇碎尸案,当时张自力破案后击毙了持枪拒捕的凶手。五年后又发生了类似的连环案件,并且这些死者都曾与吴志贞相恋,心结未了的张自力主动接近吴志贞,却飞蛾扑火般地爱上了这个女人。两个遭遇重大生活挫折的人逐渐从惺惺相惜到相爱,随着更加亲密的接触,发现了五年前的真相……本片通过深度挖掘我们每一个人都可能有的凄惶与无力,最终引发观众的深层次共鸣。

《白日焰火》把主题的最大魅力放在了人物和时空的组合关系上,让二男一女在影片描摹的整个案件中形成了"螳螂捕蝉,黄雀在后"般的人物关系,且制造了处处克制而压抑的叙事力度,让观众在体会人物深入性情时感受着影片传达的深刻主题。导演用最少的笔墨表现"活死人"梁志军,并且在故事转折处终结这一人物,也是希望让这个如过磅处一样的中枢角色能够始终保有浓郁的神秘色彩,赋予故事推进和悬疑氛围一定的基础。梁志军在行动上代表的凶狠犯罪和精神上代表的直白情感是此类黑色电影中最常见的一类。吴志贞几乎是早早被定性为了中国式蛇蝎美人,但实际上这个素洁如冰雪的女人隐藏的秘密远非蛇蝎的狠毒所能概括。导演用一系列铺陈与叙事描绘这位女主人公,最终用短暂的白日焰火终结了她转瞬即逝的幻梦。而赢到最后的张自力在影片中则是一头装醉的野兽,他原本是十足健全,但现实从他身上残忍地切下了一块块鲜肉,于是不得不一次次咬牙屈服;即使放起白日焰火,跳起莫名之舞,也改变不了自己为了微薄的存在感而丢掉了整个人生。细细品味这部电影,暴力与爱情的渲染与提炼只是表层空间,而其内在的文化审美则在于人生的无措与人性的无奈。

一部好电影在塑造人物的同时,不会忽视故事的细节。导演在这两方面都做得比较好,所以我们在看人物情感时会被感染,又会因为细节上的真实性而给电影加分。比如在社区办公室出现的马和哭泣的女人,似乎是无关电影主题,却用很细腻的手法一一呈现出来,而不是脸谱化地处理这种居委会大妈的传统方式。当居委会主任在过道里走向马匹,镜头一直跟着她前进而非倒退,用近景突出了角色的脸部细微表现。导演并没有刻意地拉开远景——用现实主义手法,也没有推近大特写——用古典主义手法,而更多地使用近景,或者中景来组成整个电影构图。

为了营造一种冷峻和压抑的视觉风格,这部电影有大量的夜景镜头,跟剧情和人物心理紧密相扣。且影片中提供的其他大量值得玩味的细节和象征物,如瓢虫、失主之马、冰鞋、貂皮大衣等,从文学故事的寓言性到性学、心理学等角度的延伸都具有很好的多元解读性,这也是一部文艺与商业属性融合出色的作品所应具备的基本素质。此外,东京影帝王景春及文艺片性格男星余皑磊的角色塑造也十分到位。《白日焰火》最大限度地让观众把注意力放置到电影思想的安排上,在深夜的地铁中,在午后的发廊里,或是空荡而堆雪的柏油大道上,都是观影之后可以引发思索的"梦域"。

《白日焰火》用难以想象的事件,写照了真实社会的大众情感。晴空,焰火到处飞串,这是影片留给我们的拷问,也让观众体验着白日焰火带来的种种思绪。

【范例二】

爱的坚守
——评《我的父亲母亲》

甘肃考生　钱珺

当你老了,白发苍苍,睡意沉沉,我想在你的枕边讲这样一个故事:那一年,他和她都还年轻;那一年,她对他一见钟情;那一年,他对她许下一生的承诺;那一年,是属于他们的爱情,相濡以沫,相扶到老。

在这个连爱情都可以快餐化的时代,我们太需要这样一段刻骨铭心的爱情来提醒我们什么是真,什么是爱。《我的父亲母亲》恰似一针强心剂,让我们不禁想要返璞归真,认认真真地爱一场。影片讲述农村姑娘招娣和村里的教书先生的一段感人至深的爱情故事。影片通过少女招娣对爱情的执著追求以及对爱情忠贞不渝的坚守,告诉人们什么是真正的爱情,并引发人们对爱情的思考和追问。

张艺谋导演通过巧妙的情节设定塑造了一个个性鲜明的女主人公形象。当父亲刚来村里教书时,他和母亲初次相遇,母亲就对父亲一见钟情,从此母亲便想着法儿地接近父亲。导演安排了这样几个情节来表现她热烈大胆、敢爱敢恨的性情:一个是建造学校时送饭的情节,为了能让父亲注意到自己的良苦用心,她总是做最好吃的饭,用最醒目的餐具,总是把饭放在最显眼的位置;另一个情节是井台打水,为了有机会和先生单独接触,招娣不嫌距离远,专程到离学校近一些的前井去打水;等到了先生到招娣家里吃派饭这场戏时,招娣开始大胆表露自己的感情,而她的感情也得到了先生的回应,两颗早已互相爱慕的心正式走到了一起；但刚刚得到的爱情却因为先生的政治问题而被阻止，招娣义无反顾地去争取和维护，她在风雪路上执著地等待着先生回来，甚至不顾生命危险要带病去县里找先生。这样几个典型情节，把母亲对爱情的执著，以及母亲那倔强不屈的性格展现得淋漓尽致，让观众的心灵受到了震撼。

为了更好地表现主题，影片在细节表现上做足了功夫，导演使用了许多物件细节来推动情节发展，比如青花大瓷碗，在片中一共出现了四次：第一次出现是在招娣给先生送饭时，她捧着醒目的大瓷碗希望能引起先生的注意；第二次是先生到家里来吃饭时，招娣再次捧出那只大瓷碗，并请先生确认是否见过，先生在这一刻读懂了招娣的心；第三次是招娣给先生送饺子，碗摔破了，招娣的心也碎了；第四次是母亲请人来锔那破碎的碗，很快招娣看见了那只补好的碗，破"碗"重圆，预示着招娣的爱情依然充满希望。大瓷碗这一物件细节每一次的出现都和主人公的心情相吻合，也推动着剧情向前发展。其他细节，例如红棉袄、读书声等，也都多次出现，导演都以此来强化和推动剧情发展。

影片刻意设置的典型环境，让影片剧情跌宕起伏。当招娣一次次冒着风雪去等先生时，风雪已变成了招娣爱情路上的巨大阻力，招娣必须在风雪中战胜自己，才能赢得自己想要的爱情；而当先生得知招娣为了等他而一病不起时，他也冒着政治危险奋不顾身地返回来看望招娣。影片用一个风雪中教室的远景，以及一阵清脆的读书声，巧妙地把先生回来了这样的信息传递给了我们，让我们能够强烈地感受到先生对招娣爱的回应。而当最后一次招娣站在那熟悉的路口等先生回来时，她身穿先生喜欢的红棉袄，像一朵雪地上盛开的花朵一样绽放着，此时风雪已经停止，灿烂的阳光照在洁白的雪地上，预示着长久的等待终于迎来了团聚的时刻。

影片在色彩运用上无疑打上了导演个人化色彩风格的烙印，这些色彩的运用在叙事上也起到了巨大的推动作用。影片在叙述过去美好回忆的时候用的是彩色，而且色彩极其绚丽，有充满温暖和丰收气息的金黄色，有大雪纷飞的白色，有少女衣服和围巾的红色。张艺谋之所以用不同的颜色，是有其特殊用意的。金黄色用以交代故事发生的环境是在丰收的秋天，那色彩斑斓的颜色给我们构筑了一个童话般温馨的世界，似乎在告诉我们：在这样一个简单、安静、祥和的世界中，这份爱情也一定是纯洁的。红色，既代表了女主人公青春活力的形象，也是爱情和希望的象征，尤其招娣穿的红棉袄，更是作为贯穿她爱情发展的线索。而当进入现在时态的描写时，却用了相对冷静的黑白色，这是因为在张艺谋看来，现实是苍冷而残酷的，它远没有记忆中的那么美好，记忆中的男女主人公既年轻又浪漫，而现实中的男主人公已经死去，女主人公则苍老得不可辨认。

影片在画面上也可谓下足了功夫。每一个画面都像一幅安静的油画一般展现在我们面前，尤其是那些秋天原野的画面，美丽纯洁，仿佛把我们带入了童话般的世界。镜头语言极其丰富，远景、特写之间的切换，有力地帮助刻画和塑造了人物形象，几乎每一个画面的构图都十分工整，给我们带来无与伦比的视觉享受。

或许有人会认为纯洁的爱情似乎离我们越走越远，而《我的父亲母亲》也让人们重拾信心，它似乎在告诉我们：这样的爱情不是没有，只要我们都怀着一颗真爱的心，或许你也会寻找到像影片里那般纯洁平实而又宝贵的爱情。

第三章　电视作品赏析

框架梳理

电影作品评论	电视作品的概念与分类	电视作品的概念
		电视作品的分类
	电视节目分析	电视节目的分类
		电视节目分析方法与技巧
		电视节目范例赏析与真题
	电视纪录片赏析	纪录片的概念
		纪录片的特征
		纪录片赏析的角度与方法
		纪录片范例赏析与真题
	电视专题片赏析	电视专题片的概念
		电视专题片的分类
		电视专题片的特征
		电视纪录片与专题片的异同
		电视专题片赏析方法和技巧
		电视专题片范例赏析与真题
	电视散文赏析	电视散文的概念及分类
		电视散文赏析方法与技巧
		电视散文范例赏析与真题
	电视广告赏析	电视广告赏析考查目的
		评析电视广告作品的基本方法
		电视广告赏析方法与技巧
		电视广告范例赏析与真题

本章提要

在电视作品赏析中,赏析的方法与技巧是基础,有了一定的基石,考生才可以向成功更进一步。当然,在深谙赏析技巧的同时,考生还要在赏析的过程中穿插对所学知识的活学活用,以及对创造性思维的发挥。本章主要介绍电视节目、电视纪录片、电视专题片、电视散文以及电视广告的概念、分类和赏析方法与技巧,帮助考生们在考试中从容应对电视作品赏析。

第一节　电视作品的概念与分类

一、电视作品的概念

电视台或其他节目制作者,通过把文学、艺术或科学作品固定在一定的载体上(如录像带),专供电视台播放的有伴音或无伴音的连续相关的画面,我们将其称为电视作品。电视作品是电视产生以后衍生出的以电视为媒介,通过画面、声音等方式进行传播的文化产品。

二、电视作品的分类

(一)电视节目

电视节目指电视台通过载有声音、图像的信号传播作品的节目。电视节目按时段划分,按线性传播的方式组织内容,依次播送。每期节目有特定的名称、内容取向、表现风格,有一定的时间长度和播出时间。

艺考常考案例:《爸爸去哪儿》《中国好声音》《鲁豫有约》《人物》《探索·发现》《第10放映室》《交换空间》《东方时空》等。

【温馨小贴士】

电视节目的更新换代较快,可能今天让我们津津乐道的优秀节目,明天就成为了历史素材,因此根据每年的形势变化,考生需要注重对当年热点电视节目做出新的分析。

(二)电视纪录片

电视纪录片是指运用视听纪实手段,真实地记录社会生活,客观地反映生活中真人、真事、真情、真景的现实生活原貌形态和完整过程的电视形态作品。

艺考常考案例:《幼儿园》《英与白》《俺爹俺娘》《最后的山神》《再说长江》《大国崛起》《舌尖上的中国》《故宫》《敦煌》《超级工程》《龙脊》《舟舟的世界》等。

【温馨小贴士】

电视专题片是一种兼具电视纪录片和电视节目双重属性的作品，它运用纪实手段，对社会生活的某一领域或某一方面，给予集中的、深入的报道，内容较为专一，形式多种多样。电视专题片允许采用多种艺术手段表现社会生活，同时也允许创作者直接阐述观点。由于近些年这一类型作品在电视作品分析的考查内容中出现频率较高，但又与我们讲解的电视节目分析写作方法有一些差别，因此本书后面部分将专门设置小节对其做出详细分析。特别提醒大家，根据考试的特殊情况，本书讲到的电视专题片主要是指专题节目，对于电视专题纪录片，例如《故宫》《再说长江》《舌尖上的中国》等，本书将其归类至电视纪录片中做统一讲解。

(三) 电视散文

电视散文是把镜头语言和文学语言相结合的电视作品类型，是一种舒缓、淡雅的艺术形式。例如，《在山的那边》《迟来的冬血》《小橘灯》等都属于电视散文的范畴。

艺考常考案例：《匆匆》《边城印象》《印象丽江》《游子暮归解乡愁》《毕业了》等。

(四) 电视广告

电视广告是通过电视传播的广告形式，常以宣传服务、概念、商品等内容为主。

艺考常考案例：《百事可乐·把乐带回家》《公益广告·爸爸从未忘记爱你》《禁毒·成龙篇》等。

(五) 电视诗歌

电视诗歌是一种电视与诗歌相结合的电视文学样式，它通过特定的镜头造型语言，集中凝练地反映社会生活，抒发创作者的主观思想情感。电视诗歌具有诗歌的朦胧美感和空灵意境，画面清晰，诗句凝练，富于想象，强调节奏。如《清江倒影》《西藏的天空》《梅花》等都是优秀的电视诗歌。

艺考常考案例：《海的向往》《雪梦》《大树》《时间》等。

第二节 电视节目分析

一、电视节目的分类

电视节目分类出于以下目的：(1)节目生产和管理的需要；(2)节目编排和播出的需要；(3)节目交易和评比的需要；(4)节目研究的需要。既然分类目的不同，就不可能由一种分类法来包办。我国现行的电视节目分类大体上存在这样一种格局：以内容属性分类为主，同时兼顾以对象属性分类和以形式属性分类。目前我们常用的分类方法为"四分法"，即把整个电视节目分为新闻、教育、文艺、服务四大类。现今"四分法"得到了普遍认可,在我国电视界中,大多数都采用这一分类方法。因此,本书将围绕新闻类节目、社教类节目、文艺类节目、服务类节目四大类为大家做出分析。

(一)新闻类节目

新闻节目是世界各地电视台最重要的节目类型。它是广播电视系统的第一语言,在广播和电视节目系统中起着主导作用,在播出流程中也占据主体地位。通常新闻节目不仅从人力、物力、财力到重视程度都排在各类节目之首。此外,新闻节目还代表着一个台的办台宗旨,故有"新闻立台"的说法。"新闻立台"即电视新闻类节目要在电视台的所有节目中,特别是主频道中成为节目骨干并形成强势。

新闻节目形态具体可分为:

1.消息型新闻:简单扼要、迅速及时地报道国内外新闻事实的体裁,如一般性新闻《简明新闻》和综合性新闻《新闻联播》等。

2.专题型新闻:即对一个新闻故事进行深度报道。这种报道比较详尽且有深度,是对新近发生的重大事件的报道,如"两会专题"、"奥运火炬传递"、"3·15主题报道"等。

3.评论型新闻:一种集新闻报道和新闻评论于一体的电视新闻形式。它虚实结合,有说有评,既有对事件的介绍,又有对事件的分析和评论。它以典型事件为基础,就事论理,从而实现正确的舆论导向。如中央电视台的《新闻1+1》。

(二)社教类节目

社教类节目是指以传播政治、思想、伦理和科学知识为主要内容,促进精神文明建设的节目,具体又可分为综合教学、专科教学、应用教学、理论节目、知识节目、特定对象节目等。

社教类节目传授内容多样,教育方式较为科学、系统、形象,因此深受广大观众的喜爱。优秀的社教类节目如《百家讲坛》《百科全说》《科技之光》《聚焦三农》等。其中,特定对象性节目一般针对特定社会群体,以栏目的形式出现较多,如针对社会求职人员的《一站到底》和《非你莫属》,针对妇女的《半边天》,针对老年人的《夕阳红》,针对农民的《金土地》,针对青年人的《新青年》,针对儿童的《大风车》等。

(三)文艺类节目

文艺类节目是各电视台播出时量最多的节目,它种类繁多,深受观众的喜爱。具体可分为:

1.电视剧:有故事情节,和电影较为相似的一种电视文艺类型。通常每集在40~50分钟。按集数的多少,又可分为短篇(1~3集)、中篇(4~10集)和长篇电视连续剧(11集以上)。

2.专题型文艺节目,如MV(音乐电视)、音乐、舞蹈、杂技、戏曲、小品等。

3.栏目型文艺节目,如《综艺喜乐汇》《中国文艺》等。

4.晚会型文艺节目,如《春节联欢晚会》等。

5. 综艺型文艺节目,如《综艺大观》《快乐大本营》等。
6. 竞赛型文艺节目,如《中国好声音》《智勇大冲关》等。
7. 真人秀节目,如《一站到底》《中国好声音》《爸爸去哪儿》《奔跑吧,兄弟》等。

(四)服务类节目

服务类节目是指实用性较强,能直接帮助观众解决思想、工作、生活中遇到的实际问题的一类节目,具体又可细分为:单项服务型(如《天气预报》)、生活服务型(如《购物街》和《交换空间》)、综合服务型(如《生活》)、信息咨询型(如《交通信息》)、技能型(如《致富经》)等。

二、电视节目分析方法与技巧

针对电视节目分析,在考试中通常会为考生提供一段或者一期电视节目,比如《快乐大本营》《天天向上》《中国好声音》等,然后遵循下面的思路进行观看记录、思考分析以及展开写作。

首先,考生在观看电视节目时,需要带入以下几个点做详细记录:(1)主持人;(2)内容;(3)结构;(4)视听。

其次,观看结束后,需要考生思考的点分别是:(1)观众定位与创作观念;(2)创作内容与形式;(3)创作技巧与表达方式;(4)社会意义和发展方向。

最后,写作步骤展开为:

第一步:先写出对所给电视栏目的总体认识和看法。总体的认识包括这档栏目的定位、栏目风格和节奏、主持人定位、受众定位以及栏目的整体包装等等。

第二步:针对所给的这一期节目的看法进行写作。如访谈类节目,主持人是如何向嘉宾进行层层提问的,嘉宾又是如何对答的,以及这期节目的看点在哪里。接着可再谈这一期节目的设计结构,看节目是否邀请其他嘉宾,这些都是可分析的元素。

第三步:从以下四个分析角度中选择一个自己认为突出且能够掌控的方向,明确提出自己的观点,结合具体节目内容、细节展开分析论证。这类写作在结构上有点类似于高考应试议论文,我们在写作时要遵循议论文的核心要求,做到观点明确、清晰、有层次。

(1)节目的内容。本期节目表现了什么内容,让观众在电视机前获得了什么信息,又是通过怎样的方式丰富了人物形象等。但是必须注意的是,这个角度的观点一定要紧贴内容来评论,切忌离开具体内容用一些空泛的语言笼统概括。

(2)节目策划的结构。就访谈类节目而言,这里所谓的结构是指主持人所提问题的列表,主持人的提问是怎样慢慢往下继续的。主持人不可能想到什么就问什么,开始问什么问题,中间问什么问题,最后如何来结尾,这些都是编导提前策划好的。所以要分析节目如此安排的原因,以及这样呈现出来的节目在结构上相较于其他节目的优势和亮点。

(3)节目主持人的表现。都说主持人是电视节目的灵魂,想必制作方是在权衡考量了主持人的个人魅力、主持风格、语言特色以及现场反应等综合能力之后才为节目选定了主持人。所以在分析节目时，考生可依据以上几点在主持人身上找突破口并进行分析。

(4)节目的制作，也就是技术特点。技术包括摄像、电视节目后期包装、音响、大屏幕的设计、电视节目剪辑的节奏和舞台设计等。关于这点的分析偏重专业性，建议考生要对这些方面有所了解，在认知基础上结合实际，这样的分析才更容易出彩。

第四步：再次结合栏目的整体定位进行总结，对整篇文章进行回顾，然后过渡至收尾。

三、电视节目范例赏析与真题

【范例】 在河北省2010年编导类联考中，考试播放了同类型的三个不同栏目，其中的一场考试分别播放的是《交换空间》《消费主张》和《夕阳红》三个生活服务类栏目的一期片段。考试要求如下：

1. 观摩生活服务类电视栏目片段。
2. 结合三个电视栏目片段，针对以下几方面进行分析：
(1)观众定位与创作观念。
(2)创作内容与形式。
(3)创作技巧与表达方式。
(4)结合三个栏目片段，对其社会意义及其发展方向阐述自己的观点与建议。
3. 字数不少于1000字。

多彩生活的指引

贵州考生　刘西凤

近些年，随着人们的生活水平日益提高，生活的节奏也越来越快。一些以实用内容为主，直接为人们生活、工作、学习服务的栏目成为了电视荧幕上的新宠。它们多以轻松的氛围、丰富的形式呈现，让人们在体验电视愉悦的同时，感受丰富多彩的生活价值。本片分别播放了《交换空间》《消费主张》和《夕阳红·家有妙招》三个栏目片段，它们同属于生活服务类栏目，但却从装修、消费观念和饮食制作三个方面让我们得到了不同的服务理念。

从观众定位与创作观念来讲，《交换空间》的形式灵活，以装修内容为主，倡导"身体力行，节俭装修"的理念。编导把握了热爱装饰艺术、愿意自行动手的人群，以更为贴近年轻人的方式为我们呈现了节目的内容和形式，并放在每周六下午18:30播出，因此它的定位让热爱生活、热爱家庭的人群成为了本节目忠实的收视对象。《消费主张》则是一档以主流消费人群为收视群体的专题类消费节目。它以当前社会的消费热点为关注目标，通过细致深入的调查，展现消费市场潮流和消费中遇到的问题，以实用有效的消费主张为消费者提供解决之道。由于它关注的是消费生活领域的动态变化，为广大消费者提供有价值的资讯、观点和判断依据，并且在每周一至周五傍晚的黄金时段播出，因此成为了观众心目中的市场守护者。《夕阳红》的栏目定位更加明确，以老年人为服务对象，以所有和老年人相关的社会群体为收视主体。栏目以老年人的独特视角观照社会，以社会的不同视角观照老年人。为了适应老年人的收视特点，这档栏目被放在了每天下午的15:48首播，次日8:35重播。

　　从创作内容与形式来讲，三个片段的共同之处即以生活中遇到的、需要得到的服务为切入点，然后以不同的形式为我们发现问题、探索问题以及解决问题，真正做到了贴近生活、贴近实际和贴近群众的类型栏目基本原则。《交换空间》是用个性化的装修材料，打造自己心目中理想的房屋空间。栏目通过主持人王小骞轻松朴实的语言建立起双方家庭的纽带，在了解双方家庭的装修意愿后，用48个小时和固定的资金投入尽可能地完成对方的装修要求。它的内容主要通过三部分为我们呈现：第一是"空间诊断"；第二是设计阐述和具体装修过程；第三是收房过程。通过这三部分，让观众提高动手能力的同时，也为人们提供了别样的装修服务理念。而这期的《消费主张》重点介绍的是冬虫夏草，由于它被称为"软黄金"，一直让观众真假难辨，本期节目为我们揭开了冬虫夏草的种种黑幕。这期节目以故事性的表现手法展开，突出了揭开黑幕的种种悬念，让观众在层层剖析中得出答案。本期节目还为观众提供了挑选冬虫夏草的参考方式和专业知识，引导了我们的消费观念。《夕阳红·家有妙招》主要介绍的是"开胃菜"的做法，以年轻人身体力行和略带幽默感的问答方式介绍了饮食的制作工艺、品尝过程和储存方法，主持人的语言也极尽倾诉感和抒情化，指导老年人一些健康的饮食方式，与此同时引出年轻人为老年人服务的理念。

　　从创作技巧和表达方式来讲，三个节目的技巧与表达都符合生活服务类栏目轻松、愉快的基本观念，并从节约、环保的角度出发，以各自独特的表达方式，推出解决之道。《交换空间》以时间顺序层层展开，大量利用特写和全景镜头展示装修的细节和空间的整体效果。片中还以交叉剪辑的方式让我们看到了不同空间的一点点呈现，这样的剪辑方式无疑给观众制造了悬念，也在过程中形成了双方家庭的对比竞赛，制造了紧张气氛。节目最后还利用对比蒙太奇的手法，为我们展示了房屋装修前后的点滴变化。为了更加明晰装修过程和增加悬念，音乐的节奏和解说词的配合也天衣无缝。为突出实用的服务理念，节目还将装修清单明细为观众一一呈现，凸显了实用性和贴近性。《消费主张》则采用专题报道的方式，以事件的发展顺序展开，采用专题纪实手段，加入现在新闻报道中常用的偷拍暗访技巧，在悬念的诱导下吊足了观众的胃口。节目中穿插的与知情人的电话连线、背景资料录像等，无疑增加了栏目的说服力和可信度。而《夕阳红·家有妙招》则与前两档节目有所不同，它的镜头运用相对朴实，固定画面占据了主要呈现时间，在制作工艺的特写和人物交流的中景镜头中不断切换，这样既符合老年人的视觉心态，也体现了节目服务观众的质朴一面。

　　全片三个节目片段都很好地把握了此类栏目服务生活的基本宗旨，满足了广大受众对轻松、愉悦、时尚生活的追求，为人们的社会生活提供了很好的指引作用。但在电视多元化发展的今天，此类栏目的"娱乐化"、"故事化"等倾向也不可避免地出现。在本片中，

《交换空间》利用了综艺栏目中的真人秀手段;《消费主张》也在技巧上不断增加悬念,增强了故事化因素;而作为主体是老年受众的《夕阳红》,也适时地加入了人物轻松幽默的对话和表演成分。这些无疑都让生活服务类栏目具备了更多看点。而"实用性"又是其获得广大受众青睐的重要特质。因此在生活服务类栏目创新发展的过程中,要努力平衡好"娱乐"与"实用"二者之间的关系,只有这样才能让此类栏目具有更强的生命力。

多彩的生活需要优秀的媒介作品为我们做出指引,栏目的创新也需要在不断的竞争与挑战中寻找更多的平衡发展方式,希望此类栏目把握好"服务于生活,为生活服务"的宗旨,为观众带来更多的生活乐趣与服务理念。

【评析】这是近些年电视节目分析考题里非常新颖的一种考法,它不同于其他考题播放一期节目或者节目片段,而是播放了同一类型栏目的不同三个片段。在此考题中,考查目的绝不是让考生分别分析三个片段,当年很多考生都犯了这个错误。如果考生认真审题即可发现,考试要求中已经提示了具体分析的角度。正确的方法是在要求中提到的几方面指引下进行三个片段的对比和类比,然后结合全片说明此类栏目的社会意义和发展方向。此篇例文正是非常规整地按照这个方法,对三个片段抽取相应角度进行整合,分析明确到位。在例文中,作者没有给出副标题,这也是非常合理的。因为它并非一个节目或者片段分析,所以副标题可以不用出现。

【真题】浙江传媒学院文艺编导笔试试题

(一)电视片分析:中央电视台《讲述》栏目,内容是关于《千手观音》。
1. 这是一档什么类型的节目?再列举两个以上的节目类型。
2. 该节目运用了哪些创作手法?
3. 对访谈者采用的是什么景别的镜头?为什么?
4. 写一篇800字左右的评论文章。

(二)电视片分析:中央电视台《百家讲坛》栏目,内容是关于《狄仁杰真相》。
1. 这是一档什么类型的节目?再列举两个以上的节目类型。
2. 该节目运用了哪些创作手法?
3. 对主讲人采用的是什么景别的镜头?为什么?
4. 写一篇800字左右的评论文章。

第三节 电视纪录片赏析

一、纪录片的概念

纪录片是以真实生活为创作素材,以真人真事为表现对象,并对其进行艺术加工与展现,以展现真实为本质,并用真实引发人们思考的一种电影或电视艺术形式。纪录片的核心为真实。电影的诞生始于纪录片的创作。1895年法国路易·卢米埃尔兄弟拍摄的《工厂的大门》《火车进站》等实验性的电影,都属于纪录片的性质。中国纪录电影的拍摄始于19世纪末、20世纪初,第一部是1905年的《定军山》。

二、纪录片的特征

(一)真实性

真实性是纪录片的生命。电视纪录片要求制作者在真实的基础或前提下,以真诚、科学、严谨的态度对待生活、对待创作。

(二)纪实性

纪实性同样是电视纪录片本质属性的一方面,它是一种与真实的联系,是一种风格,一种表现手法。而纪实手法,也是纪录片创作最基本的手法。

(三)人文性

纪录片关注的大多是人,是人的本质力量和生存状态、人的生存方式和文化积淀、人的性格和命运、人和自然的关系、人对宇宙和世界的思维等。纪录片主题看似从平常处取材,以原始形态的素材来结构片子,表现一些个人化的生活内容,实则力求达到一种人类通感的生存意识和生命感悟,对生与死、爱与恨、善与恶、同情与反感、生存与抗争的追求,强调人文内涵、文化品质。就像纪录片《望长城》,它之所以成为中国纪录片史上的一座分水岭,主要原因就在于它的人文主题。

(四)审美性

纪录片必须要拍得好看。为了把纪录片拍得美,创作者必须在纪实和造型之间寻求一种微妙的平衡。好的纪录片应该能够引发观众的审美思考,因此纪录片应多用开放性的叙事结构,少用封闭性的叙事结构,思考应该多隐少显,理性的内在最好用感性的外衣来包装。

三、纪录片赏析的角度与方法

(一)分析纪录片的题材

题材是指创作者从客观现实或历史资料中选取出来组成作品的材料,并具体展示在荧屏上的主要事件或生活现象。一般来说,纪录片的题材主要有社会题材和自然题材两大类。

所谓社会题材就是指那些同人们的社会生活联系紧密、同历史或现实有直接关系的题材,其特点是具有较强的时代性、新鲜性、复杂性和形象性。要么能够反映时代风貌、触及时代矛盾、揭示时代本质、体现时代精神;要么就是那些人们不熟悉但又普遍感兴趣的不平常事件;又或者是那些具有曲折经历的人物、深刻的思想内容或完整的事件情节,如《俺爹俺娘》《舟舟的世界》等。

所谓自然题材是指以自然界为内容的题材,一般具有知识性、思想性和欣赏性的特点。与那些以社会内容为题材的纪录片最大的区别是,它具有较高的审美价值和较强的形式感,用较高的艺术性给人以美的享受,如《海豚湾》《海路十八里》等。

(二)分析纪录片的主题

1. 纪录片的主题

主题指纪录片的中心思想,它是创作者对生活、历史和现实的认识、评价和理想的一种表现。纪录片对主题有三个要求:

深刻——要体现事物的本质和规律,要有一定的哲理渗透。

新颖——要见人所未见,闻人所未闻。

集中——纪录片的所有思想、所有构成因素都必须以主题为中心,为主题服务,不能过于枝蔓。

纪录片主题举例:

深刻	《幼儿园》	《英与白》	《最后的山神》
新颖	《远山的歌谣》	《海路十八里》	《龙脊》
集中	《舟舟的世界》	《俺爹俺娘》	《海豚湾》

2. 关于纪录片"真实"的主题

真实是纪录片的生命。那么真实到底是什么?真实分为现实真实、本质真实和审美真实。

现实真实是审美真实和本质真实的源头,那么真实的本质必然植根于现实真实中。现实、审美、本质三种真实的划分只是分类的需要,并非厚此薄彼的标签。其中现实真实是核心,它包含着本质真实,又给审美真实提供契机。审美真实是人们的情感观照判断。

(1)多重假定的真实

"生活即真实",这一观念正越来越被人们所接受,返璞归真成为人们内心的渴望。复原现实真实生活,记录原汁原味,强调过程、细节真实、声画一体、跟踪拍摄,已是今日纪录片创作的基本原则。真实的基础是现实真实。

(2)超越真实

多重假定的真实是不可避免的。我们不必为不能完全复原现实真实而担心,因为纪录片的最终目的并不是求得一个绝对的真实。真实只是其中的一个目的。确切地说,真实只是纪录片的基础和立足点。不妨想一想,难道《沙与海》只是为了展示沙漠牧民和海边渔民生活的真实吗?真实只是对一种事物、一个客观存在的知识性介绍和呈现。通过对现实客观真实的记录,我们可以了解到许多不知道的事情,看到另一些生活与我们完全不一样的人。而纪录片的最终目的应是引起我们的思索,让我们从那些真人、真事、真情、真景中,体悟到一种精神、一种生命。换而言之,纪录片的最终目的是对真实的超越。

例如:《藏北人家》是对游牧民族安详宁静生活的颂歌;《西藏的诱惑》表现人生的追求境界;《回家》表现人和动物的和平相处,是当今世界寻求生态环境和谐的时代精神的投影;《远在北京的家》反映的是改革开放与商品经济对农村的冲击和诱惑;《最后的山神》反映新旧交替时代人们心理的不同变化,青年人踊跃走向新生活,老人们仍在心灵深处供奉着那摇摇欲坠的"最后的山神";《沙与海》表现人应保持一种积极的生活态度。

(三)分析纪录片的结构

在纪录片中,如果我们把主题的作用比作统率全片的灵魂,那么结构的作用就是把无序的零散素材变成有序的叙事作品。叙事的成功与否很大程度上取决于结构的好坏。

1.线形结构

单线结构——一个事件或一个人物按照时间顺序贯穿到底,没有旁枝蔓叶。

双线结构——有两条明显可见的线索。根据两条线的相互关系,又可分为平行式、交叉式和对比式三种。

复线结构——有三条或三条以上的情节线或人物线。这些线索可以交叉也可以不交叉,但基本上每条情节线或人物线都是贯穿到底的。

2.板块结构

在记录一些没有直接联系的人物、事件和现象时,可以按不同的人物、时间、地域、事件、年代、主题等分为几个板块,各个板块可以独立成篇,板块之间不一定构成起承转合的关系,这样的结构方式被称为板块结构。

(四)分析纪录片的细节

所谓细节,是指在电视屏幕上构成人物性格、事件发展、社会情境、自然景观的最小组成单位,对表现对象的局部或细微变化的展示。一部完整的纪录片是由一个个生动感人的细节所组成的。

(五)分析纪录片的视听表现

1.长镜头

长镜头是纪实风格最重要的表现手段。过程的记录、时间的连续性、空间的整体性,只有长镜头能够完成。

长镜头作为叙事语言,其内涵比长镜头的拍摄技巧要广阔得多。它不仅体现于长镜头技巧的运用,更重要的是,它是与蒙太奇相对立的一种创作观念,它是人对世界观察、思维的一种方式。它要求再现式地描摹现实生活的自然流程,用这种叙述方法来代替人为编造故事、情节,用记录真实生活来代替表演。它是对物质世界真实的还原。

长镜头可以保证事件的时间进程受到尊重,让观众看到现实空间的全貌和事物之间的实际联系。长镜头体现了现代电影的叙事原则,摒弃严格符合因果逻辑的戏剧省略手法,再现现实事物的自然流程,因而更具有真实感。例如,《望长城》中有一个长达5分钟的镜头,描述焦建成找到牧羊人,与牧羊人谈论民歌,请牧羊人唱一段民歌,牧羊人先不愿唱,在焦建成的坚持下,最后高声唱出富于地方特色的牧歌。这一纪实镜头将情节的发生环境、人物关系、牧羊人情感的变化都一一展示了出来。从牧羊人感到为难的面部表情到自然地进入演唱民歌状态,摄像机不断变换着各种角度,但是镜头始终未间断,很完整地保留了事件进程,具有浓郁的生活气息,使人感到真实可信。

长镜头已经被很普遍地运用于我们的电视节目中。除了能最大限度地捕捉生活本来面貌,保持时空的真实性外,长镜头还能使观众的心理、视觉受到感染。长镜头是人眼睛的延伸,使观众身临其境,犹如在事件的现场。

2.同期声

同期声是指用电子采录设备记录的现场的真实声音,包括画面上出现的和未出现的人物语言、动作声响、环境音响等。

同期声是时空真实、生活真实不可缺少的因素。它保持了现实生活的环境氛围,最重要的是,它恢复了人的本来面目,增强了真实性。

3.人物述说

如果严格用长镜头记录真实生活的流程、事件的完整性、时空的具体性,对现在进行时的生活是可以的,但是,最麻烦的是有些人已经去世,有些人已经年老,他的辉煌与业绩也都在过去。人物述说把历史与现实紧密连接起来,让历史在述说中复活。同时,人物的述说,把观众从现在引向遥远的过去,从而拓展了时空。人物述说不仅仅限于表现历史类纪实片,对于今天的生活也同样可以用人物述说。人物述说既包括其他人对主人公的述说和评价,也包括人物对象自己的谈论。在这里,人物的心理、内心情感将得到很好的展示。

4.解说词的作用

(1)补充画面背景

纪录片、专题片等画面受时空局限,不能呈现过去与未来时空,因此对事件的发生时间、地点、来龙去脉、前因后果的交代,对人物的背景知识介绍,都有待于解说词来完成。

(2)介绍知识、信息

这在历史文献类、科普类作品中表现得最为明显。对于画面内容,观众感到陌生的,或不确切的,需要了解,解说词便以有声语言的形式与观众交流,给观众提供知识、信息。

(3)整合画面

画面的一系列组合,如果没有解说词的整合,使画面之间有较明确的指示关系,则可能使画面处于无序状态。

(4)表现细节

解说词既可以对处于无序状态的画面信息进行概括、整合,又可以对画面信息给予逻辑重点的强调突出,将画面中未曾强调、观众未曾留心的细节放大。这时,解说词起到了比特写画面更明确的作用。

(5) 抒情、调动想象和联想

表象画面具有双重作用,即开拓思维与限制展开想象。解说词可以克服画面语言对思维不利的一面,通过对画面的审视,以画面为基础,可以广泛而自由地调动想象和联想,从而拓展画面时空与画面信息。

(6) 升华画面、深化主题、揭示哲理

解说词凭借文字语言高度的抽象、概括、归纳能力,能够深入到事物背后,揭示事物的本质和规律。一部专题片主题的深化,一个画面内涵的挖掘、升华,显然必须由解说词来完成。

(7) 衔接与转场

画面和内容的衔接、转场方法较多,解说词是其中很重要的一种。如果前期拍摄中没有考虑到或者遗漏了画面的自然过渡,解说词更是不可缺少的连接手段。衔接是为了使上下段落、画面之间连成整体,一气贯通,主要是在逻辑上顺理成章。

5. 纪录片的其他视听手段

现在的纪录片为了让视听更有表现力,也为了让纪录片的内涵更具深意,有时也常会加入一些类似于电影作品的视听手段,比如音乐和配乐、光影色调的处理、光学镜头的处理、字幕、特殊的拍摄角度、转场方式等。

四、纪录片范例赏析与真题

【范例一】

一切生命,都有尊严

——简析《舟舟的世界》的思想震撼力

甘肃考生 王雯

《舟舟的世界》1998年获中国电视纪录片学术大奖及最佳编导单项奖。导演张以庆善于观察生活,作品中的人文内涵丰富,引发人们的思考与想象。

影片解说由一个全知的视角向我们道出"其实舟舟是一个怎样的人并不重要,而人们是否把它作为和自己一样的人来对待才最为重要"的思想主旨。胡忆舟,一个三岁便来到武汉乐团排练场的先天愚型患者,在乐团有专属于自己的座位,约定俗成不可侵犯。他的人生像一场不散场的戏,从家中到乐团、戏剧团、京剧团、马路上一直演绎下去,收获了自己的尊严、朋友的关怀、社会的接纳。

创作主体用一个先天愚型患者在武汉乐团的存在自然而和谐的故事,旨在告诉我们每个人都在扮演构成别人世界的一部分。而这个有着浪漫主义基调、像个诗人的孩子,则因为对自己严格的要求,对自己工作的一丝不苟,将不是他专业的绘画做得很专业,因为对自己的高要求而做的橡皮印章尤为令人印象深刻。因为不满足于自己的位置,他常常在休息时间在指挥的座椅上挥洒激情,一个人可以随音乐舞蹈,虽然美好,但无人喝彩。

全片的镜头给人呈现一种远望的人生,一种不打扰的真实记录——平淡、无奇、散淡却又彼此联系着。影片依次表现舟舟在乐团、话剧团、京剧团以及24路公交与汉阳商场里与人的交融和被接纳、被包容,展现了影片的人文关怀。舟舟是一个懂得自我约束与社会规范的孩子,而他并不是完人,有时候他也会发脾气,也会骂人,而他的爆发则是一种相对于外界对待他态度的折射。他的可悲在于:他自己本身并不知道,当他离开武汉乐团那个熟知的世界,他该如何谋生?这一点发人深省,我们有没有给予这样的群体一个生活下去的机会?

影片从头到尾都有一首乐曲伴随着舟舟的指挥生涯——《卡门》:象征着向往自由,不被束缚。像是舟舟生命的和弦,每当这首音乐响起,无论是否被疼痛折磨,他都瞬间充满了力量,忘乎所以地随之舞蹈。可见对他来说,音乐是一剂怎样的灵药。

舟舟一个人在侧幕的表演使用了一个近景仰拍镜头,直观而震撼,展现了他在艺术上的高大形象,表现了他深深地沉醉在自己的世界中,为内心的乐队指挥,为内心的自己起舞。而那与他本身付出毫无关系的掌声,则使他的心情婉转起来。人不能一辈子无人喝彩,舟舟用自己的精彩向我们诠释了生命的平等。创作主体以一个客观的角度,用字幕交代移动、以旁白串联时间,展现了舟舟的主观世界,令审美主体从影片中清晰地感受到舟舟生命与众人的平等,甚至从他的身上看到我们所丢失的本能,值得我们好好仰望学习。

《舟舟的世界》在不经意的叙事中延伸着主题,它穿越了社会层面、文化层面直抵生命层面,让我们不得不重新审视自我,学会用包容接纳每一个有尊严的生命。

【范例二】

那里的阳光并不灿烂
——浅析纪录片《幼儿园》

吉林考生　王涵

影片以客观的纪实手法描述了武汉的一所幼儿园,记录了一个小班、一个中班和一个大班的孩子们在14个月里的真实生活。幼儿园的生活是流动的,孩子们的成长是缓慢的。每天发生的都是小事却也都是大事,因为儿时的一切对人的影响是久远的。一个单位,一段日子,一堆成长中的生活碎片,总会承载点什么,当我们在弯腰审视孩子的同时,我们也审视了自己和整个世界。

编导采取了纪实的拍摄手法,利用跟拍、抓拍与平视,以孩子们的视野来看待幼儿园,记录了幼儿园的真实生活状态。这自然就剔除了成人眼中的概念化的元素,并进而筛选出鲜活的、极富感染力的细节,给观众还原出一个真实、客观的儿童世界。影片中的细节成为了表达主题的关键元素,让观众看到了孩子们的童年世界。

影片利用了大量外景虚化的艺术手法,让孩子们的世界显得既清晰又模糊。《幼儿园》中的外景几乎都是虚化拍摄完成的,操场上热闹的活动、大门口人们晃动的身影,乃至哗啦啦的下雨情景……都被编导虚化。外景的虚化映衬了幼儿园生活环境的真实性,使孩子这一主体元素得以突出。同时虚化的外景烘托出孩子们的思想、行为的真实性，使他们真实的一面得以彰显并引起观众的关注。更重要的是，虚化的外景契合了孩子们对外面世界的感知程度，在他们的眼中，外面世界朦胧而又真实。经过这样一种艺术手法的处理，编导在孩子们周围形成了一个相对透明的空间，并不受干扰地演绎他们的故事。

  本片在色彩运用上显得十分巧妙，黑白影像贯穿在对孩子们的采访与对话中。在色彩斑斓的幼儿园，在五彩缤纷的儿童内心世界，用黑白影调这样处理，编导是在告诉观众，外界给予孩子们的内心不明朗，甚或灰暗。这种"成熟的"甚或黑暗的内心思想表达，与人们想象中、概念中的天真无邪、纯洁浪漫的孩子大相径庭。这从另一个侧面也折射出成年人的童年岁月，由此反衬出时代的变迁烙在一代人身上的深深印记。这就是纪录片记录时代、关注人文的真实精神体现和深刻含义所在。在影片中，暖色调的运用也让全片色彩充实、明亮。这种处理给我们以温暖的感觉，就像我们回到了儿童的世界中，让观众感受到儿童世界的童真与温馨。特别是在情节过渡的时候加入了美妙的自然风光，伴随着模糊的技术处理，让人如置身梦境一般回眸孩童时代的多彩人生。

  作为片子的主题音乐，《茉莉花》在片中前后共出现了五次，是成功的妙笔，因为我们知道纪录片中很少运用主题音乐。《幼儿园》所揭示的是一个内涵丰富、人们熟知而又陌生的幼儿世界。儿童的世界就像茉莉花，有着茉莉花的芬芳，却夹杂着淡淡的愁绪与忧伤，承受着太多的时代与社会特性。这就是生命的最初交响乐——我们在审视儿童世界的同时，也在反问：是谁让这些孩子失去了可贵的童真、童年？

  本片在讲述幼儿园的同时也留给了观众更多的空间去思考，事实上我们可以看到孩子们已经无可逃脱地被抛入现代社会的种种核心概念之中，他们面对的是一个跟成年人一样的空间环境，正如影片字幕中所说的，"或许是我们的孩子，或许就是我们自己"。

  【真题】湖南师范大学 2011 年广播电视编导专业笔试试题
  观看纪录片《春之声》，从主题、声音手段、解说词三个方面写一篇文章，不少于 1000 字。

第四节 电视专题片赏析

一、电视专题片的概念

  电视专题片是运用现在时或过去时的纪实手法，对社会生活的某一领域或某一方面给予集中的、深入的报道，内容较为专一，形式多样，允许采用多种艺术手段表现社会生活，允许创作者直接阐明观点的纪实性节目。它是介乎新闻和电视艺术之间的一种电视文化形态，既要求有新闻的真实性，又要求具备艺术的审美性。

二、电视专题片的分类

电视专题片可以根据不同的标准进行分类。如从风格上可以分为纪实性专题片、写意性专题片和写意与写实综合的专题片；从内容上可以分为城市形象专题片、企业形象专题片和产品形象专题片；从文体上可以分为新闻性专题片、纪实性专题片、科普性专题片与广告性专题片。

三、电视专题片的特征

（一）人文性

电视专题片主要是针对人类的文化与社会现象，从变迁的角度去探索人类文化与社会发展规律的节目形式。电视专题片不是纯新闻，它不要求时效性，而是追求历史的、文化的和社会的价值；它兼容某些新闻的特性，但与新闻有着本质的不同，它的重要功能是"对事实和对真实自然的人、人性的高度尊重与揭示"。现在的电视专题片已开始拒绝枯燥乏味的叙事和极其冗长的镜头，逐步追求"可视性"、"节奏性"和"故事性"。

（二）真实性

真实性是电视专题片自始至终的追求。通过纪实手法的运用和表现，让人们感受到真实再现的品格，这是一种平民化的意识表现，电视专题片平视、客观的特点使其具有了一定的感染力和生命力。所以在做影片分析解读时，要尽量避免充满主观色彩的大量评述，而应从真实性的角度给专题片定位，彰显其平民意识。

（三）画面与解说相辅相成

解说词是电视专题片的重要组成部分。电视专题片的画面与解说词是一对孪生兄弟，它们之间是相互作用、相互补充和印证的。虽然观众在看节目时注意的是画面，但解说词的作用仍不可忽视。所以考生在分析电视专题片的时候，一定要注意解说词的作用。

四、电视纪录片与专题片的异同

（一）相同点

二者都来源于现实生活，即真实的记录，以真实性来增强节目的生命力。

（二）不同点

1. 主客观角度不同

专题片中渗透了创作者反映社会生活时强烈的主观意识，直接表现创作者对社会生活的看法,以情感人,以理服人;而纪录片是对社会生活客观的再现,多采用长镜头,同时展现生活的场景。

2. 时间不同

纪录片拍摄的是当时的生活,是现在进行时;而专题片拍摄的则是过去或将来的生活,是过去时或将来时。

3. 镜头运用不同

纪录片一般都是跟随拍摄对象,采用跟拍等方式,是运动性镜头;专题片则是追溯历史,进行摆拍。

4. 思维方式不同

纪录片主要是将自然生活纪录融入画面和解说中;而专题片则是阐释思想,用主观思维强调写意。

5. 叙事方法不同

专题片的叙事主要是一种"表现性"的,是表意叙事,是"对现实的营造";而纪录片的叙事则主要是一种"再现性"的,是纪实叙事,是"对现实的记录"。如此便显示出了"表现性"叙事艺术和"再现性"叙事艺术的不同。

6. 摄制方法不同

专题片的编导往往借助于重复、强调、排比、对比等文学修辞手法来进行对理念的解说,即"讲道理";在画面的处理上,必要的摆拍、"累积式蒙太奇",将声画"论据"进行意象叠加,隐喻性、象征性的"贴话"镜头等,都可以增强"言说"的表现力与扩张力。解说词是专题片"讲道理"的主线,它往往发挥着强有力的引导作用。专题片如此这般地将画面和声音进行艺术编排,推导出所要传达的理念,目的是将美的内容、意蕴统一起来,诠释出编导的创作思想。

【温馨小贴士】

考试形式虽然限制了考生的答题范围,但考生在回答问题时是有一定技巧和方法的。而且考试考查的重点往往侧重于对电视片的主题思想、关注对象以及表达手法的了解和把握的能力,没有太高的专业能力要求。

五、电视专题片赏析方法和技巧

电视专题片评论写作和电影评论写作基本上遵循一样的框架结构,只是在个别方面有所不同。

(一)内容分析

考生需要对电视专题片的整体内容加以概括,对分析的对象(即这部专题片或者节目)做一简单介绍:片名是什么(也就是你评论的副标题)?作者是谁?在什么台播出的?

属于什么体裁(人文类、历史类还是新闻类等)？讲述了什么样题材的内容？通过这些内容的讲述,编导想要表达一个什么样的主题?

以电视专题片《难圆绿色梦》为例,该片第一段可从以下几种角度分析:

1. 央视《焦点访谈》电视专题片《难圆绿色梦》讲述了一个造林、毁林和人进沙退、沙进人退的令人痛心的故事,褒扬了徐治民老人30年造林的坚忍精神,谴责了毁林的恶劣行径,着力表现了一个重大而沉痛的主题:毁林就是助沙为虐,就是毁坏自己的家园,就是贻害子孙后代。

2. 通过徐治民老人的遭遇(几十年辛苦造林,把沙地变成了绿洲,现在他老了,乱砍滥伐之风猖獗起来,绿洲又正在重返沙漠)引出了专题片的主题:是保护环境让生活在这片土地上的人们走得更远,还是为了眼前利益去破坏生态环境?

3. 通过对园子塔拉的树林被毁这一惨痛事实的追踪,追溯徐治民老人为营造这片林木倾注全部精力和心血的艰难历程,揭示了防止土地沙漠化这一关系到可持续发展的重大而沉重的主题。

4. 通过讲述前辈几十年辛苦造林却被后辈毁于一旦,造成土地沙漠化的沉痛故事,控诉乱砍滥伐这种只顾眼前利益的短视行为造成了沙漠化卷土重来的恶果,从而点明了一个深刻的哲理:人与自然应该和谐相处。

从不同的视角出发,我们得到了四种主题意义。主题是电视专题片的主要立意、中心思想,所以考生在评论时应仔细分析,联系实际,看哪个主题更深刻,同时结合时代背景,看哪个主题更具有现实针对性,由此确定中心展开评论。

(二)创作手法

这一段要求考生着重从节目编导的叙事结构、主持人的表现状态、画面与解说词的搭配、视听语言的分析角度去把握电视专题片的艺术创作特色。具体可以从以下几个角度展开:(1)镜头语言的评论;(2)蒙太奇语言的评论;(3)叙事结构的评论。

结构分析就好比分析文章的框架和段落大意。常见的结构有以下几种,考生可在分析时有选择地考虑:

1. 纵向结构:按照事件发展的时间先后顺序进行编辑组合,也就是从因到果,从先到后,按事件进程依次讲述。

2. 横向结构:即围绕主题,但不受事物的时间顺序限制,将同一时间多个不同空间、方位的情况组织起来,"并列式"地反映横切面的情况。所谓"并列式"并不是要求完全平行,也可以有递进的关系。比如"多点同时"结构,在同一时间,但有多个观察侧面,将不同空间、不同方位上的事实串联起来。"同时异空"结构则是在同一时间点、不同的空间取材的。

3. 点面结构:即从个别的、典型的事例带出总体情况,以点带面、点面结合。

4. 递进结构:即层层递进,或层层深挖。这种结构是步步深入、环环相扣的,从现象到本质,从事实到原因,鞭辟入里,呈递进关系。

(三)人物形象的塑造

考生在分析人物形象时可以从以下几个角度入手:作品的主人公是个怎样的人?他的形象是否鲜明突出,性格特点如何?作品用什么事实和细节来刻画他?次要人物有什么特点?其与主要人物有什么关系?编导赋予了主要人物什么样的精神内涵和人文底蕴?

(四)细节描写

《难圆绿色梦》之所以获得中国新闻一等奖,与其成功捕捉细节是分不开的。片中多处细节都十分传神,比如描写沙漠化的严重:用鸡毛掸子拂一下床单,扫出厚厚的尘土,扫过的地方与没扫的地方颜色对比十分鲜明;一只羊跪起后腿,抬起前腿,直着身子去吃树上的叶子,因为地上寸草不生了;植树老人徐治民看到他引以为豪的树王被砍,用拐杖去戳树桩上的积沙,表现心中的酸楚与痛苦;政府为植树老人立的碑,记载了老人一生植树治沙的业绩,却有三个字被人打掉了。这样精彩的细节在片中比比皆是,具有强烈的视觉冲击力,给人留下了深刻印象,也使得该片成为难得的佳作。

(五)记者、主持人的表现

考生在分析电视专题片中记者或者主持人的表现时可以考虑以下几个角度:记者、主持人在语言表达上是否注意到把握分寸和节奏?记者、主持人是否具备一定的临场应变和即兴发挥能力?记者、主持人是否具备个性鲜明的主持风格?

(六)音乐、字幕的运用

音乐的运用应做到三个字:悄、巧、俏。"悄"就是在音乐起的时候悄无声息,悄悄地起来,而不是突然蹦出,要让音乐与解说词、画面和谐一体;"巧"就是用得巧妙,音乐要围绕主题服务,不能乱拼凑;"俏"就是俏皮,比如一些谈话、娱乐节目里,都有俏皮的音乐声,用以突出喜剧效果。

(七)同期声

灵活、准确地采用与画面完全一致的同期声,让事件当事人或目击者直接面向观众陈述他们的所见、所闻、所感,这使报道拥有无可争辩的客观性,更具有说服力和感染力。此外,在抒情写意的片子中,同期声的运用使人们对事物的感受更加细腻;而作为新闻事实一部分的同期声,在烘托节目主题、渲染现场气氛、展示人物个性等方面发挥着不可替代的作用,它能给人以强烈的现场参与感,具有感染力和说服力。

六、电视专题片范例赏析与真题

【范例一】

深刻的内容　精湛的手法
——评《焦点访谈》之《难圆绿色梦》
河南考生　田亚飞

①《难圆绿色梦》是中央电视台《焦点访谈》中的一期,反映了内蒙古植树模范徐治民的遭遇:他艰苦造林几十年,把贫瘠的沙地改造成绿洲。然而近年来他老了,林子没人管,乱砍滥伐之风猖獗,绿色的家园又成了荒丘⋯⋯

②该片所讲述内容令人痛心疾首,但它的创作经验又叫人拍案叫好。这部片子拍得很成功,它深刻的思想内容和精湛的艺术手法值得我们细细探究。

③其一,作品主题深刻、有新意。环保题材作品屡见不鲜,但有些只停留在单纯的"曝光"上,如某处垃圾成山、某地水土流失等等,显得比较肤浅。《难圆绿色梦》则透过现象挖掘本质,尖锐地指出:是保护资源、保护环境,还是只顾眼前、毁掉人类赖以生存的家园?这实际上提出了"可持续发展"的观点,具有不一般的深度。片中有黄和绿两种基调色,黄的是现在风沙肆虐的景象,绿的是资料片中过去绿树成荫的景象。它们交替出现,对比强烈。绿与黄的较量,就是树与沙、人与自然、生存与毁灭的较量。当年造林——黄变绿;如今砍树——绿变黄。而《难圆绿色梦》的片名,正点出了它的主旨:呼唤绿色,再圆一个绿色梦!而作品所讲的,还不仅是环保。徐治民看到园子被毁时叹道:"太甚了,败家货!"这里更痛斥了一切违反科学、破坏劳动成果的行为。换来一片绿洲,需要几十年血汗;而毁坏它,却只需要几天工夫。此种道理,并非该片首先提出,但讲得如此深刻、新颖、生动,却并不多见。

④其二,作品的人物形象丰满感人。这是一部"曝光"作品,但主人公徐治民却也是个正面形象。作为劳动模范、全国人大代表,他是个英雄人物,却是个"悲剧英雄"。鲁迅说,悲剧就是把人生有价值的东西毁灭给人看。该片挖掘的正是他身上的"悲剧性"。他辛劳几十年(片中有他当年种树和地头吃饭的资料镜头),如今却年老体衰,行走不便。更大的不幸,是他种的树不断被人砍掉,包括他引以为豪的"树王"。而带头砍树的,正是他亲手培养的接班人——高才!此外,还有人破坏纪念他造林功德的碑文,以发泄对他制止砍树的不满。可见最关键的,还在于人们观念的自私和环保意识的淡薄。作品不是写徐治民的英雄气概和豪言壮语,而是写他受到的伤害和打击,这就使它变得不同凡响,更加感人。

⑤其三,作品善于捕捉细节。《难圆绿色梦》很少高谈阔论,很少谈环保的意义,而是用事实说话,用大量典型的材料说话,特别是用细节说话。徐治民到园子去时,只见一片荒凉。这时出现一个镜头:一只羊用后腿撑着,支起前腿去吃树上的叶子。当地寸草不生,沙化之严重,可见一斑。当他见到"树王"被砍时,再也撑不住了,瘫倒跪下,下意识地

用拐杖去戳树桩上的沙垢。这时,镜头推成特写,夸张了拐杖的分量,仿佛它戳在徐治民的心上,也戳在一切有良知的人的心上!类似细节,片中比比皆是,形成了强烈的视觉冲击力。这些细节不是导演有意设计出来的,而是记者慧眼识珠及时捕捉的,不过予以强化处理罢了。

⑥其四,作品大量采用了空镜头和同期声。空镜头就是没有人物的镜头,如风光、物件等,一般在新闻片中很少用到。但这部片子讲的是环保,所以漫天的黄沙、光秃的树桩、爬行的甲虫,以及资料片中当年茂密的林带、累累的果实,都恰到好处地反映了主题,可见空镜头不空。片中还大量采用了同期声,记者尽量少说话,而让当事人自己多说。尽管当事人讲方言(已加字幕弥补),徐治民甚至有点口齿不清,但他们的话最真实、最有感情。其中徐治民在"树王"前老泪纵横的镜头很长,是全片的高潮,也是最动情处。但此时并没加音乐,也没加字幕,更没加解说,而是采用了现场同期声——呼呼作响的风沙声。它是环境恶化的表现,更像是老人的呜咽和抽泣。此时无言胜有言,它比任何解说都更精彩。

⑦综上所述,我们可以发现在纪录片创作中对主题的把握、人物的刻画、细节的捕捉以及空镜头、同期声等都是极其重要的,而这也是一部优秀作品的必备条件。

点评:我们以这篇习作为例,谈谈看片分析文章的框架。全文共分七个自然段(已在每段之前标注号码),可分为三个大段,其提纲如下:

1.(①②)开头:提出问题——论点(略)
①简介:片名、作者、栏目、体裁、内容。
②总评:提出中心论点——这部作品很成功。
2.(③④⑤⑥)主体:分析问题——论证(详)
③小论点一:主题深刻,有新意;
④小论点二:人物形象丰满感人;
⑤小论点三:善于捕捉细节;
⑥小论点四:大量采用空镜头和同期声。
3.⑦结尾:结论(略)

【范例二】

巨变与不变
——浅析纪录片《水火山城》

河北考生　霍修文

《水火山城》是《再说长江》中的一集,该专题片将目光聚焦在重庆普通市民及其生活上,通过20年前后的鲜明对比,向观众展示了重庆这座水火山城20年来的巨变与不变。该片运用纪实性的创作手法和独特的叙事方式,完美地阐释了"巨变仅在瞬间,不变的则是沿袭了千百年的传统"这一主题。

本片大量采用长镜头与同期声,真实地记录了昔日"晨跑少年"李曦、新一代年轻女性李娜、力帆集团董事长尹明善,以及火锅店老板苏兴蓉等不同职业的重庆市民的日常生活,凸显了今日重庆的美丽与繁华,向观众完整地展现了今日重庆市民的生活面貌。片中真实的声音、场景以及诸位当事人对于重庆这"变脸"般的巨变所发出的感慨,无疑使该片具有更强的真实性。同时,片中不断插入的历史影像资料和20年前的《话说长江》的片段,更进一步体现了《再说长江》这部文献性专题片的真实性。

在结构方面,《水火山城》巧妙地运用了"并列式"的结构,分别讲述了见证重庆成长的李曦、时尚而又美丽的李娜、充满韧劲的尹明善以及"麻辣生猛"的苏兴蓉等人的故事,以点带面地展现了巨变的重庆所不变的那种个性强悍的传统。另外,该片恰到好处地处理了不同时空的线索,虽然插入了不少历史影像资料和20年前的《话说长江》的片段,但是并没有使整体脉络变得散乱,反而增加了对比效果,突出了重庆这些年来的巨变与不变。这种巧妙的叙事结构,不但将主题向深度进行了开掘,而且遵循了人们认识事物由个体到一般、由感性到理性的特点,极大地增强了观众的收视亲近感。

解说词是电视专题片的重要组成部分,本片的解说词可以说是与画面相辅相成。作为一部文献性质的专题片,解说词很好地起到了补充信息的作用。像片中对于李曦的介绍,巧妙地解释了李曦与《话说长江》中那个"晨跑少年"的关系,自然地连接起了《话说长江》与《再说长江》两部作品,使得20年前后的对比变得脉络清晰,更有利于观众感受重庆的巨变。解说词还通过揭示解放碑曾有一个"精神堡垒"的名字,很好地展开了"重庆的铁血历史"这一部分内容。另外,解说词对于该片的情感表达起到了不小的作用,比如"这是尹明善眼中的重庆,一座个性强悍的城市。60多年中它有着令人难以想象的巨变和不变。巨变仅在瞬间,不变的则是沿袭了千百年的传统"一段,就强烈地渗透了创作者对于重庆巨变的看法。

重庆的变化是巨大的,但就在这翻天覆地的巨变中,重庆人民始终保持着那沿袭了千百年的传统,以一种个性强悍而又不缺乏美丽的水火交融的特质,飞速地向前奔跑。由此可见,发展并不意味着要放弃曾经的传统,这座水火山城的惊天巨变,应该可以给那些浮躁的、一味追求发展而忘记本身特质的城市一个很好的范本吧?面对发展,莫要忘记那巨变之中应有的不变!

【真题】

* **2014年陕西科技大学编导笔试试题**

评电视栏目《社会能见度》之《我失我爱——十六岁少年谋杀年轻老师》。

要求:选择最能感动你的细节,自选角度进行评论。

* **2013年中国传媒大学广播电视编导专业笔试试题**

赏析电视片《游子暮归解乡愁》,回答以下问题:

1. 影片中哪些情节表现了余光中的思乡之情?
2. 影片具体运用了哪些艺术手法?
3. 影片的主题思想是什么?有着怎样的现实意义?

* **2014 年湖南师范大学戏剧影视文学专业石家庄考点考题**

观赏电视专题纪录片《舌尖上的中国》第一季第一集《自然的馈赠》，写一篇不少于1000字的影评。

第五节 电视散文赏析

一、电视散文的概念及分类

（一）电视散文的概念

电视散文是指通过特定的屏幕声画形象，反映创作者所见、所闻、所思、所感、所忆的生活情景和刹那间的思维活动，运用独特的电子制作手段，将散漫的思维碎片组合在一起，营造出散文的意境。它是一种具有浓郁抒情氛围的电视文学样式。

（二）电视散文的分类

1. 写景抒情性电视散文（代表作品《荷塘月色》）

20 世纪 80 年代初，江苏台率先拍摄了电视散文及其他电视文学作品（电视诗歌、电视小说、电视报告文学），得到了著名作家陈白尘的首肯。在此之后，他们 1995 年开播了《文学欣赏》电视文学节目，并播出了一系列经典作品。

完成于 1984 年 6 月的《荷塘月色》取材于朱自清的同名散文。此片当年获得了中央电视台"综合文艺奖"和首届全国电视散文大赛三等奖。这部作品成了电视散文经典作品之一。

《荷塘月色》优美的文字脍炙人口，早已被奉为经典。与文字散文所不同的是，电视散文的抒情性体现在电视画面上，更多的是要以电视画面结构形式来传达感情。电视散文《荷塘月色》抓住忠实于原著意境核心的景物：月光、荷塘，利用角度、光线、色彩、构图等多种手段，通过荷塘和月色等景物在特定环境中的相互关系的描写，使写景和抒情巧妙地结合在一起。作品采用了以蓝、黑为主的冷色调，画面构图追求封闭式，即把画面主要对象安放在传统九宫构图中四条直线的四个交叉点上，或放在对角线的交叉点上，给人以稳定感。屏幕的竖遮幅画面，带有浓厚的中国古典国画装裱的风味，吸收了传统绘画艺术的构图形式，在视觉上带来了情感的互动效果——移情快感。

原文文字采用配音朗诵得以再现，著名播音员毕克用他那低缓、深沉的朗诵衬托出朱自清先生"颇不宁静的心情"，以及文中所传达出的"浅浅的忧郁"，在清幽如水流淌的音乐声中，整篇电视散文突出了应有的抒情氛围——静谧、安详。

2. 托物言志的哲理性电视散文（代表作品《残荷》）

《残荷》也是江苏台的作品，曾获首届全国电视诗歌散文展播二等奖，它取材于著名作家陈所巨的同名散文。

同样写"荷",《荷塘月色》是以月色下荷塘(景物)的柔美来触动人的审美视觉,而电视散文《残荷》则是用艺术化的手段给观众带来令人惊奇的残荷之美。作家陈所巨眼中的残荷,具有刚性的气质和顽强的生命力,它带给人们这样的哲理启示:"残荷是一面旗帜,在风中坚守、抗争、顽强地展示生存与睿智。"如何将它的这种抽象意义用电视画面形象地加以展示呢?拍摄者充分利用电视画面的象征隐喻功能,从不同的拍摄角度(水中、水面、水上、雪地里)拍下了令人惊叹的残叶、残茎、残枝。全片共 15 个分镜头,有 11 个分镜头是表现不同状态下的残荷,有的折戟沉沙倒栽在水中,有的仍坚守挺立着,有的相互交叉扶助支撑着,有的顽强地展示生命的绿意……形成强大的视觉张力,达到了借物抒情、突出主题的作用。

如果说《荷塘月色》是以美写美,重在情感的抒发;《残荷》则是以"丑"写美,重在表现人生的哲理。相较之下,《残荷》更显精致,得到了更多人的肯定。

3. 人生感悟的哲理性电视散文(代表作品《在路上》)

福建电视台拍摄的《在路上》一出现便引起了大家的关注。它借鉴了 MV 的拍摄手法,对阐释意念性的散文作品是一种成功的尝试。作品以"我上路了"作为文章的核心语句,将"区域疆界的束缚"、"家庭围城的羁绊"、"心底炼狱的煎熬"三种情绪交织在一起,表现出人的灵与肉搏斗的痛苦,人的潜意识的纷乱。作品中常规的影像视听序列被打破,代之以画面杂乱的拼贴和剪辑,用"走出误区,走向陌生,走向那不知去向的异域"的主旨贯穿全文。

这篇电视散文不以自然为依附、为旨归,而以内心独白的方式,大胆、自由书写人行走在各种不同道路上复杂的人生感悟和深层心理,具有深邃而浓郁的象征情韵。它一改过去电视散文慢节奏、单向直线的叙述模式,以 MV 快节奏的画面切换方法,淡化蒙太奇功能,使其结构呈现出多向、复线、共历时空、交叉互进的格局,以灵活多样的形式美给欣赏主体带来强烈的视觉冲击。这种方法特别适合表现意念或心灵感受的东西,在"实景"无法表现时运用,可以实现从"实"到"虚"的过渡,延伸人们屏幕外的广阔的思考与想象空间,具有现代感。

4. 写人叙事性电视散文(代表作品《我看见了大海》)

这是电视散文创作的最主要类别,其虚实因素的强化,使观众始终能从电视中找到趣味。电视牢牢抓住叙事魅力,形成对观众强烈的审美感召,这就是电视散文叙事性作品产生的心理基础和理论机制。事实上,人们看文字散文或电视散文时虽然没有看电视剧那样的叙事期待,但无时无刻不在画面内外寻找故事,寻找人的命运,寻找各种各样的叙事线索。

《我看见了大海》讲述的是一个腿有残疾的女孩,从小失去母爱,在自卑孤单中度过了 8 岁的童年。伯伯(继父)的到来,给了她生活的勇气和能力,使她走出家门,看到了真实而广阔的世界。伯伯答应带她去看海,但最终却因伯伯的病逝而未能如愿,可伯伯把她从故事的海洋泊入生活的海洋。片子塑造了一个纯朴、善良的继父形象。在伯伯粗犷、豁达、豪爽的性格中,刻画出了人间的真诚与美好。

写人叙事电视散文重点在刻画人物的个性和丰富的内心世界,其内在联系主要源于故事的完整性、叙事的连贯性。不同于抒情性电视散文,它诉求一种内在的情感和精神,它要通过感人的故事展示一种时间感和人物的命运感。人物的动作、细致的情节是叙事性电视散文的主要内容,因此人物宜作表象化、背景化、符号化、片段化、固定化处理。

5. 综合性电视散文(代表作品《梦故乡》)

20世纪90年代后期,江苏台制作了纪实性电视文学专题片《梦故乡》。这是一部以乡土文学作家汪曾祺本人及其作品为主体,兼及各方对汪曾祺作品的讨论的专题性节目。被包容在这部作品中的,除了有汪曾祺的小说和散文以外,还有他本人的自述,主持人对他和他的作品的介绍,评论家和大学生对他和他的作品的评论,以及汪曾祺家乡的人文景观,既有民歌、童谣、文字图片、舞蹈,又有记者采访,还有摄影师对高邮地区生活场景的采撷。总之,凡是有助于说明乡土文学作家汪曾祺及其作品的主题都被包括进去了,但又不是材料的简单堆积。

事实上,这一类散文在文字散文中通常以随笔、回忆录、对话体等形式出现。《梦故乡》打破了以往电视散文的模式,使作品内容的信息量更为丰富,作品的结构形式更加灵活,为随后出现的《风雅钱塘》《江南》《苏园六记》以及中央电视台制作的《瓷器·景德镇》,尤其是《边城印象》(介绍沈从文的文学及其人格品性等)的创作提供了实践依据。

6. "规模化"电视散文(代表作品《问路世界屋脊》)

以大型纪实电视散文《问路世界屋脊》为例,这部作品有以下几个突破点:

(1)创作题材和理念的突破。修路题材,是以往电视散文作品没有着力表现的。导演高立民说:"这样的题材,对电视诗歌散文既是一次补充,也是一次拓展。"应该说这是军事题材的一块未被开垦的处女地。《问路世界屋脊》以其独特的创作视角表现了其独特的创作理念——立足于表现"人性的高贵",那种"除却生命禁区你无法体验和感受的神圣与奉献",把宗旨定位在讴歌和平时代军人们的"青藏线精神"。

(2)典型塑造与纪实叙事。《问路世界屋脊》有故事、有典型,讲述个人故事,塑造军人群像。几十万高原军人每人都是一部书,他们站着是一群雕像,倒下就是一条路。无数个典型采用细节和小故事加以表现,有时虽然只是一个特写、一个身影、一个动作、一张遗像,但这些片段却凝聚成了"青藏线精神",他们的青春、生命、智慧、亲情与青藏线连在一起向前延伸。

(3)纪实叙事带来的力量。《问路世界屋脊》采用大量珍贵的文字材料、影像史料以及历史见证人的陈述来达到纪实的效果,让观众信服和感动。

(4)随处可见的细节。片中尽管没有连贯的故事情节,但却有感人至深的真实叙事,细节不需要虚构,人物不需要表演,情境也不需要设计,这就是电视散文真实叙事的力量。它带给观众的不是空洞的口号,而是内心的震撼和感动。

二、电视散文赏析方法与技巧

(一)电视散文分类

1. 文学散文的电视化表现。它把文学形式的格调、品性和意境用电视特有的艺术手段加以表现,如央视《电视诗歌散文》栏目播出的《名家名作》。

2. 电视内容的散文化形式。这种类别的电视散文形式比较灵活,追求意境营造,画面优美动人,如《皖风·皖韵》系列。

(二)电视散文赏析的技巧

1. 电视散文的主题分析

(1)精神启迪。电视散文通过诗意的空间,让观众以理性的自觉和情感的波动去体验生命、体验自然、体验世界。它展现的是个体对人生的独立思考和感悟,对情感世界的眷恋。

(2)人文关怀。其一,在现代社会里,人们在享受新技术带来的巨大物质财富的同时,也需要精神层面的关怀。其二,在电视文化的长期熏陶下,观众的鉴赏水平已有了较大程度的提高,主要表现在观众的精神需求开始从娱乐型向思考型转移。电视散文提高了电视屏幕的文化品位,给予观众人文关怀和艺术的审美享受。

2. 电视散文的艺术手法分析

(1)电视散文"五美":文字描写美,故事立意美,画面拍摄美,音乐创造美,编辑包装美。电视散文是以形传神的电视艺术作品,它必须利用这五种"美"表达出形象的、感性的东西,使观众从中获得美的享受。分析这五种不同的美是电视散文赏析中必不可少的。

(2)电视散文是各种艺术表现手段的组合:有解说词——散文的朗诵;有画面——自然景观、作者的行动、生活场景;有同期声——使观众身临其境;有音乐——抒发更深层次的情感。

(3)电视散文的造型语言。电视散文讲究"文采",体现为画面语言、有声语言、造型语言、光效语言、色彩语言、影调语言,特别是电子特技手段的有机组合。这种屏幕造型语言,不仅要准确、形象、精练、生动,更需要自然、活脱,富有节奏感。

三、电视散文范例赏析与真题

【范例】

花开花落两无言
——浅析电视散文《毕业了》

四川考生　曾嘉玲

电视散文是一种巧妙地将电视与文学作品进行融合,具有散文的意境与电视作品的美学特征的节目类型。而《毕业了》正是利用电视散文的生产和制作方式,散点式地讲述了毕业时经历的点点滴滴和大学生活中的过往片段,将散文与电视艺术相结合。作品赋予文学意境动态化的画面形象,使观众自然而然地融入电视画面所反映的"毕业"主题的文学意境中。

《毕业了》这部作品之所以会感动观众,在很大程度上是因为它的散文内容所具有的强大的感染力,简单的画面配合感人至深的文字,使人从平淡中得到启示。本片按照时间顺序,大量运用积累蒙太奇的手法,将大学生活清晰而完整地展现在观众面前,一言一语仿佛一幅幅画面,将原来沉积在记忆深处的平凡而又不可或缺的生活细节挖掘出来,非但不让人觉得繁琐,反而更令人怀念,勾起回忆。作品的成功之处正是在于散文的优美,为拍摄提供了一个很有高度的平台。

电视散文和散文的不同之处在于,电视散文在散文的基础上加入了视觉及听觉元素,给观众留下了较为清晰的记忆。导演利用多角度立体式的镜头展示细节,在不同的侧面对那些能够勾起观众回忆的事物进行了细致的描述。比如窗外的足球,用了俯拍、仰拍、平拍的角度,尽可能地将其描述完整,每一个角度的变化都如花瓣一片一片地打开,随着镜头的推近及拉远,让它盛开,转而又一片一片地凋零。自习室里的场景,先是以主观的角度,让观众感觉自己融入了曾经的那些记忆里,仿佛回到了自己坐在那里苦读奋战的日子;镜头一点点拉远,便是出门之后无比留恋的一瞥,象征着真正告别了那段生活,然后走向未知的未来。一系列的摇镜头把要表现的全景一步一步地推向近景,在人物描写上给予一些局部的特写,在散文式的描述中对逻辑重点进行强调、突出。通过"毕业"这个主题,将零散的镜头完美地组接成一条线索,使得电视散文形散而神不散。

电视是声画的结合,而本片"声画"组合、变化的形式也是极具意蕴。《毕业了》这部作品的音乐部分主要由画外音和音乐两种形式对画面进行完善。轻轻的音乐伴着富有情调的朗诵,使散文的意境渗透进电视作品中,让观众感同身受。每段文字过后都有一首反映文字感情的歌曲,使得每一小段都能完整地呈现大学中每一阶段的生活,以及这段年华在毕业生心中所留下的不可磨灭的印记。《栀子花开》《爱的代价》《那些花儿》,歌曲的旋律和歌词的内容与画面和作为画外音的散文堪称完美的搭配。音乐极强的感染力在这里体现得淋漓尽致,让所有经历过毕业的观众都会感同身受。

电视散文还是要传递一种精神,本片正是通过色彩的变化向观众展示这种"精神面貌"的变化。画外音淡淡地诉说着:"大一是橙色的,大二是绿色的,大三是蓝色的,大四是薄薄的灰色。"伴随着这样的诉说,画面展现了斑斓多彩、充满激情的大一生活。生机盎然的树林,象征一种生长的姿态;蓝色冷静的夜幕,书柜上堆放的书本,象征一种渐至成熟的思考。忙碌奔走的同学,人去楼空的宿舍,留在空旷操场上的篮球,那是离别的色彩,带来了成熟的、淡淡的悲伤滋味。以画面"颜色"的变幻,打破线性连贯的结构模式,为画面增加更多的空笔和缺憾,表现出那难以抑制的自由阔达的创造精神,在电视散文明断暗续的结构变幻中,通过画面将观众带回到曾经到过的每一个地点,只是它带上了旧照片一样的黄色,旧电影一样的斑驳。暖色调给人视觉上带来温暖的回忆与感伤,记忆的花瓣变成了一张一张照片,它不仅是意境的表现,更象征一种融入整个生命的珍藏。

全片看似只是对大学生活的凌乱记录,实则通过电视散文这种形散而神不散的表达方式,将观众心里都存在的却从未说出的情感做了一个全面的总结和提升,不仅触痛了观众心里的那片柔软,调动了观众的情绪,并且在达到声画汇聚、强化了文学散文情感和韵味的基础上,让观众在花开花落的意境中拭去眼泪,留下无限的遐想。

【真题】

* **2012 年四川师范大学文理学院试题**

观看影片《被山隔住的地方》,回答以下问题:

1. 结合自身经历与片中人物对比,谈谈感受。
2. 写出两个以上你认为最感动你的画面,为什么?谈谈这样处理的好处。
3. 结合本片,谈谈对社会的思考。

* 观看电视散文《边城印象》,回答以下几个问题:

1. 你对片子印象最深的是什么地方?为什么?(500 字)
2. 片子中出现了一个寻访者的形象,你认为他有什么作用?(400 字)

* **中国传媒大学南广学院戏剧影视文学专业 2013 年复试考题**

观看短片《游子暮归解乡愁》并回答以下问题:

1. 本片通过哪些细节表现余光中的思乡之情?
2. 本片有什么艺术特色?
3. 简要评述本片的思想意义及现实意义。

第六节　电视广告赏析

一、电视广告赏析考查目的

电视广告赏析主要考查考生对电视广告的理解能力、鉴赏能力和理论分析能力,它是播音主持、广播电视编导等专业入学考试的重要一环。考生在分析时要着重从艺术角度来进行,而不是泛泛地"说明广告"。

二、评析电视广告作品的基本方法

(一)广告创意新颖,主题鲜明

创意是广告的灵魂。考生要仔细体会广告创作者的创意,挖掘出其新颖、独特之处,在这个基础上找到并加工提炼出主题。

(二)画面简洁,构图完整

广告片中的各个不同画面组成了整体广告画面效果。考生要注意作品的流畅与形式美,以及作者的逻辑连接、细节表现,择其典型之处加以阐述,分析其与主题的关系。

(三)综合分析

考生在赏析时要结合广告作品的画面、语言、音响、音乐等要素,对广告主题、创意、结构、制作、造型表现等做出艺术性分析,并在此基础上形成评析文章。

1. 主题要鲜明,中心要突出。考生对广告作品要有基本的评析态度,有明确、在理且独到的见解,分析要全面。

2. 结构要严谨,条理要清楚。先说什么、后说什么要有统筹安排,过渡、呼应完整,论证严密。

3. 文笔要流畅,论述准确。不堆砌似是而非的专业术语,不死记硬背专业理论,做到平实、自然。

三、电视广告赏析方法与技巧

(一)故事架构

电视广告中发生了什么?广告中不同的动作、事件分别具有什么样的意义?这些动作和事件将会怎样影响观众呢?广告片的故事主轴线和它所具有的象征意义是我们需要重点掌握的。

(二)对话与语言

广告中的各个角色,他们之间是怎样对话的?他们对我们说了些什么话?他们运用了哪些道具吸引我们的注意?他们是如何影响我们和说服我们的?他们运用了哪些修辞的技巧(比如押韵、比喻、假借比拟)?他们使用了什么样的语言?广告片用什么样的方式创造气氛(如联想、夸张、逻辑)?

(三)演员

我们有被演员的表演所吸引吗?有哪些象征式的人物被运用为广告片的主角?表演者运用了怎样的脸部表情、肢体语言和声音技巧?他们的穿着是怎样的?他们的年纪多大?他们的年纪代表着什么样的重要意义?场景的设置有哪些有趣的地方?

(四)技术性因素

灯光、色彩、编撰、剪辑及音乐等都将冲击观看者的感受和态度。举例来说,采取特写镜头还是全景镜头会给观看的人带来不同的感受;从低往上仰拍或从上往下俯拍意义也不一样。整个广告片是否出现了许多短而快的运镜镜头呢?假如有的话,它们对观众的视觉或心理冲击力如何?广告片运用了哪些色彩进行表现?

(五)声音和音乐

我们被声音和音乐所深深地影响着。广告片中运用了哪些音效、哪些种类的音乐？编导运用这些音效、音乐的目的何在？他们是怎样利用音效、音乐来影响我们的？

(六)符号、标志徽章和文字语意联想

符号、标志徽章代表着不同的意义,将其与历史、文学、艺术、普世文化等联系起来,促使观众产生某种联想,从而顺利地将信息传递给观众。

【温馨小贴士】

近年来,考试中电视广告范畴常考到电视宣传片,以下将针对宣传片作简单介绍。

宣传片(Propaganda film)是用制作电视、电影的表现手法对企业内部的各个层面有重点、有针对性、有秩序地进行策划、拍摄、录音、剪辑、配音、配乐、合成输出制作成片,目的是为了声情并茂地凸现企业独特的风格面貌,彰显企业实力,让社会不同层面的人士对企业产生正面、良好的印象,从而建立对该企业的好感和信任度,并信赖该企业的产品或服务。宣传片从其目的和宣传方式的不同可以分为企业宣传片、产品宣传片、公益宣传片、电视宣传片、招商宣传片。在艺考中常考的有以下几个类型,考生要引起注意。

1. 易考类型

(1)城市宣传片

城市宣传片在内容表现上通常有这样几个分类:城市宣传资料片、城市旅游宣传片、城市招商宣传片、城市形象宣传片等。

城市宣传片作为一种电视传媒形式和手段,首先以强烈的视觉冲击力和影像震撼力树立城市形象,概括性地展现一座城市的历史文化和地域特色,被称作一个城市或地域宣传的视觉名片。

(2)旅游宣传片

旅游宣传片是以旅游景点的主题元素为基点,结合声光影调的影视艺术而在视觉上进行的一种艺术化创作。旅游宣传片离不开景区精神、文化、环境等主体要素。

(3)形象宣传片

形象宣传片的主要目的是宣传企业的品牌形象及其精神内涵,也有一部分形象宣传片是以代言人的形式来做具象的宣传。

(4)文化宣传片

文化宣传片主要宣传一种历史性的、可传承的文化内容,让观众欣赏、借鉴或引以为豪,让大众对人类或某一个国家、地区的经典文明象征产生一种认识和认可。

2. 基本分析方法

(1)该宣传片表达的主题是什么？

(2)该宣传片的拍摄结构是什么？

(3)该宣传片中字幕和音乐起到了什么作用？

(4)该宣传片中镜头的组接是否动静结合,起到凸显主题的目的?

(5)该宣传片的色调是否具有特色?

四、电视广告范例赏析与真题

【范例一】

完美的解救
——评《宝马汽车广告》广告
福建考生 邱秋榕

  吴宇森导演的宝马汽车广告讲述了男主人公带着五百万赎金来到绑匪指定地点,希望救回女友,绑匪却因 FBI 的闯入而畏罪自杀,男主人公好不容易找到了女友的线索,但绑匪却只留给了他很短的时间,危急关头男主人公驾驶自己的宝马汽车完成了不可完成的任务。导演以电影的手法将宝马 Z4 跑车完美地呈现给了观众,让观众对影片的艺术性与实用价值有了双重认可。

  在本广告片中,导演利用巧妙的创意和细节展示了广告的消费诉求。广告片通过解救人质的故事情节,像电影一样表现宝马 Z4 的美、性能、豪华以及科技观念,让观众以看故事的心态去看这则广告,而且故事情节紧张震撼,吊足了观众的胃口;同时,片中巧妙地加进对汽车细节的展示,并通过在追赶过程中一系列巧妙的情节设计,为我们呈现了宝马汽车的宽轮距、极低重心、敏捷特性、超强抓着力以及高性能的刹车系统和主动安全性等,反映出宝马 Z4 汽车在各种情况下都能实现完美的操作。让观众在理解主题的同时也了解了广告所要传达的诉求。

  该广告定位准确,广告策略运用得当。片中牢牢地抓住了消费群体的消费需求,巧妙地展现了宝马 Z4 的速度敏捷,这是人们对跑车最看重的一点。广告中通过展现男主人公震撼的车技和汽车成功摆脱警察纠缠的整个过程,表现出宝马 Z4 的敏捷、动力十足以及美观时尚的车身外形。广告片中一脉相承的诉求都是在展现宝马 Z4 跑车的优越性能和无法阻挡的魅力,而广告语"炫动自由脚步"也旨在说明宝马 Z4 跑车的舒适操控,成功地抓住特定消费者对于跑车的消费需求,得到了观众的认可。

  本片的景别和镜头处理运用得可谓恰到好处。在男主人公驾车去解救女友的过程中,有远景表现车子在大桥上飞速地行驶着,接着镜头推近至车身,对车身进行跟踪拍摄,继续推近,车子加速的发动机声越来越清晰,镜头推近至速度仪表盘,速度指针由 80 猛然加到 100,这时,镜头提前在车前方,对车子飞起来进行慢镜头特写,同时切至侧面特写,车子一落地产生很强烈的视觉冲击力,给人以无比的震撼。在男主人公会见绑匪的情节中,镜头切至绑匪将子弹散落在桌子上,并对子弹下落的过程进行慢镜头特写,渲染出紧张的气氛。广告片中还用慢镜头特写表现绑匪只装了两发子弹,然后右手拨动左轮手枪,轮膛飞速地旋转叠化到男主人公驾车飞速转动的车轮的特写,整个过程自然巧妙;用摇镜头扫过车身,让整个车身线条一览无遗,广告主题得以全景完美呈现。在镜头的巧妙处理和景别的切换中,广告主题点得到一一展示,辅之以情节化手法的运用,深深地吸引了观众。

《宝马汽车广告》的故事性有力地吸引了观众,并使其建立了较为深刻的记忆点,扩大了广告的影响力,给人以美的享受,同时提升了产品的内涵和魅力,增加了产品的内在价值。

【范例二】

《美在广西》形象广告赏析
四川考生 杨诗卉

《美在广西》是我国第一部旅游形象片,历时一年多时间精心摄制而成。它由四个篇章构成,每一章的开头和结尾都由曾到过广西的各国政要或文化人物的留言所组成。全片构思新颖,表现形式和拍摄角度富有新意,呈现出一种原生态之美,展现了广西的独特魅力。下面将从以下几个方面解读《美在广西》的创作:

一、符号化的画面语言。画面是构图的主要表现形式,画面语言是电视艺术的本体语言,它在电视语言的构成中占有非常重要的地位。《美在广西》第一章就出现了一组原生态的自然画面。第二章则是民族风情的展示,古镇、收割的辣椒、抛绣球、吹笙舞蹈等象征着原生态的生活情景元素,构成了一幅幅人与自然和谐共处的画面。在第三章里,重复出现的宣纸与中国水墨画,象征着广西的秀美如同一幅美轮美奂的山水水墨画。片中丰富的色彩也展现出了大自然的美:绿色体现了原生态的田园之美和漓江之静,蓝色体现了北海之魂,而各民族服装的五颜六色,也不显杂乱而又相得益彰。

二、动听和谐的有声语言。贯穿在片中的主要背景音乐《山歌好比春江水》是广西民歌的代表作。在表现人之乐时,音乐则以笛子为主,音乐活泼轻快,与表现主题相称。柔美而又独具民族特色的歌声与笛声带给观众无限的想象,画面形象和有声语言的碰撞和交流,产生了新的效果,大大扩展了画面的外延,深化了主题画面内涵,使画面表现力大大增强。

三、景别多样的镜头语言。镜头语言是电视语言的基本构成形态,镜头在电视艺术作品中具有重要的语言作用。《美在广西》恰当地运用了特写、近景、中景、远景和全景等镜头语言,使其闪烁着广阔悠远的艺术光彩。片中用远景体现了北海的宽阔、漓江山水的清秀和龙脊梯田的翠绿,让人感受到祖国山河的壮丽;用全景和特写结合的方式来表现画面的丰富,人与场景的充分融合,给人以更多情景交融之美。

艺术是在美的发现之旅、符号化了的元素中创造出来的。《美在广西》是一幅浓缩了的水墨山水画,展现了广西的原生态之美和博大精神之美。

【真题】

* 浙江传媒学院广播电视编导艺术专业高考试题

观看两段广告,回答以下问题:

1. 广告片一《运动饮料》是怎样表现产品的?

2.广告片一《运动饮料》中的创意是什么？为什么要做这样的处理？
3.广告片二《雪铁龙汽车》运用了哪些综合手段？
4.广告片二《雪铁龙汽车》中这种车的特性是什么？

＊ 浙江传媒学院数字媒体艺术专业、电视节目制作专业复试试题

观看广告片一《欧洲城市》和广告片二《韩国旅游》并回答以下问题：
1.广告片一《欧洲城市》的音乐是如何变化的？音乐变化和画面内容的变化之间有什么关系？
2.广告片一《欧洲城市》想突出被宣传对象的什么特征？
3.广告片二《韩国旅游》在色彩运用上有什么特点？
4.广告片二《韩国旅游》在光线运用上想营造一种什么样的氛围？
5.广告片二的表现目的是什么？这一目的是如何通过视听语言进行表现的？

从所给的广告片中任选一个进行总体评价。

要求：
1.从色彩、光线、节奏、镜头、组接以及音乐和画面的配合这几方面进行分析（可从一个或多个方面着手分析）。
2.字数在500字左右。

第四章　广播电视策划写作

框架梳理

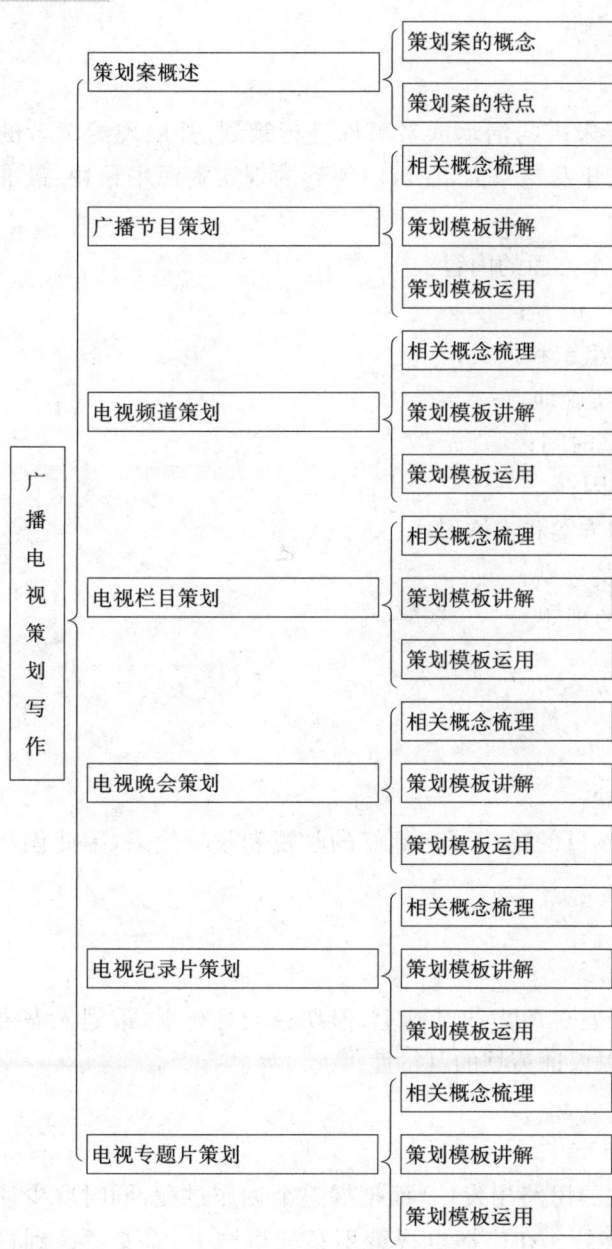

本章提要

在广播和电视节目的前期构思创作阶段,策划文案的写作是一个十分重要的环节,而作为一名编导,撰写规范、准确的策划文案也是其基本功之一。不同类型的节目在策划文案的写作上会有各自不同的侧重点,本章将针对各类节目讲解其策划文案侧重之处,并给出实用的模板及案例。此部分内容在近几年的艺考中加大了比例,故考生需要引起足够的重视。

第一节 策划案概述

一、策划案的概念

策划案,也称策划书,即对某个未来的活动或者事件进行策划,并展现给读者的文本。撰写策划案就是用现有的知识开发想象力,在可以得到的现实资源中最快、最准地达到目标。

策划案的写作通常包括以下几个方面的内容:
1. What(什么)——策划的目的、内容;
2. Who(谁)——与策划相关的组织和人员;
3. Where(在何处)——策划的实施地点;
4. When(何时)——策划的实施时间;
5. Why(为什么)——策划的原因;
6. How(如何)——策划的具体方案和实施形式;
7. How much(多少)——预期的经费;
8. Effect(效果)——策划结果的预测。

二、策划案的特点

(一)宗旨明确

广播电视策划案的创作,其最终目的是为了达到好的收视和收听效果,因此创作策划案要以其为战略目标。

(二)切实可行

虽然策划书的撰写是建立在开发想象力的基础上,但切忌天马行空,策划人需要在现实资源允许的条件下进行创作,以保证策划的可行性。

(三)系统全面

一份好的策划书应做到从系统的思路出发,全面把握整个创作过程,同时要少谈空话、大话,把策划方案具体落实到实处。在广播电视策划案的写作中,需要考虑到栏目

(节目)的亮点、受众范围、制作费用、后期宣传等。

(四)贯彻坚决

这是策划目标得以实现的关键。策划书一旦完成并经过论证后,便要付诸实施。在这个过程中,必须要坚决贯彻策划书的各项内容。当然,在实施过程中如果遇到突发情况是可以修订策划案的,这并不与"贯彻坚决"矛盾,而是策划案本身科学性、实效性的体现。

第二节 广播节目策划

在广播节目中,策划案可以从频率、栏目、节目三个方面出发进行分类。所谓的广播节目策划就是指对广播节目的整体性和未来性的一种策略性规划,它包括从广播节目的构思、分解、归纳、判断,到拟定策划、实施方案、事后追踪和评估的整个过程。所以,广播节目策划的目标也有三个层次:(1)对于一档节目,策划的目标是要实现节目的精品化、社会效益化;(2)对于一个栏目,策划的目标是要做到栏目的个性化;(3)对于一个频率,策划的目标则是要打造频率的专业化。

一、相关概念梳理

(一)广播节目类型

广播节目一般可划分为:广播新闻性节目、广播教育性节目、广播文艺性节目、广播服务性节目等。

1. 广播新闻性节目

新闻节目是广播电台的骨干节目,许多广播电台在节目部门之外,专门设有新闻部,足以说明其在广播电台的重要性。广播制作和传播新闻简要迅速,这恰恰能够满足新闻对时间的要求。广播新闻以播出消息为主,同时也播出通讯、特写、评论、广播讲话等。

我国广播界所开设的新闻性节目主要有消息报道性的新闻节目、专题性的新闻节目和以新闻为主的板块节目。

(1)消息报道性的新闻节目

这类节目是新闻报道中最常见的,也是新闻节目的核心。广播电台把这类节目看作新闻性节目的重头戏。此类节目最能体现广播新闻的特点,时效性强,"活鲜",备受听众的青睐。

(2)专题性的新闻节目

这类节目往往围绕一个主题,采用消息、通讯、特写等多种体裁,进行一次或多次报道。

（3）以新闻为主的板块节目

以新闻为主的板块节目是目前广播界比较流行的一种节目类型。这种节目体现了广播容量大、收听方便、结构灵活的特点，因此也越来越受到听众的喜欢。

2. 广播教育性节目

广播电台的教育性节目可以分为两种类型：教育节目和知识性节目。

（1）教育节目

教育节目是广播电台举办的各种提供教育、培训和学习的节目。这类节目从内容到方法都和学习教育相类似。

（2）知识性节目

知识性节目是通过知识的传播达到教育目的。传播知识是节目的直接目的，实现教育则是潜在的效果。该类型节目以传播知识为主，内容五花八门，重视知识的新闻价值，具有知识性与新闻性相统一的特点。

3. 广播文艺性节目

文艺性广播在普及文化、促进文学艺术的繁荣、满足人民文化生活方面负有极大的责任。文艺性节目可分为：音乐节目、戏剧节目、曲艺节目、文学节目、电影和话剧录音、广播剧等。

4. 广播服务性节目

从广义上来讲，电台的宗旨就是为受众提供服务，满足受众对新闻的需求也是一种服务行为。从狭义上来讲，服务性节目是指以提供各种信息或者解决实际问题的形式满足听众的特殊需要的节目。服务性节目可分为：(1)为听众家庭生活提供固定常规服务的节目；(2)为个人或社会经济生活服务的节目；(3)为听众排忧解难或提供直接服务的节目。

(二)广播调频(频率、频道)

广播频率也可称为广播频道或广播调频，是指有固定名称、具体播出内容或既定主题的播出频道，如中央人民广播电台音乐之声、甘肃人民广播电台都市调频等。在艺术类考试中，常常会涉及让考生策划一个广播频道的内容，如何从频道名称、频道定位、受众分析、时长安排、栏目构成、频道特色等方面进行细致撰写，则是策划文案的主要内容。

(三)广播栏目

广播栏目是广播调频的重要组成部分，每一个调频都会在其频道定位下设计多个栏目，如甘肃新闻综合广播《960新闻故事》、北京交通台《欢乐正前方》等。广播栏目的策划和设计主要包括：栏目名称、栏目宗旨、栏目定位、栏目版式、栏目时长、播出时段、风格样式、制作人员、亮点分析等。

(四)广播节目策划

在艺考中所谓的广播节目策划是指，在既定的栏目要求或主题之下，做出单期节目的策划文案,也就是说,需要考生能够详细完成一期节目的内容。此类型的考核方式在艺考中是最为常见的,需引起考生的高度重视。例如某校艺考中,要求考生为面向学生的服务类栏目《起跑线》策划一期以"出国留学乱象丛生"为主题的节目,这就要求考生细致写出一份具体且可实施的策划文案。

(五)广播剧策划

电视剧来自广播剧,广播剧来自舞台剧。最早的广播剧是转播舞台表演,加上一个描述者,描述看不见的舞台动作。广播剧按照表演形式可以分为三种:

1.单本剧集萃

早期的单本剧类似舞台剧,常常是经典的或高质量的成名作品,出自不同的作者,有各自独立完整的故事,每个故事情节人物互不相关。

2.系列剧

每集有完整的故事,具有同一主人公、大同小异的主题和各自不同的剧情。微型系列剧则在两集或更多集中完成一个独立的故事。

3.连续剧

每一集中有未完的情节和连续的线索,表现漫长的故事。也有介于系列剧和连续剧之间的,故事相对完整,有互相连接的情节线,有的终结,有的继续。

【温馨小贴士】

广播剧在近几年的艺考中少有涉及,但仍有学校会考到,其主要内容多为对单本剧的考查,因此,考生需对此部分内容有所了解。

二、策划模板讲解

【模板一】广播调频策划
　　一、频道名称
　　二、调频定位
　　　　1.内容定位
　　　　2.听众定位
　　三、调频宗旨
　　四、调频概况介绍
　　　　1.时长安排
　　　　2.播出时间
　　　　3.覆盖区域
　　五、栏目构成
　　六、频道特色

【模板二】广播栏目策划

一、栏目名称：作为一个栏目的身份标识，栏目名称对于栏目来说是非常重要的。一个好的栏目名称不仅可以使听众印象深刻，而且还是栏目形象的重要组成部分。

二、栏目宗旨：指栏目的目的、任务和要实现的目标。它是一个栏目核心价值的集中体现，也是栏目的灵魂所在。

三、栏目定位：包括内容定位和听众定位。

四、栏目版式：包括通版式、杂志式、大时段式、滚动式等。

五、栏目时长：编导应根据节目的性质、内容和节目可能给听众带来的疲劳、兴奋和轻松程度来考虑栏目的时间长短。

六、播出时段：广播栏目的播出要讲究内容和时段的完美结合，栏目播出时间恰当与否对传播效果的影响很大。所以，对栏目的播出时间应认真考虑，使之符合收听需求。

七、栏目风格样式：所谓的栏目风格就是指栏目在整体上呈现出来的一种风范、格调，它是栏目形象的重要组成部分。

八、制作人员：栏目制作人员应各司其职，分工明确。除此之外，还有三个方面需要注意：选择合适的主持人、组建一个策划团队、确定栏目运作方式。

九、亮点分析：主要是从栏目定位、栏目设计、受众等多方面考虑，其特色之处包括哪些方面，也可理解为对栏目的推介。

【模板三】广播节目策划

一、常态要素

    1.栏目名称

    2.栏目时长

    3.栏目播出时段

    4.栏目定位

二、单期节目内容

    1.节目主题

    2.板块设计（重点）

    3.亮点陈述

    4.要素设计（主持人、嘉宾等）

【模板四】广播剧策划

一、前期工作

    1.广播剧选题定位

    2.广播剧名称

    3.广播剧时长及播出时段

    4.广播剧剧本大纲和人物设定

5.确定导演风格
　　6.亮点陈述
二、后期制作
　　1.音乐选曲、填词
　　2.宣传样式设计
　　3.确定导演

三、策划模板运用

【范例一】

《shining shining 音乐风》策划案

黑龙江考生　刘晶君

一、栏目名称：shining shining 音乐风

二、栏目构思

音乐之所以会带给人们喜怒哀乐，是因为人们在听音乐时会带有自己的情绪，可以自由想象：或回忆、或畅想、或感慨、或感伤。当下有一种音乐疗伤法，可以抚平人的心绪，给挫败的人以斗志。本节目在保持与观众交流的基础上，将音乐作为一种调节情绪的工具，失落时疗伤，成功时分享。

《shining shining 音乐风》就是这样一档借助广播的听觉优势，释放听众的情绪，让听众在音乐的旅行中得到放松的广播栏目。它不仅推荐流行音乐，还融汇了代表不同年代的曲目，力图营造一种温馨、抒怀的听歌氛围。

三、栏目宗旨

本栏目试图将音乐内容条理化、系统化，从而使听众的审美情感与音乐作品产生共鸣，获得审美愉悦。同时，将音乐和健康、美食、时尚、旅游等元素进行结合。这种结合并不是简单地体现在串联词中，而是要将每一期节目中的选歌、文字资料以及背景音乐等元素组成一个整体，在一个固定主题的统领下展开。

四、栏目、受众以及主持人定位

1.栏目定位：让有故事的人尽可能参与到节目中来（可以讲述自己的故事，也可以讲述别人的故事），将音乐赋予感情。整个栏目风格轻松，根据故事推荐音乐。

2.受众定位：主要以有一定文化素养的学生、白领或音乐爱好者为主。

3.主持人定位：主持人要求声音柔和，必须具备较好的音乐理解力、音乐搜集力和记忆力，主持风格理性而不失亲切感。

五、栏目风格

亲切、温馨、感性、大众化，轻松愉快的音乐加上音乐知识，为观众营造一种家的感觉。

六、播出内容(节目内容的模块划分)

模块一:《动听音乐抢先听》

1. 播放本周百度周播音乐榜排行前三的歌曲。
2. 面向更多的听众,体现本节目的大众化风格。
3. 榜单音乐即时更新,对于受众来说具备新鲜感。
4. 打榜歌曲大多是由著名歌手演唱的,推荐榜单音乐会吸引更多的受众。

模块二:《歌中有你》

1. 针对每期固定的主题,播放与主题相关的2~3首歌。
2. 由主持人讲解对于节目主题与歌曲主题的解读。

模块三:《说出你的故事》

1. 听众拨打电话,讲出自己的故事,并与其他听众分享故事里的感动与收获。
2. 听众如遇到情感问题,主持人也可为其点一首歌,在音乐的背景下使更多的人与其产生共鸣。
3. 听众在与主持人互动的过程中也可点歌。

七、播出方式

每周六晚上21:30分直播,周日早上9:00重播。

每期节目时长为30分钟。

八、节目要求

节目不必过于追求音乐的新鲜程度,更重要的是音乐的耐听性,节奏明快、不沉闷且有韵味,寻求亲切、温馨、感性的氛围。

九、对主持人的要求

1. 良好的个人素养。
2. 清晰、流畅的口头表达能力。
3. 对每期节目的知识有一定程度的了解。
4. 灵活、机敏控制现场的能力。
5. 朴实无华的亲和力。
6. 良好的心理素质。
7. 有自己的个性和主持风格。

【范例二】要求考生为面向学生的服务类栏目《起跑线》策划一期以"出国留学乱象丛生"为主题的广播节目(2012年湖南师范大学试题)。

《起跑线》策划案

黑龙江考生　孙凯强

一、栏目名称:《起跑线》

二、栏目时长:40分钟

三、栏目播出时段:周六18:00至18:40

四、栏目定位:该栏目属服务类栏目,以向广大学生提供帮助为主旨,针对中学生在学习、生活过程中遇到的各类问题给予帮助。其目标受众除广大学生外,还包括家长及教育工作者。该栏目不仅可以帮助中学生解决很多实际问题,同时也可以架起家长、老师与学生之间有效沟通的桥梁。

五、本期节目主题:"出国留学乱象丛生"

就留学热、留学高额费用、违背客户意愿只为增加成功率、热情服务变忽悠拖延办事不负责等几点乱象进行深入探讨,并邀请专家对想要留学的学子们提出合理建议,帮助他们选择更适合自己的留学机构及学校。

六、节目板块设计

板块一:讲述近期有关"留学"的报道(主要是留学过程中因盲目出国、留学机构失信、学生素质偏低等造成的各类问题的报道),就系列报道提出本期主题——出国留学乱象丛生。

板块二:请出国留学遇到困难的两组学生作客谈话现场,讲述各自遇到的问题(两组同学遇到的问题不可重复,如果问题复杂,可邀请更多具有典型性的嘉宾参与谈话)。

板块三:电话连线相关负责人就谈话中出现的问题进行权威解答,并通过与专业人士(专家)的交流对此现象进行深入解析,准确告知学生及家长各种注意事项。

板块四:开通热线,就来电学生或家长的疑问进行专业解答,并提供一些合法留学机构的名称及联系方式。

七、亮点陈述

本期节目就"出国留学乱象丛生"这一日趋严重的现象进行板块分解,从学生、家长及专家的角度对这一现象进行全方位的透视,达到使广大学子及家长深入了解留学所需注意事项的目的。

八、对主持人的要求

1. 良好的个人素养;
2. 清晰流畅的口头表达能力;
3. 对学生群体有足够的了解,能够准确把握学生的兴趣及动向;
4. 灵活、机敏控制现场的能力;
5. 关注与学生有关的各类话题。

第三节 电视频道策划

一、相关概念梳理

(一)频道

频道,又叫信道,是指通信系统中传输的通道。狭义上的频道是信号传输的媒介,指用于两点之间收发信号的单向或双向通路。广义上的频道除了包括传播媒介，还包括用于信号传输的相关设备。一个电视频道是物理或虚拟通道在其中一个电视台或电视网络的分支。频道可以共享由很多不同的电视台或有线电视分布的地点和服务供应商渠道。

(二)频道定位

频道定位是频道对自身的多方面选择，包括宏观的频道战略性定位、微观的内容定位以及节目、受众等定位。简单来说，我们可以从国内的电视媒体名称看出其频道的定位，比如CCTV－6是中央电视台电影频道，很明显地看出，CCTV－6的频道定位是关于电影。各大省级卫视则是以频道的宗旨或品牌定位自身，如浙江卫视"中国蓝"的背后就是一系列的栏目或节目。

(三)受众需求

受众是信息传播的接收者，在频道的核心定位过程中，同样不能忽视受众的影响和制约。在人们的欣赏水平不断提高和电视频道激烈竞争的当下，任何一个电视频道都很难满足所有观众的审美需求和收视习惯。所以分析频道所要面对的主要受众群体，了解受众的特点和需要，是频道定位的重要先决条件。

(四)频道结构

频道结构需要对构成频道形象的各种因素进行有机地组合和科学安排，才能在观众心目中建立起一个电视频道品牌的整体印象，促使他们在特定需求的收视状况下使用遥控器做出基于此印象的选择。

(五)播出时序

时序是节目元素、结构等在时间轴上的排列顺序。电视节目的播出时序是把握受众观看习惯的重要因素。结构是一个频道的基础和框架，对节目的结构进行合理、科学的构建，目的是追求频道整体收视的最大化。

(六)频道包装

频道包装包括台标呼号、节目预告、宣传导视、主持人形象设计和基本的栏目片头片尾包装等，这样就构成了电视媒体视觉识别系统。以上海东方卫视的台标为例，它由红色圆球与白色星星对称组成，一提到东方首先想到的就是太阳，它寓意着上海是一座充满活力的大都市；红色又是中国传统色彩，象征着吉祥与喜庆；五角星代表着胜利与美好，其中的白色又是西方的标志性色彩，红白相称也预示着中西方文化的融合与交流。

二、策划模板讲解

> 【模板】电视频道策划
> 一、频道概况
>   1. 频道名称
>   2. 频道播出时段
>   3. 频道口号
> 二、频道定位
>   1. 内容定位
>   2. 受众定位
> 三、具体内容(重点)
>   1. 内容构成
>   2. 栏目简介
>   3. 具体内容安排
> 四、频道亮点分析
> 五、经费预算
> 六、频道包装与推广
> 七、实施结果预测

三、策划模板运用

【范例】策划一个电视频道,以旅游或家政为主题,字数不限(2011年成都理工学院山东考点试题)。

旅游频道《我想看遍这个世界》策划案
甘肃考生　张子俊

一、频道概况

1. 频道名称:《我想看遍这个世界》

2. 频道播出时段

每天播出时段为 8:00 至 22:00。

3. 频道宣传语

身处喧嚣的城市,我们见熟悉的人,走熟悉的路。随着习惯的慢慢沸腾,我们越发不敢出去走走。到底是我们早已身体疲倦,还是内心失去了该有的样子?背起行囊,出去行走,让我们一起来看遍这个世界。

4. 频道口号

途有尽,观无止。

二、频道定位

1. 内容定位

以"旅游"为主题,为观众介绍一些国内外著名的景点,让观众了解各地的人文、民族、饮食等各方面。旨在让更多的人去旅行,从中获得感悟和经历。

2. 受众定位

该频道主要有三类受众群体,分别如下:

(1)爱好旅游的人群,为他们提供一些景点的介绍,量身定制旅游攻略,提供便利和帮助。

(2)不经常旅游的上班族和学生等高压力人群,为他们推荐一些旅游的地点,帮助他们舒展身心,放松心情,更好地投入学习和工作。

(3)资深的旅游爱好者,喜好徒步、骑行以及背包客等,以座谈的方式来分享旅途中的所见所闻。

三、具体内容

1. 内容构成

频道内容由四档栏目、纪录片、宣传片和广告组成。

2. 栏目简介

栏目名称	栏目介绍
我想去行走	这是一档为准备去旅游的人而量身打造的节目。节目中,主持人和外景嘉宾共赴景点,以切身的感受为想去旅游的人们介绍实际经验。
很高兴见到你	邀请曾去过同一地方的人,共同分享旅游中的故事。受邀者可以分享并讲述自己的旅游心得,从而让观众了解一些不一样的故事和不为人知的旅游经验。
平凡之路	这是一档关乎勇气的节目。节目中嘉宾要完成一段徒步旅行,节目会进行一些任务的设置,尽管环境恶劣,任务艰巨,但嘉宾也从中锻炼了身体素质和勇气。
To Travel	这是一场说走就走的旅行,节目会邀请家庭进行进行亲子旅游,在旅游中感受亲情的魅力。
城市之光	推介一座有特色的旅游城市,既可以是世界各地的旅游名城,也可以是国内小众且有特色的旅游小镇。

3. 具体时间及内容安排

时间安排	内容安排	时间安排	内容安排
08:05~09:00	我想去行走	15:05~16:00	我想去行走(重播)
09:05~10:00	纪录片单元	16:05~17:00	城市之光(重播)
10:05~11:00	很高兴见到你	17:05~18:00	很高兴见到你(重播)
11:05~11:55	城市之光	18:05~18:55	纪录片单元(重播)
12:00~13:30	平凡之路	19:00~20:30	平凡之路(重播)
13:35~14:05	旅游宣传片	20:35~21:05	旅游宣传片(重播)
14:10~15:00	To Travel	21:10~22:00	To Travel(重播)

注:广告播放时长限定为5分钟,故内容安排中所有间隔时间均为广告播放时段。

四、频道亮点分析

1. 将旅游按不同层次区分

作为旅游节目而言,面向的是不同类型的旅游人群。因此,节目的设置在这一点上应体现出不同,将人群细分,使频道的受众面更多元。这一做法,可以将旅游大众化,而不再遵循"有钱就能玩好"的概念,使旅游这一行为上升到更为理性的层面。

2. 分享旅游中的感悟

大多数旅游类节目重点落在玩上。旅游的目的实际上是让人有所感悟,并能反思现有的生活。本频道宗旨是让更多的人理解旅游不是在玩,而是心灵的对话。

3. 多元化介绍旅游地点

由于受众的兴趣点不同,节目会在表现旅游的同时展现一个地方的方方面面,如美食、文化、建筑等,从而吸引不同的消费人群。

4. 借助于新媒体宣传

频道的播出内容会在官网的微博、微信、人人等社交平台进行大力宣传,这种宣传包括节目播出、嘉宾选择等。

五、经费预算

1. 各类票据(门票、机票、娱乐项目票)等,视情况而定,预计5000元。

2. 器材租赁费用:五台摄像机(7万左右)、麦克风(3万)。

3. 人员经费:制片人(5000元左右)、编导(4000元)、化妆师(3000元)、后期制作(3500元)、主持人(3000元,外景多于内景)、嘉宾(9000元)。

4. 节目宣传片制作经费(5万)。

六、频道的包装与推广

1. 包装方面

(1)明星参与包装

首先,节目会邀请明星,以取得一定的关注;其次,关于节目的宣传片,可以找平日爱好旅游的明星,结合频道宣传语进行宣传片拍摄。

(2)借用时下流行的影视作品

网络剧的出现,使影视蓬勃发展,节目可通过赞助这些小成本却关注度较高的网络剧来提升自我形象。

2. 推广方面

(1)宣传片的制作及多平台、高频率的播放。

(2)借助流行的影视作品达到互利共赢。

(3)借助网络平台进行宣传。

七、实施效果预测

节目需要追求收视率,在每一期节目经费成本的输出与收入中,对于节目的策划者而言都承担着一定的风险。例如旅游类的电视节目,收视群体中喜爱旅游的人占多数,而怎样在同类的节目中脱颖而出,达到节目收益的目的,是节目策划者在前期要预计和谋划的重点。赞助商可寻求知名度高的品牌,有利于节目运转。此外,在保障节目正常运转的前提下，还要考虑节目可能会遇到的种种状况，对节目形态及时进行变更。节目的亮点也要更为出彩，如对于旅游类节目，景点的介绍和讲解固然重要，主持人和嘉宾的互动、与观众的互动同样也很重要。这些都会加强节目的可看性和趣味性。

另外，节目组还要尽量拿捏好节目中"演"的度，不能矫揉造作、有表演的感觉。应尽量达到真实的效果，最大限度地让观众感受旅游的欢愉。通过对于节目的把握，结合时下的旅游动态，使每一期节目都有看点。节目的定位人群是热爱旅游的人们，但节目的目标受众不仅限于此类人群。在节目中，可以多展现除旅游外的其他内容，吸引一些高压人群的关注。节目应从不同方面展现旅游的多元化，让观众更好地理解旅游的意义。

第四节 电视栏目策划

一、相关概念梳理

（一）策划思路

电视栏目是电视台每天播出的相对独立的信息单元，主要是单个节目的组合，是按照一定内容（如新闻、知识、文艺）编排布局的完整表现形式。它有固定的名称、播出时间和栏目宗旨，每期播出不同的内容来吸引人们的视线，给人们带来知识信息、享受、欢乐和兴趣。在一定时期或特殊情况下电视台还可以开设特别栏目，亦称特别报道或特别节目。

简单来说，电视栏目就是把一系列题材内容、性质、功能目的或形态相近的小节目纳入一个相对固定的时段中播出的节目。

（二）策划内容

1. 确定节目与栏目的宗旨和定位。
2. 确定节目与栏目的播出时间和时长。
3. 确定节目与栏目的标识、包装及片头。
4. 确定节目与栏目的形态和结构。
5. 确定相对固定的主持人。

二、策划模板讲解

> 一、栏目名称
> 　1. 名称
> 　2. 口号
> 二、栏目宗旨
> 栏目的播出目的是什么？从导向、频道定位等方面分析，如栏目的播出是为了娱乐大众还是传递新闻？分析该栏目播出后会有怎样的社会认知度和影响力。

三、目的阐述

四、栏目定位(重点)

  1. 内容定位

  2. 目标受众定位

  内容定位,如栏目内容是综艺娱乐还是新闻时事？目标受众定位是指栏目给谁看,是老人、青少年还是全体受众？

五、栏目概况

  1. 播出形态

  2. 播出时间

  3. 时长

  4. 主持人功能描述(①人数；②功能划分)

  5. 嘉宾选择(此嘉宾选择为常态模式,可视节目内容不同进行调整)

  6. 现场观众及选择

六、栏目构成(重点)

  1. 构成要素(演播室；VCR)

  2. 各板块时长

    板块一《XXX》

    板块二《XXX》

    板块三《XXX》

七、板块设计具体思路(板块一、板块二、板块三)

八、栏目包装

  1. 舞美风格

  2. LOGO 设计思路、宣传片

  包括视觉识别、视觉包装、音频包装等栏目文化识别系统。视觉识别包括栏目的名称标准、标识、话筒标识、主持人背景等元素；视觉包装指栏目的片头、片尾、片花、栏目宣传片等；而音频包装最好是固定一个或几个声音,通过声音识别系统来维持观众对一个栏目的关注是很重要的。如《快乐大本营》以前的"啦啦歌"到现在的《快乐你懂的》都是运用了音频包装。

九、亮点陈述(重点)

  1. 定位 2. 功能 3. 板块设计

  4. 舞美 5. 主持人 6. 互动

十、可行性分析(可从话题、内容、嘉宾选择人手)

十一、人员设置(具体分工的设置、舞美、道具)

十二、经费预算

  1. 工作人员补助:200 元 * 人数

  2. 嘉宾补助:400 元 * 人数

> 3. 纪念品:100元＊人数
> 4. 前期宣传:平面设计(4000元)、宣传片制作(6000元)
>
> 十三、市场效应分析
> 1. 收视效果分析
> 2. 经济效益分析(收视人群稳定、商家冠名与赞助)

三、策划模板应用

【范例】

《城市近距离》栏目策划案
河南考生　田亚飞

一、栏目名称

1. 名称:《城市近距离》

2. 栏目口号:身边之动态;生活之细节;城市之实事。

二、栏目宗旨

1. 宗旨阐述:《城市近距离》是一档生活新闻服务类栏目,其主要目的是以服务为主。它一方面可以为百姓提供时事新闻和实用信息;另一方面也反映出城市发展的新面貌。

2. 栏目具体要求:本节目需要清晰的外景拍摄,第一时间得到消息的来源,提供有时效性的政治和社会新闻,并配备亲民的主持人和小型演播室。

三、栏目定位

1. 内容定位:报道社会重大事件与生活百态,其实事新闻板块可以让受众更加广泛全面地了解我国社会发展的新动向。

2. 功能定位:在移动公交车上,让忙碌的上班族在路途中了解社会发展的新动向和身边发生的时事、要事,为广大受众提供服务。

3. 目标受众定位:上班族、学生、中老年人群。

《城市近距离》作为一档生活新闻服务类栏目,它以平民的视角和强烈的社会责任感,将百姓身边发生的事件如实迅速地进行报道。

其一,该栏目的播出时间为周一至周五的早晨7:00～7:30,此时间段正是上班族早起或在路上的时间。因此,节目贴近生活且易于收看的特点受到上班族的青睐。

其二,周一至周五,绝大多数的学校都会在此时间段播放新闻类节目,以增加学生课外知识的储备量。

其三,中老年人群已大多进入了日常作息阶段,没有过多的工作,他们早上锻炼、做家务,在茶余饭后会关注新闻的动态,而此节目所讲述的内容也会受到中老年人群的喜爱。

4. 主持人功能定位:主持人要以自己的方式讲述政治性新闻与生活性新闻,语言亲切而又不失庄重。

四、栏目概况

1.播出时间:周一至周五早7:00～7:30。

2.时长:30分钟。

3.主持人划分:新闻类、说理型主持人,知识面广,见解独到。

五、栏目结构

1.栏目构成要素:主要是以室内拍摄为主,以室外拍摄为辅。主持人通过电话连线,连接现场记者并了解情况。

2.栏目中环节设置

板块一:《时政要事,与您近距离》

当节目第一时间与观众见面时,观众首先关注的是当天发生的重要时政性新闻,这关乎每个公民的切身利益。节目中可以连接外线,增强新闻的事实感。

板块二:《生活零距离》

在时事新闻后接入生活类新闻板块,让普通百姓关注身边事。此板块的节目内容为观众展现了贴近生活、贴近百姓的新闻事件,拉近了电视节目与观众的距离。

板块三:《奇思小妙招》

用简单的方法,解决生活中遇到的困难。例如:在生活中不注意黏到口香糖会很难清洗,在此板块中,将会教给观众如何快速有效地清洗掉口香糖。类似于这样的生活常识,不仅拉近了与观众之间的距离,同时也提高了节目的收视率。

3.各部分时长安排

板块一:10分钟;板块二:14分钟;板块三:6分钟。

六、栏目包装

1.舞美风格:简洁大方,以新闻类节目形式包装,背景多以蓝色为主,突出庄重与理性。

2.宣传片:以当天的要事新闻为中心,剪辑两条国际新闻与一条社会新闻穿插其中,突出咨询与服务功能。

3.LOGO:白色字体四周由蓝色的光线包围,突出新闻节目的特性,简洁大方,庄重得体。

七、亮点陈述

1.定位:节目不仅仅可以在家里等固定场所观看,还可以在公交车上观看,为受众提供了更广泛的收视服务范围。

2.功能:受众在关注新闻之余,也能实时地了解到发生在身边的故事,扩大了社会接触面,达到"足不出户,便知天下事"的效果。

3.板块设计:节目被分为三个板块,集时政新闻、身边实事、生活小常识于一体,不仅避免了时政新闻的严肃性而导致观众乏味,同时也避免了单纯的生活类节目缺少含金量的风险。

4.舞美:节目以蓝色调为主,凸显新闻类节目的舞美风格。

5.主持人:作为一档生活新闻服务类栏目,主持人既要有新闻节目主持人的庄重,也要有生活类节目主持人的轻松感和亲切感。

6. 互动：此环节用于拉近与观众之间的距离，观众不仅仅是荧屏前的观看者，而且还是节目的参与者。

八、可行性分析

节目较为贴近生活，同时播出的灵活性也能吸引一定的受众，因此具有一定的可行性。

九、人员设置：3 名编导、3 名导播助理、1 名现场导演、4 名摄像师、2 名外景摄像师、2 名外景主持人、1 名室内主持人、1 名录像师、2 名化妆师、1 名造型师。

十、经费预算：35 万（租赁演播室设备、场外拍摄设施的经费以及工作人员的各种开销等）。

十一、市场效应分析

1. 收视效果分析：作为一档生活新闻服务类栏目，栏目的内容定位广泛且全面，收视群体相对较为固定，同时移动电视的加入也使收视效果不断增强。

2. 经济效益分析：主要以室内演播为主，外景拍摄只占一小部分，所以花销较小，而且移动电视的收益也可以补充节目的部分开销，总体经济效益较好。

第五节　电视节目策划

一、相关概念梳理

（一）策划思路

电视节目指电视台通过载有声音、图像的信号传播作品的节目，是电视传播内容的基本单位和信息载体。做电视节目需要考虑很多问题，电视节目策划人首先要弄清楚做一个什么样的节目，是纪实类还是虚构类，要不要使用节目主持人或演员，在什么地方拍摄，是外景拍摄还是在演播室录制，什么时候播出，在哪个频道和栏目播出，目标受众是什么人等。由此可以看出，一个好的电视策划必须考虑到很多方面的因素。

1. 节目策划目的

节目策划案主要是电视策划人写给节目相关制作人员看的。主题要单一，目的要明确，不讲空话、套话。真正的电视策划都是"可行的想象"，策划的一切内容都要站在可行性的角度考虑。

2. 节目的现状分析

在现今的节目策划文案中，节目的现状分析显得越来越重要，这是电视越来越面向市场和受众的必然结果。策划人应针对电视市场进行调查分析，作出合理的市场预算，而所有的分析都应建立在对电视运作规律的把握之上。

3. 节目类型

随着电视媒体和内容生产的发展，形成了各种类型的电视节目，而且划分的标准也不尽相同。创作一个电视节目，首先要弄清楚做一个什么样的节目。这里我们以通用的"四分法"为标准，将电视节目划分为新闻节目、娱乐（文艺）节目、教育（社教）节目和服务性节目。

（1）新闻节目：节目内容大致以消息、系列报道、现场直播等为主，如《新闻联播》《焦点访谈》等。

（2）娱乐（文艺）节目：包括娱乐性节目、电视剧、动画片、体育节目、真人秀等，如《快乐大本营》《中国好声音》等。

（3）教育（社教）节目：包括纪录片、专题片、科教节目、少儿节目等，如纪录片《舌尖上的中国》、少儿节目《智慧树》等。

（4）服务性节目：包括电视广告、美食节目、气象节目、医疗保健节目、旅游节目等，如《养生堂》等。

4. 节目模式

我们通常把一个具体的、固化的节目形态称为节目模式。节目模式由节目板块或节目环节构成，不同的节目板块有不同的传播功能。按制作方式来划分，有纪实模块（纪录片）、虚构模块（电视剧）和虚拟模块（动画）；按播出方式来划分，有录播模块（现场放VCR）、直播模块、互动模块（主持人与嘉宾互动）、包装模块（后期特效）。

5. 节目元素与符号

在电视节目中，节目的元素一般指的是视听元素，即视觉元素和听觉元素。

6. 节目的组织机构

明确了要做怎样的节目之后，就要考虑找什么人来做，由哪些单位部门实施，这一部分主要是关于节目制作分工的问题。

7. 节目的实施程序

节目的组织分工完成后，便要开始安排具体工作了。什么时候完成前期准备，什么时候进行中期拍摄，什么时候进入后期制作，制作完成以后要考虑到什么平台播出，播放的时段是什么，这些都要在策划书里体现出来。

（二）策划内容（单期节目个性阐述）

1. 主题确定（重点）
2. 单期节目结构确定（重点）
3. 环节设置
4. 话题设置（特殊环节）
5. 节目导视及 VCR 制作
6. 主持人串联方式

7. 嘉宾选择及功能划分

8. 亮点呈现

二、策划模板讲解

【模板一】

《XX》节目策划文案(单期)

第一部分：栏目常态策划

一、栏目名称

    1. 名称

    2. 口号

二、栏目宗旨(目的阐述)

三、栏目定位(重点)

    1. 目标受众定位

    2. 内容定位

四、栏目概况

    1. 播出形态

    2. 播出时间

    3. 时长

第二部分：单期节目策划

一、主题确定(重点)

    1. 节目主题描述

    2. 涉及话题

二、节目构成要素

    1. VCR

    2. 演播室

三、主持人功能划分

四、环节设置及思路(重点)

    环节一：名称；编排思路；串联思路。

    环节二：……

    环节三：……

五、嘉宾及观众选择(针对单期节目内容选择嘉宾、观众)

六、可行性分析

七、亮点陈述(重点)

八、经费预算(可参考)

    道具：1500元

舞美：1500 元

　　嘉宾补助：400/人

　　工作人员补助：200 元/人

　　纪念品：100 元

　　宣传片：6000 元

　　平面设计：4000 元

九、人员分工（可参考）

总导演 1 名	编导组 4 名	导播 1 名	音响 1 名
摄像 3 名	舞美 2 名	化妆 1 名	灯光 1 名
服装 1 名	剧务 3 名		

十、舞美风格

注：因单期节目的策划需在常态栏目下进行，故本策划分为两部分，第一部分为单期节目所在栏目的介绍，第二部分为节目内容介绍。

【模板二】

《XX》特别节目策划文案

一、节目概况

　　1. 名称

　　2. 口号

二、节目宗旨（目的阐述）

三、节目定位（重点）

　　1. 目标受众定位

　　2. 内容定位

四、节目概况

　　1. 播出形态

　　2. 播出时间

　　3. 时长

五、主题确定（重点）

　　1. 节目主题描述

　　2. 涉及话题

六、节目构成要素

　　1. VCR

　　2. 演播室

七、主持人功能划分

八、环节设置及思路（重点）

> 环节一:名称;编排思路;串联思路。
> 环节二:……
> 环节三:……
> 九、嘉宾及观众选择
> 十、可行性分析
> 十一、亮点陈述(重点)
> 十二、人员分工(预置)
> 十三、舞美风格
> 注:本模板适用于不在常态栏目下策划的特别节目。

三、策划模板运用

【范例一】为面向中学生的电视栏目《青春子午线》做一期以"梦想"为主题的电视节目策划案(2013年四川省编导联考考题)。

《跳动的音符》节目策划文案

福建考生　林戴维

一、栏目名称

1.名称:《青春子午线》

2.口号:寻找最美故事,共筑纯真梦想。

二、栏目宗旨

主要以孩子的故事或孩子与父母的故事为主,但要有真实性和特殊性。这些故事可以是快乐的,也可以是悲伤的。但作为孩子自己要有梦想,讲述梦想,让人们在力所能及的范围内帮助孩子们圆梦。

三、栏目定位

1.目标受众定位:广大少年儿童及其父母长辈。

2.内容定位:寻找一些或欢乐、或悲伤、或感人、或幸福的故事,而少年儿童就是故事的主人公。节目组走访各省、市、县、乡,挖掘故事,分享经历,直面人生。

四、栏目概况

1.播出形态:录播。

2.播出时间:每周一晚20:10～21:30,周二晚19:40～21:10重播。

3.时长:1小时20分钟。

4.主持人:一男一女两位主持人,均属内景主持人。

五、单期节目主题确定

1.节目主题"跳动的音符"描述:当前社会就业难,毕业堪比失业。想要在社会中站稳脚跟,就要拥有自己的一技之长。许多孩子从小就学习艺术,这其中出现了一些成功的艺术家,如钢琴家朗朗等。学习艺术特长,除了要付出比同龄人更多的时间去练习外,还要有相对高的收入支撑。本期节目邀请的嘉宾就是一位条件普通但心怀音乐梦的小提琴练习生,讲述她在逐梦路上的故事。

2. 涉及话题:"我要成为小提琴家"。

六、节目构成要素

1. VCR:李祺是一名高中生,虽然家庭条件很普通,但她拥有一个音乐梦。VCR主要拍摄其平时与家长共同练习的画面,对同学及老师的采访。

2. 演播室:除了主持人和李祺,还邀请了李祺的父母和她的音乐老师。场内还坐有70名观众,其中有许多学习艺术的学生和权威的指导老师。

七、主持人功能划分

在节目中有一男一女两位主持人。男主持人负责对父母的问答,女主持人负责对孩子的引导。

八、环节设置及思路(重点)

环节一:求学历程。主要围绕嘉宾李祺,听她讲述她的求学经历。

环节二:嘉宾互动。主持人与嘉宾的父母、老师进行交流,将更多的细节展示在观众面前,让观众知晓更多主人公背后的故事。

环节三:播放嘉宾父母的采访VCR,现场由嘉宾表达自己想对父母说的话。

环节四:观众互动。采访现场观众,请他们就本期话题发表各自的看法。

九、嘉宾及观众选择

1. 嘉宾:李祺是一名高中生,她从小在母亲的培养下学习小提琴。虽然李祺家境一般,但面对高额的学费,父母没有让她放弃,而是将收入的一半都投入到李祺的小提琴学习中。

2. 现场观众:邀请一些具有相同或相似经历的孩子及家长来到现场,与讲述者互动。

十、可行性分析

1. 话题具有普遍性,容易引起共鸣。

2. VCR的拍摄可以补充节目内容,易于实现对节目动情点的打造。

3. 男女主持人的配合易于实现对谈话内容的深入,有利于情绪的推进。

十一、亮点陈述

1. 嘉宾的设置。以李祺为代表的千千万万学习艺术的少年,通过讲述他们的求学历程会为更多的孩子、家庭传递正能量。

2. 故事的感染力。好故事要有可看性和可听性,这些故事能吸引人、鼓舞人。而孩子又是最真实的,他们逐梦的故事注定感人。

十二、经费预算

制片人3000元;主持人2名5000元(2500元×2);嘉宾6000元(视情况);编导(3000元×2);摄像12500元(2500元×5);后期制作4500元(1500元×3);杂费(化妆品、沙发、桌子、现场布置、音响、灯光等设备)

十三、人员分工

制片人1名;主持人2名(1男1女);嘉宾(每期1名);编导(2名)

摄像(5名,内景3加1摇臂,外景1名);后期制作(3名);导播(2名)

十四、舞美风格

易于谈话场景的打造,包括圆桌、两张沙发、一个梦想舞台,嘉宾的位置则正对着观众席。

【范例二】

《兰州金鸡百花电影节》特别节目策划案

甘肃考生　王雯

一、节目概况

(一)名称:《兰州金鸡百花电影节》特别节目

(二)口号:美丽兰州百花放,星光璀璨金鸡鸣。

二、节目宗旨

面向全国热爱电影的人们,为他们提供第23届金鸡百花电影节第一手资讯,以求让更多的人认识电影、喜欢电影,让大家在关注金鸡百花奖的同时,了解兰州对于电影节的准备和兰州的本土文化。

三、节目定位(重点)

(一)目标受众定位

1.电影发烧友

他们对电影的热忱度、关注度较高,而金鸡百花奖又为全国影视类重要奖项,因此,这类人群自然容易关注此颁奖节目的进程。

2.兰州市民

作为兰州本土市民,他们比较容易关注身边发生的大事,此次金鸡百花电影节在兰州召开正满足了他们的需求,因此成为了本土市民的关注焦点。

(二)内容定位

第一手电影节资讯,全面详细地向大众揭开神秘的电影节面纱,并且通过介绍、展示兰州的城市面貌,与电影节关联,展示本届电影节的别样、独特和地方化特色。

(三)节目概况

1.播出形态:电影节期间,日播

2.播出时间:12:30~13:30

3.时长:60分钟

五、主题确定(重点)

(一)节目主题描述:对于热爱电影的朋友来说,金鸡百花奖作为全国影视类重要奖项,能在第一时间得到相关信息十分重要。此特别节目的第一个核心主题就是借助地缘优势,全面详细地呈现第一手、第一时间的电影节进展资讯。此外,作为此次电影节的活动举办地,兰州当地市民的参与热情高,全市对于活动的投入也十分庞大,因此第二个核心主题即是展示电影节的本土特色和本土影响。最后,根据大部分观众的需求,无论何时名人明星都对大型活动有着广泛的号召力,因此利用此次机会,第三个主题即借名人访谈为活动造势。

(二)涉及话题:电影角逐;电影展映;兰州风貌;明星来兰。

六、节目构成要素

(一)VCR:对电影节的现场状况以及影展情况进行取景报道,对甘肃文化界名人、电影节本土大众评审和兰州本土市民进行相关采访。

(二)演播室:主持人串词,请参展明星到演播室进行电影推介和相关采访。

七、主持人功能划分

演播室主持人1人,进行演播室串词,并与嘉宾进行访谈,带领大家对电影节形成全面认识。

外景主持人2人,分别在电影节颁奖和展映现场带来最新资讯,对兰州本地的文化界名人和市民代表进行采访。

八、环节设置及思路(重点)

环节一:"电影节早知道",包括最新的展映资讯、电影节来兰明星报道以及电影节活动报道。

环节二:"我也来参与"。首先,采取新闻报道方式,介绍兰州对于电影节的准备以及为电影节开辟的绿色通道服务;其次,采访甘肃文化界名人人士评审或者参与电影节的本土大众评审,请他们表达对电影节的看法和展望;最后,采访两位电影发烧友或者参与电影节的兰州市民,请他们谈谈对电影节的看法以及对举办此类活动的宝贵意见。

环节三:"明星来做客"。选取一名来到兰州的电影明星做客演播室访谈,请其针对自己的参赛展映作品做推介。

九、嘉宾及观众选择

(一)嘉宾:赵薇、邓超、黄晓明、水均益、朱军、孙茜等,既有备受关注的演员、导演,也有兰州走出的著名节目主持人。

(二)观众:兰州本地文化界人士、参与电影节的热心市民和服务人员以及金鸡百花电影节本土大众评审。

十、可行性分析

1.电影节的举办可带来诸多明星资源、话题资源,充足的资源可保证节目的顺利进行。

2.兰州丰富的本土文化可为节目提供诸多延伸话题,能够丰富节目内容。

3.电影节自身的号召力也可为收视率提供保障。

十一、亮点陈述(重点)

第一,最犀利的评价,看本土文化界人士和大众评审怎么评价本届电影节。

第二,最接地气的采访,走遍大街小巷,看电影节对市民生活的影响。

第三,制造舆论,通过报道电影节和影展的最新资讯,打响本届电影节名号。

十二、人员分工(预置)

总导演1名;编导组3名;导播1名;音响1名;舞美2名;化妆1名;

灯光 1 名；服装 1 名；剧务 3 名；现场主持人 1 名；场外特派主持人 2 名；摄像师 6 名（内景 3 加 1 摇臂，外景 2 名）；嘉宾 1 名（每期选择 1 名嘉宾）。

十三、舞美风格

营造以"电影"为主题的谈话类节目风格，氛围轻松、娱乐感强。两张沙发，在嘉宾和主持人中间有个小型电子签名台，嘉宾上场后，留下自己的签名，以作为节目纪念。

嘉宾的位置在观众席的正前方。舞台背景左边为金鸡百花奖奖杯造型雕塑，右边为电影胶片和摄像机造型雕塑，中间为大屏幕呈现。观众席中间留一个嘉宾上场的通道，此通道为兰州中山铁桥造型，以更好地体现本土特色。

第六节 电视晚会策划

一、相关概念梳理

（一）电视晚会

电视晚会是指以电视播出的技术手段、文艺晚会的艺术形式，通过电子信息技术的制作，对各种文艺节目进行再次创作，经过电视晚会主持人的组织和串联，将文艺与娱乐相结合，给观众以综合审美的电视节目形态。

1. 电视晚会的特点

（1）观看演出的空间比较大，可以容纳比较多的演员和观众，现场追求演员和观众的互动效果。

（2）艺术类型众多，以歌曲、相声、舞蹈、小品为主，也包括魔术、杂技等表演，综合多种艺术门类于一体。

2. 电视晚会的类型

电视晚会可分为综艺晚会、歌舞晚会和专项艺术晚会。其中，综艺晚会又分为节日晚会、专题晚会、专场晚会、颁奖晚会。

（1）节日晚会

除了最常见的春节联欢晚会之外，还有元旦、元宵、五一、国庆等名目繁多的各种晚会。近年来，除了中央电视台主办的综合性联欢晚会如春晚之外，还有各种专门性的晚会，如戏曲晚会、歌舞晚会等，也有其他部门（如公安部、文化部等）主办的春节晚会。

（2）专题晚会

所谓专题晚会，指的是为某些有特殊意义的纪念日或活动专门制作的晚会。这类晚会主题都非常明确，对应有特殊意义的纪念日或活动的主题思想，比如每年中央电视台播出的《"3.15"消费者之友文艺晚会》、2003 年"非典"期间播出的大型特别节目《我们众志成城》等。

(3)专场晚会

除了常见的综艺晚会外,还有一种将受众分成不同群体,以特定的文艺形式、不同的节目内容来满足不同受众的需求的晚会。比如戏曲晚会针对的是爱听戏曲的票友,还有音乐晚会、舞蹈晚会等。

(4)颁奖晚会

这一类型的晚会通常会受到特别的关注,它比其他晚会多出了一个新闻发布的功能,如中央电视台的《感动中国》、各大电影节颁奖典礼等。

(二)策划内容

1. 晚会节目方案策划

晚会节目方案策划就是对晚会中各种手段及方式的选择和设计,而其中最重要的便是创意。创意策划是电视晚会的核心,包括主题策划和定位策划。

(1)主题策划

主题策划是电视晚会的灵魂,它不仅是节目创作及挑选的主要依据,也是电视晚会现场气氛与风格营造的核心。

①捕捉社会动向及热点,提炼出具有一定高度及前瞻性的主题思想。

②掌握节假日及主题日的特点,与时俱进。

③把握晚会主办方的意愿及目的,找出适合电视表现的主题。

(2)定位策划

定位策划是根据晚会的主题对晚会的风格、样式等提出总体要求。定位策划分为内容定位和形式定位。

①内容定位:指对晚会节目创作的指导原则、品味格调及其价值取向的设计。进行内容定位时要树立精品意识,同时处理好精品和流行、艺术和时代以及雅与俗的关系。

②形式定位:指晚会的表现形式及其技术的策划与设计。晚会形式可以通过高科技带动形式创新。通过提高现场效果,保证屏幕效果。

2. 晚会行进方案策划

晚会行进方案策划是对晚会结构和形式所进行的设计,包括节目的搭配、节奏的控制、主持人的穿插等等。晚会行进方案策划应注意以下几个方面:

(1)突破模式化

现在大多数的电视晚会趋于模式化,缺乏创意。因此,可以在符合主题的情况下突破模式化,改进晚会的部分模式。

(2)设计高潮点

晚会就像电视剧一样,需要有泪点或是兴奋点,不然整场晚会将变得平淡无奇。晚会的高潮部分要能引起观众的共鸣。

(3)用活主持人

每个主持人的主持风格是不一样的,有些主持人偏娱乐,有些主持人适合煽情,所以要合理安排晚会主持人。

（4）尝试新结构

就像前面所说，固定的晚会模式看久了，观众会产生一定的审美疲劳，因此需要尝试新结构，比如增加新环节或变更舞美等。

（5）电视晚会节目编排

电视晚会节目的编排，应该依照叙事模式，节目的编排要有铺垫，并且循序渐进。

以春晚作为例子来阐述电视晚会的内容和形式：

①主题：春晚主题可以从当年的热门事件入手，将其融合进晚会的节目中去，用节目来链接主题，用主题烘托节目。

②节目内容：歌舞类、戏曲类、相声小品类、曲艺类、其他类节目。

③主持人：作为晚会板块之间进行区隔、衔接而形成晚会整体结构的一个标识，主持人可以与现场观众进行互动，烘托现场气氛。

④结构：分为珍珠项链结构、编年史结构、段落组合结构、组合回旋结构、多元综合结构、散点式结构、平行并进结构以及篇章板块结构。

⑤舞台与视觉效果：和我们常说的"舞美"有很大的关系。

⑥晚会的节奏：它常常会影响到观众观看晚会的忠实度和兴趣点，因此在策划晚会时，需要考虑到对晚会节奏的准确把握。

⑦时空：晚会对于时空的塑造也是十分多样的，可运用丰富的电视化手段完成对于时空的打造。

二、策划模板讲解

《XXX晚会》策划案

一、主题（重点）

二、晚会构思

  1.节目类型比例

  2.时长安排

  3.场地安排

  4.主持人定位与分工

三、晚会展现元素

四、晚会节奏图分析

五、晚会时间进程安排

六、舞美设计

七、具体节目编排流程（重点）

  开场：《XXX》

  编舞思路

  亮点陈述

> 节目一:《XXX》
>
> 编排思路
>
> 亮点陈述
>
> ……
>
> 结尾:《××××》
>
> 八、人员分工
>
> 九、可行性分析
>
> 十、亮点陈述(重点)
>
> 十一、经费预算

三、策划模板运用

【范例一】

《"阅时光,悦成长"主题晚会》策划案

福建考生　林戴维

一、晚会主题分析

第一个"阅"字意为经历、品味的意思,第二个"悦"字意为开心、快乐的意思。两个同音不同义的字带有一语双关的效果。这一主题的确定既可以让观众较为直观地了解晚会的主旨,又能体现整台晚会的主旋律和基调。

我们从蓬头稚子经过青葱岁月、满腹经纶到耄耋之年,每一个阶段都有不同的困难和险阻,但我们也都会用自己的方式进行处理,最后,总是柳暗花明的全新景象。在这个过程中,我们会路过很多的风景,遇到很多人,或家人或朋友或路人,他们总会用各自的方式告诉我们成长应该是什么样的。本次晚会选择这个所有人都在经历的话题,试图用我们的方式激起受众的情感共鸣。

二、晚会构想

1. 节目形式

三类:语言类节目、歌舞类节目、其他类型节目。

一情:一串动情点。

"三类"是晚会的重要节目支柱,我们必须沿袭,不能偏废。但本台晚会力求在单个节目的表现形式、包装手段以及节目的串联形式上进行创新编排和设计,挖掘潜力、出巧出新。

动情点的设计是晚会不可或缺的要素。本台晚会我们力求将传统的单个动情点设置为多个动情点,积极营造动情段落,使动情点在各个篇章均匀分布,整台晚会始终沉浸在朋友情、父母情之中。

2. 时长安排

晚会总时长90分钟。其中,节目时长70分钟,互动时长8分钟,视频时长12分钟。

3. 场地安排

本台晚会安排在小剧场内进行。

三、晚会展示元素

1. 怀旧元素(《影视走秀》,对儿时动漫人物的展示);
2. 流行元素(恰恰舞、流行歌曲等);
3. 孝悌元素(小品歌曲《爱的代价》、视频展示等);
4. 成长元素(整台晚会中串场环节围绕着"成长"这一元素来展示);
5. 甘肃特色符号(兰州牛肉面、兰州方言等)。

四、晚会节奏图

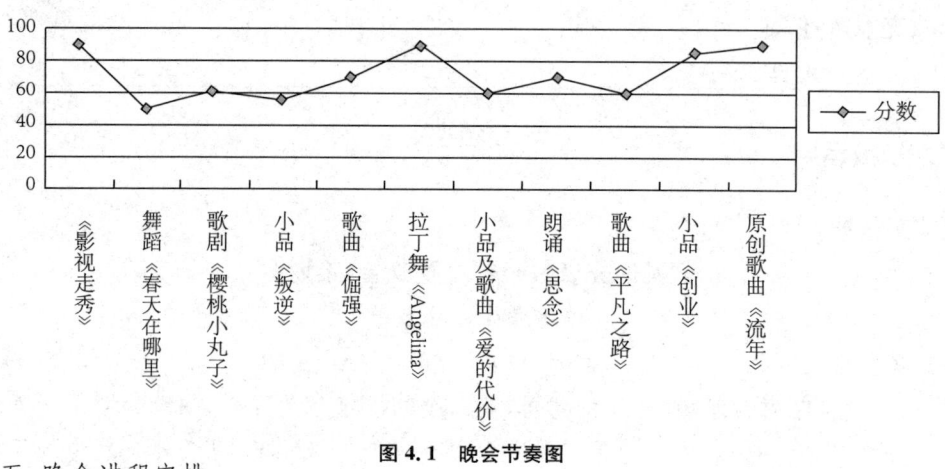

图 4.1　晚会节奏图

五、晚会进程安排

表 4.1　晚会进程安排表

时　间	安　排
10月20日至27日	(1)策划团队完成晚会总体策划方案;(2)在微博、微信公众平台更新晚会信息;(3)在校园内人流量较大的地方张贴海报,对晚会时间、地点进行宣传。
10月28日至31日	团队修改、细化方案。
11月1日至12日	(1)晚会所有节目结束单一排练,确定最终节目单;(2)舞美方案的实施修订;(3)制作导视以及宣传片。
11月13日	晚会第一次正式彩排。
11月14日	晚会第二次正式彩排。
11月15日	晚会第三次正式彩排。
11月16日	晚会正式录制。

六、舞美设计

1. 背景幕布

舞台背景是本台晚会"阅时光,悦成长"的主要线索——苹果树,两侧是由组内人员手工绘画而成的门,具有欧式洋房风格,可以吸引人们的关注。

2. 舞台两侧

小剧场内贴满了事先准备好的洋房壁纸,并且充分利用小剧场内部的柱子,将其装饰成苹果树。

3. 悬挂物

因为是"成长"主题晚会，所有导演组成员每个人挑选一组自己小时候以及成长过程中的照片，悬挂在小剧场内部，在不影响观众欣赏晚会的前提下，用钓鱼线悬挂好。

4. 其他装饰物

包括彩灯、气球、手工花、落叶、泡沫苹果等。

七、具体节目编排流程

1. 开场：《影视走秀》

(1) 编排思路

本节目通过小男孩与苹果树之间的对话引入六个少儿故事，分别是白雪公主、大头儿子与小头爸爸、葫芦娃、蜡笔小新、黑猫警长，通过音乐的变换进行转场，每个部分的展示时间为20～30秒。

(2) 亮点陈述

通过新颖的节目形式吸引观众是电视晚会节目的一种常用手段，但是不要忘记，当看过太多美轮美奂的舞台效果，那些快消失在我们的记忆中、耳熟能详的荧幕角色、脍炙人口的经典台词，也能让观众为之驻足。《影视走秀》的亮点在于抓住了晚会中的怀旧元素。

2. 节目一：舞蹈《春天在哪里》

(1) 编排思路

选择两位10岁左右的小演员，按照事先编排好的舞蹈内容在小剧场舞台伴着音乐《春天在哪里》跳舞，时长大约为2分50秒。

(2) 亮点陈述

舞蹈《春天在哪里》通过两位小演员真切的表演，既增加了晚会的受众年龄段，又能够让观众与两位演员形成互动，跟着音乐节奏打拍子。

3. 节目二：小品《爱的代价》

(1) 编排思路

小品《爱的代价》旨在通过对大一新生刚入学时的情景再现，表现父母对我们无微不至的关心。

(2) 亮点陈述

该小品贴近生活，语言精练，感染力强。本台晚会的受众人群主要是大学生，所以选择这一题材能够更好地吸引受众。

4. 节目三：拉丁舞（略）

5. 节目四：朗诵《思念》（略）

6. 节目五：原创歌曲《流年》

(1) 编排思路

女演唱者通过追光坐在舞台左侧的台阶上，男演唱者从观众席中走上舞台，一号摄像机跟随男演唱者直至舞台中央，二人一唱一和，共同完成这首歌曲。

（2）亮点陈述

本首歌曲作为晚会最后一个节目，作词、作曲、演唱全部都是原创。流年，意为如流水般逝去的光阴，人这一生又何尝不是这样。对于完成这场晚会的我们来说，"成长"是一场晚会，"晚会"也是一次成长。

注：其余节目编排思路及亮点陈述省略，考生可参考上述内容。

八、人员分工

总导演：王甜；副导演：邱秋榕；执行导演：林戴维；后期视频统筹：毋非；

摄像师：张子俊、杨春燕、赵一琳；舞美灯光：唐晓亮、周蕾；演员道具管理：赵博华；

外联宣传：张馨元；化妆师：王依迪。

九、晚会可行性分析

1. 演出人员

本场晚会的歌唱演员从校园十佳歌手中选取，语言类节目由校园"柳馨社"相声小品社团提供协助，舞蹈演员从校内热爱舞蹈的学生中招募，以上渠道可为本场晚会提供演职人员保障。

2. 晚会节目

本场晚会在节目内容的选择上大胆创新，所有节目设计均在能力范围之内。专业的策划方案加以指导老师对技术难题、节目串联等方面的把控，可以确保所有策划得以顺利实施。

十、亮点陈述

1. 新颖：整场晚会在总体结构、串联方式、篇章设计、具体节目上都要摆脱窠臼，创新出彩，以内容和形式的创新办出一场有新意、有活力的晚会。

2. 原创：本场晚会除部分歌曲非原创之外，包括语言类节目、大型舞蹈、节目串联、编排思路皆为原创。

十一、经费预算

1. 请柬　80元

2. 礼花、气球、彩带、包装绳等用于舞台布置　200元

3. 水　100元

4. 水果　40元

5. 话筒电池　20元

6. 化妆品　200元

7. 服装租赁费用　800元

8. 横幅、海报　120元

9. 演员盒饭　400元

10. 其他费用　300元

共计：2260元

第七节　电视纪录片策划

一、相关概念梳理

(一)纪录片的定义

纪录片是以真实生活为创作素材,以真人真事为表现对象,以展现真实为本质,并用真实引发人们思考的电影或电视艺术形式。纪录片的核心为真实。

(二)策划思路

1. 目标定位

首先需要明确所策划的纪录片,是用于电视平台的日常播出还是网络平台的搜索播放,是专门用来参赛评奖还是商业售卖,找好了自身定位才能明确如何撰写策划文案。

2. 选材价值

电视纪录片的价值体现在文献价值、人文价值和社会价值等几个方面,它同时也是判断选材价值的标准。文献价值是指电视纪录片所承载的信息量,包括信息的重要性和准确性。人文价值关心的是人类共通的情感和道德,人类对自身状态的思考及其对历史、现状、文化、环境的思考。社会价值主要考察电视纪录片对社会的影响力,判断标准首先是要看选题是否具有社会普遍意义。这一点也是考生在撰写策划文案时需要认真思考的一个方面。

3. 知识含量

选题要注重知识含量,担当相应的社会责任。例如纪录片《最后的山神》,不仅能够满足观众的好奇心理,更重要的是,它能够引起人们对现代文明与传统文化冲击的深沉思考。诸如此类能够反映历史进程、地理知识、科技进步,同时也可以引起观众思考的作品,大都具有相当的文献价值和文化内涵。

4. 题材选择

题材选择的优劣往往会决定一部纪录片的成功与否。因此,准确选择合适的题材也是撰写文案的关键点之一。这里用三种实物形象地比喻出纪录片题材选择的要求。第一,钩子:吸引观众眼球;第二,锤子:震撼人的心灵;第三,镜子:引发观众的思考。把握好这三点要素,在题材的选择上便可为主创提供很大的帮助。

(三)拍摄思路

1. 拍摄前的准备

纪录片和故事片不一样,纪录片没有剧本,无法事前做好分镜头,很难做出严格的拍摄进程安排,所以拍摄前的采访和沟通是十分必要的。这样有助于编导了解拍摄对象的身份、特点、有关状况以及事件的来龙去脉,并和拍摄对象建立良好的关系。

即便纪录片的拍摄有很大的不确定性,但仍需要编导制订拍摄计划、做好经费预算、检查所需设备、进行多方联系、寻找相关资料、了解背景,如果还有访谈,则必须事先准备好采访提纲。

2.拍摄方法

(1)电视纪录片的拍摄是对现实时空中真实事件的记录,这就要求拍摄者不能干涉拍摄对象,更不能够命令拍摄对象。一种拍摄方法即偷拍,除了部分特殊题材外,这种方法必须在事前或者事后获得拍摄对象的认可,这也是对拍摄者最基本的尊重。另一种方法是通过转移拍摄者的注意力来降低摄像机的影响。更有效的方法是让拍摄对象习惯摄像机的存在。

(2)"挑"、"等"、"抢"是电视纪录片拍摄中较为常用的方法。

(3)电视纪录片的采访常常是在摄像机前,让被采访者说自己的故事、别人的故事或者对一些事情发表自己的看法等。采访比较生活化,常常以聊天的形式,尽量使采访者能够在自然和放松的状态下进行。

(四)结构策划

1.中心线串联式

这是电视纪录片一种最常用的结构形式。所谓"中心线串联式",就是把几部分不同的材料用一条或若干条主线依序串联在一起,从事物的不同方面展现同一个主题。被人们熟知的一些大型电视纪录片,如《丝绸之路》《话说长江》《香港十年》等都是采用这种结构方法。中心线串联式的合理运用,可以使一个庞大的主题变得清晰明确。

表 4.2 大型电视纪录片《香港十年》的分集结构内容

集数	片名	基本内容
第一集	《十年见证》	统领全片,着眼于香港回归及回归后10年来的发展。
第二集	《历经之路》	回溯香港回归10年历程中的几个重要转折点,展现香港政府和民众经历风雨后走过的一条历练之路。
第三集	《和谐相融》	以"和谐"为主题,聚焦最普通、最典型的香港人的生活。
第四集	《活力重现》	讲述回归以来,香港金融、航运、贸易等几大行业在全球的中心地位未曾改变,得到了国际社会的肯定和大量资本的注入。
第五集	《背靠祖国》	回顾中央政府为恢复香港经济而制定的 CEPA 和自由行的实施等重大历史事件,讲述在祖国支持下香港发展的故事。
第六集	《我是中国人》	讲述香港人对中国人身份的认同这一回归以来的最大"变化"。
第七集	《血脉相连》	从生活在深港边界禁区的罗湖人家——袁仁基一家迎接新年开始,讲述内地和香港的血脉之情。
第八集	《龙腾香江》	关注香港新一代协会"明日领袖"自上海回港后的发展经历,在这个过程中,责任、使命和创新成为香港未来不可或缺的核心价值观。

2.逐层递进式

这种结构形式是按照事物发展或者人们认识事物的逻辑顺序来安排层次,达到循序渐进、层层深入的目的。

逐层递进式的结构方法也很常用,因为它比较符合人们认识事物的特点,即人们认识事物总是由浅入深、由现象到本质的。逐层递进式的另外一个优点就是它便于讲述故事,设置悬念,从而克服了纪录片一个常见的缺陷——平铺直叙。

例如,《我们的留学生活》这部电视纪录片同时讲述了多个主人公的经历,其中就某一个人物而言,片中是以时间为顺序来讲述他的留学生活的,而整部片子则采用了纵横交叉式的结构方法,这样就把同一时间、不同地点发生的事情紧凑地交织在一起。

3.放射式

这种结构形式是先确立一个比较明确的主题,然后将几大块相对独立的内容并列地组织在一起来说明这个主题。以这种方式结构的作品,材料的使用有很大的随意性,可以不受严格的逻辑要求限制。层次演进不再是单线条式的从开头到发展再到结尾,而是呈放射性线条,每一部分相对独立,各自沿自己的方向向外扩散,而所有的放射线又都有同一个端点,这个端点就是主题。

国外纪录片用放射性结构的比较多,其具体形式往往是由主持人或类似的人物提出一个题目,然后用不同的材料来说明或证实它,具有强烈的主观色彩。

4.漫谈式

所谓漫谈式就是创作者以自己的目光为线索,看到哪里就谈到哪里,就像人们置身于生活之中,用自己的眼睛观察生活一样真实、亲切。这种结构方式的特点是非常自然,没有人工雕琢的痕迹,是电视纪录片表现普通人的日常生活的常用方式。

在采用漫谈式结构的时候,要注意用独特的视角来观察生活,注意抓取能反映人物个性的细节,在平凡的生活中见光彩,切忌一般化材料的堆砌。

二、策划模板讲解

《XXX》纪录片策划

【模板一】

一、背景(社会、人文、历史等)

二、名称

三、目的及意义(重点)

四、故事情节

五、结构

六、长度:全片时长

七、拍摄进程安排

八、拍摄区域（对于全片涉及的拍摄区域特征要详细阐述）
　　九、内容（重点）
　　十、拍摄中可行性考虑
　　　　1. 拍摄场地、所发生的事件（包括前期踩点对可行性的考察）
　　　　2. 发生事件的可能性、把握度
　　　　3. 发生意外的可能性、把握度
　　　　4. 事件当中的意外——象征性意义
　　十一、亮点陈述（重点）
　　十二、成本预估（包括设备、人员等费用）
　　十三、人员（演职员表）

三、策划模板运用

【范例】

《追梦》纪录片策划

福建考生　郑煌勇

　　一、背景

　　唐卡是藏传佛教特有的一种绘画，是藏族文化中一种著名的表现形式。在当今这样一个现代文化繁荣发展的趋势下，唐卡这种传统文化已经逐渐不被大多数人所熟知。但是有这么一群年轻人，因为自己的信仰和梦想一直坚持着学习唐卡，传承传统文化。

　　西北民族大学唐卡专业是隔届招生。2011级唐卡专业仅有12名学生，包括10名藏族同学和2名来自东北的汉族同学，他们因为共同的信仰和梦想聚集在一起。他们对唐卡文化的那种热爱和对自己梦想的坚持，正是我们这些当代年轻人逐渐流失的一种精神，因此我们想通过该片向处于迷茫中的年轻人传递一种正能量。

　　二、名称：《追梦》

　　三、目的及意义

　　本片通过展现卓玛和她的同学们一起为心中的梦想奋斗的过程，传递励志的意义。

　　四、故事情节

　　本片主要以一个家庭环境艰苦、命运多舛的藏族姑娘为主线，拍摄她坚持追求梦想的过程，并通过她引出西北民族大学唐卡班这个同样为自己的梦想而努力的集体。唐卡是藏族文化中一种独具特色的绘画艺术形式，12名同学因为共同的梦想和特殊的专业而聚集在一起，为了各自的信仰和抱负一直坚持的故事。

　　五、结构

　　本片主要采用逐层递进式结构进行拍摄，通过主人公引入她所在的班集体，然后通过这个班集体再深入到唐卡文化。这种结构形式便于在讲述过程中设置悬念，层层深入，直达主题。

六、长度：全片 15~20 分钟

七、拍摄进程安排

前期策划	一个月左右
中期拍摄	策划完成后三个月左右
后期剪辑	素材拍摄完成后一个月左右

八、拍摄区域

1.唐卡班画室。主人公及班集体平时上课和学习主要是在专业教室，主人公日常的学习生活场景较多在画室中拍摄。

2.自习室。主人公目前在考研，有一部分的拍摄镜头会在自习室。

3.宿舍。拍摄主人公的日常生活场景，如卓玛在宿舍里的饮食起居，以及与其他室友的一些沟通和交流等。

4.画展。唐卡班会在校园里举行画展，我们会进行拍摄记录，以此来讲述这个班对唐卡的热爱。

5.青海。主人公对唐卡的热爱和执著与家庭有很大的关系，所以到卓玛家里去拍摄是片中的一个重要部分。卓玛的家庭情况，通过采访她的姐姐和妈妈挖掘出卓玛身上更多的故事；卓玛回家后较多时间会去寺庙画画，我们会到寺庙对卓玛进行跟拍；寺庙是一个很好的唐卡画背景，我们会拍摄很多镜头作为后期剪辑的素材。

6.西北民族大学榆中校区。有一些卓玛和班上同学的课余生活的镜头。

九、内容（包括拟采访任务）

第一部分　奋斗

除了以卓玛同学的艰苦奋斗这条线索贯穿全片之外，还要展现班集体的其他 11 位同学的学习经历来与之形成对比。通过镜头语言表现卓玛和她的同学学习唐卡的过程，比如拍摄同学们通宵画唐卡的镜头，以及卓玛为了学习唐卡早出晚归的镜头。在这个部分，我们运用跟踪拍摄、特写以及固定镜头，完成对细节的处理。

第二部分　坚持

这一部分是本片的一大矛盾冲突点。首先，唐卡专业是艺术专业，比起其他专业，它需要更多的金钱，然而，卓玛的家庭条件并不足以支撑她学习这个专业。面对梦想与现实的两难选择，她犹豫过，甚至想过要放弃。但是最终，她并没有被艰难的现实所打败，而选择坚持自己的梦想和信仰。这一部分我们将会通过采访，让主人公说出自己的故事，并且还可以通过对其他人的采访来交代卓玛陷入两难选择时的情绪波动。我们还会运用一些全景交代环境，特写刻画人物情绪和细节。另一方面，通过对这个小团体的跟踪采访，了解他们在学习唐卡过程中发生的小故事，表现出他们对唐卡文化的热爱与执著。

第三部分　为梦想而战

这一部分我们将采访唐卡班的 12 位同学，表现他们为追逐梦想而共同努力的过程。这里，我们将通过拍摄大家一起画画，一起出去写生，一起开画展的镜头来体现。这一部分我们较多采用小全景、固定镜头来进行拍摄。这 12 个人组成了一个温馨的大家庭，也正因为生活在这么一个温暖的家庭里,才使得卓玛大学四年来克服种种困难,内心变得足够强大。这一部分可以从两个方面入手:一方面表现他们一起为心中的梦想和信仰而努力奋斗的快乐时光;另一方面表现他们在私底下一起打闹的生活场景和课余活动。然后通过对同学和老师的采访,了解他们这四年来共同经历的点点滴滴,最后通过班上同学的作品展示来体现他们这四年的努力及最终成果。

十、拍摄可行性考虑

1. 故事主人公就读于本校的美术学院,便于随时沟通和交流。
2. 主人公身上的故事比较具有典型性,能深入挖掘的东西比较多。
3. 总体拍摄经费预算较低。
4. 前期准备充分,拍摄时间充足。
5. 拍摄场地可以充分利用。
6. 2011级唐卡班老师和同学的积极配合。

十一、亮点陈述

1. 选题新颖,具有特殊性。唐卡专业是一个比较特殊的艺术专业,隔届招生,且老师和学生都很少。
2. 现代文化和传统文化的碰撞。唐卡文化是藏族的传统文化,在现代文化的强烈的冲击下,还有这样一群年轻人在坚持学习和传承唐卡文化。面对现代社会的浮躁,他们始终坚定脚步,不放弃也不抛弃的精神值得我们当代大学生学习。
3. 音乐和灯光的使用。片中主要使用藏族音乐,营造氛围;灯光可以用于突出唐卡画面的神秘感。
4. 人物角色的典型性。主人公格登卓玛家庭环境艰苦,但仍不放弃对梦想和信仰的追求。她身上的故事比较具有典型性,从而可以引起当代大学生的共鸣。
5. 民族文化的体现。片中的民族元素有很多,如民族服饰、乐器等,达到服务主题和渲染民族气氛的效果。

十二、经费预算(包括设备、人员等费用)

交通(日常车费及青海拍摄车费)	600元
食宿(演职员)	600元
设备(话筒、防震杆、挑杆、转接线、延长线)	1000元
公关费用	500元
材料费(打印资料)	200元
其他	500元
合计	3400元

十三、人员分配(演职员表)

1. 三个人组成拍摄小组。
2. 前期策划主要由一人完成,其他两人辅助。
3. 拍摄阶段主要由一人完成,其他两人辅助。
4. 后期剪辑主要由一人完成,其他两人辅助。
5. 解说词三人一起完成。

第八节 电视专题片策划

一、相关概念梳理

(一)电视专题片的定义

专题片是运用现在时或过去时的纪实,对社会生活的某一领域或某一方面给予集中的、深入的报道,内容较为专一,形式多样,允许采用多种艺术手段表现社会生活,允许创作者直接阐明观点的纪实性影片。它是介乎新闻和电视艺术之间的一种电视文化形态,既有新闻的真实性,又具备艺术的审美性。

(二)选题方向

1. 历史性

电视专题片的功能,首先体现在"通过纪实的手段来再现生活的真实"。因此,对题材价值的判断,首先要看它记录的对象是否具有历史性。这种历史性,主要表现在对人类具有历史意义的事件与人物。往往越有历史意义的题材,它的价值就越高。例如文献专题片《小平十章》,该片用真实的故事、历史的揭秘、独特的视角、全新的叙述,生动地展现了邓小平崇高的品格和独特的人格魅力。

2. 普遍性

首先体现在与人们息息相关的社会问题上。例如土地与人口、吸毒和贩毒、青少年犯罪等,这些社会问题与人们的日常生活密切相关。其次体现在人们所特有的思维观念方面。例如专题片《沙与海》正是创作者从一个独特的视角出发,通过诠释"沙"与"海"两个本不相关的事物之间的内在联系,反映出人类面对的共同命题。

3. 可看性

在信息爆炸的时代,观众和电视艺术之间是选择性观看的关系,因此,可看性是创作者在策划选题时必须考虑的重要方面。可看性,一般体现在内容有新鲜感、人物有个性、事件本身有情节以及题材比较有人情味等几个方面。

(三)专题片分类

从风格上分,可分为纪实性专题片、写意性专题片以及写意与写实综合的电视专题片。

从内容上分,可分为城市形象专题片、企业形象专题片以及产品形象专题片等。

从文体上分,可分为新闻性专题片、纪实性专题片、科普性专题片以及广告性专题片等。

(四)专题片风格

电视专题片是介于电视新闻和电视文艺之间的一种独特的电视文化形态,具有其自身独特的文化品格和艺术价值。(1)纪实性——真实地再现生活状况和过程;(2)哲理性——蕴含一种深沉、含蓄而不外露的思想;(3)审美性——可以让创作者直抒胸臆,表达强烈的主观感情色彩。

(五)专题片构思

1. 主观视角

这是一种以创作者的视点直接观察生活和抒发情感的角度,一般多采取自述或者主观式叙述形式,具有较为明显的主观色彩。例如专题片《望长城》,该片以创作者的主观视角,直接向观众讲述创作者的拍摄过程和经历,以第一人称的表述方式向观众展示长城的宏伟壮观、悠久历史以及长城边上人们的普通生活状态,产生了巨大的社会反响。

2. 客观视角

这是一种再现社会生活原貌的视角,也是大部分电视专题片采用的视角,具有较强的客观真实性。例如专题片《沙与海》,该片创作者以旁观者的视角,以第三人称的叙述方式,客观地讲述了改革开放以后牧民和渔民生活发生的巨变,具有较强的纪实感。

3. 主客观视角的交替

这是一种主客观视角相结合的特殊角度。这类专题片往往客观性和主观性兼具,纪实性和抒情性兼而有之。例如专题片《朝阳与夕阳的对话》就是客观视角和两位主人公的主观视角相互交替,全面地反映了父女两人对理想和事业的不断追求以及他们之间的深厚感情。

(六)结构安排

1. 封闭式结构

即事件发生的环境自成一个闭合的系统,事件有开头、有结局,叙事局限于一个范围里,在这一范围里讲故事。中国早期传统的电视专题片多采用封闭式的结构方式,以不紧不慢的节奏、长短均一的镜头进行叙事。

2. 线形结构

即以时间流程为主线串联全片的叙事结构,具体可细分为:单线结构、双线结构、多线结构等。

3. 板块式结构

各个板块之间不一定构成起承转合的关系,人物、时间、地域、主题等都可以作为板块的构成元素。一般来说,板块结构比较适合大型系列专题片,如《丝绸之路》《话说长江》等。

二、策划模板讲解

《XXX》专题片策划

一、名称

二、宗旨

三、主题（重点）

主题是作品中所表现的中心思想，全部素材和表现形式围绕主题服务。

四、背景

背景又称为条件或环境，它是电视专题片的基本构成因素，也是电视专题片所反映的对象即人物的性格、命运和事件发生、发展、变化的根据和基础，包括现实的和历史的、自然的和社会的、文化的和心理的等多重因素。电视专题片背景阐述主要包括时代背景、社会背景、自然背景、文化背景等。

五、题材

拍摄方案中应把人物和事件阐述清楚。

六、结构

电视专题片的结构形态，虽无固定模式，但在具体的内容表现上仍有其内在规律可遵循。具体可以分为传统式和非传统式，或时间结构、空间结构、时空复合结构，或散文式、小说式、戏剧式、综合式等。

七、长度（全片时长）

八、拍摄区域

全片涉及的拍摄区域特征要做到详细阐述。

九、内容（重点）

此部分要写清楚专题片的类型、具体的拍摄内容以及拟采访人物及所涉及的具体问题，如果涉及情景再现也要阐释清楚。

十、可行性分析

  1.拍摄场地、所发生的事件（包括前期踩点对可行性的考察）。

  2.发生事件的可能性、把握度。

  3.发生意外的可能性、把握度。

  4.事件当中的意外——象征性意义。

十一、亮点陈述（重点）

十二、人员（演职员表）

三、策划模板运用

【范例】

《梦想照进现实》专题片策划
江西考生　程霖

一、名称：《梦想照进现实》

二、宗旨

梦想拼现实，传递正能量。本片以艺术高考生和关注教育问题的家长为主要受众对象，并附以社会中关注教育的普通人为基本目标人群；反映高考改革大形势下，艺考生独特而又艰辛的学习之路，表现艺考生为了梦想而拼搏的正能量主题。

三、主题

真实展现艺考生在高中有限的学习时间肩负双重学习任务的辛苦，以及艺考生如何用梦想来走艺考这条荆棘之路，反映艺考的残酷竞争和给考生带来的希望。

四、背景

艺术高考是我国高考的一种考试方式，一般在统一高考时间前的半年内进行。艺考前艺考生需要学习相关专业的知识和技能。一方面，对于广大对艺术专业有梦想的学生来说，艺术高考给他们提供了提前进行专业学习和进入高等艺术学府的机会。另一方面，艺考竞争越来越残酷，艺考生的艺考之路也变得越来越艰辛。

五、题材

本片是以艺术高考这一社会热点现象为背景的纪录式专题片。本片将选择一位艺考生作为主人公，围绕他的求学故事，结合对其高中班主任、艺考培训机构以及艺术院校老师的采访来展示主题。

六、结构：时空复合结构

七、全片时长：15～20分钟

八、拍摄区域

1. 主人公的教室。

2. 主人公的学校。

3. 高中班主任的办公室。

4. 主人公的家。

5. 主人公学习专业的机构（或场所）。

6. 艺考培训机构。

7. 艺术类高校。

九、内容

1. 艺考与高考的双重压力

围绕艺高与高考的双重压力展开话题，重点揭示主人公自身选择的必然性和其他学生对艺考生的一些看法。

对主人公的采访：

(1)为什么要选择艺术专业，而不走普通的高考之路呢？

(2)在学习了艺术专业之后，文化课成绩是上升还是下降了，具体感受在哪里？

(3)平时是如何平衡艺术专业和文化课学习的？

(4)有些人会说艺术生就是走高考的捷径，你怎么看？

(5)在学习了艺术专业之后觉得更累了还是对于艺考或者高考变得更有激情和信心？

(6)你是否因为艺考可以减分上大学而选择艺考？

对同学的采访：

(1)你们怎么看待艺考生？

(2)你们觉得艺考生压力大还是普通文化生压力大？

2.艺考培训机构现象

艺考生在进行艺考之前都要进行艺术专业学习。艺考培训机构实力良莠不齐。围绕如何选择培训机构展开采访。

对主人公的采访：

(1)你是在培训机构学习还是跟私人老师学习？为什么会这么选择？

(2)你周围的艺考生大多都是如何选择的？为什么？

对培训机构老师的采访：

(1)每年在机构学习的学生多吗？数量大概是多少？

(2)机构的教学质量如何？大多数学生最后的艺考成绩理想吗？

(3)机构的师资力量如何？

(4)机构对学生的收费是如何计算的？（可提前对该机构做适当的调查了解）

对艺术大学老师的采访：

(1)老师在艺考时，是否喜欢在培训机构接受过培训的学生？

(2)在培训机构接受过培训的学生，他们在大学的表现如何？

3.艺考的残酷竞争

(1)用数据柱状图展示历年各大高校的艺考报名人数、艺考通过人数及最终录取人数，用数据波状图展示历年各大高校艺考报名人数的增幅，以此展示艺考的残酷竞争。

(2)引用其他新闻资料，展示艺考现场的人山人海和学生考试奔波的辛苦以及揭榜时落榜的失落。

(3)采访艺术类大学生，展示艺考圆梦的他们在大学学习的朝气。

(4)采访主人公是否畏惧这种残酷的竞争以及信心如何。

十、可行性分析

1.拍摄场地：对高中、培训机构和大学进行提前踩点，尽量选择同一个城市进行拍摄。

2.可能发生事件的把握度：高中和大学老师沟通较简单；培训机构可能不配合沟通，

提前联系几家培训机构做备选。

3.事件当中的意义：将艺术类大学生最后富有朝气的学习状态和艺考生面临的双重学习压力进行对比，鼓励考生努力将梦想照进现实。

十一、亮点陈述

本片聚集艺考生的学习生活，将在艺考背景下的人物命运感体现出来，表现出残酷的现实和美好梦想之间的距离，传递将梦想照进现实的正能量。

十二、演职人员

摄影师3名，导演1名，编导2名，剧务1名。

第五章 广告创意写作

框架梳理

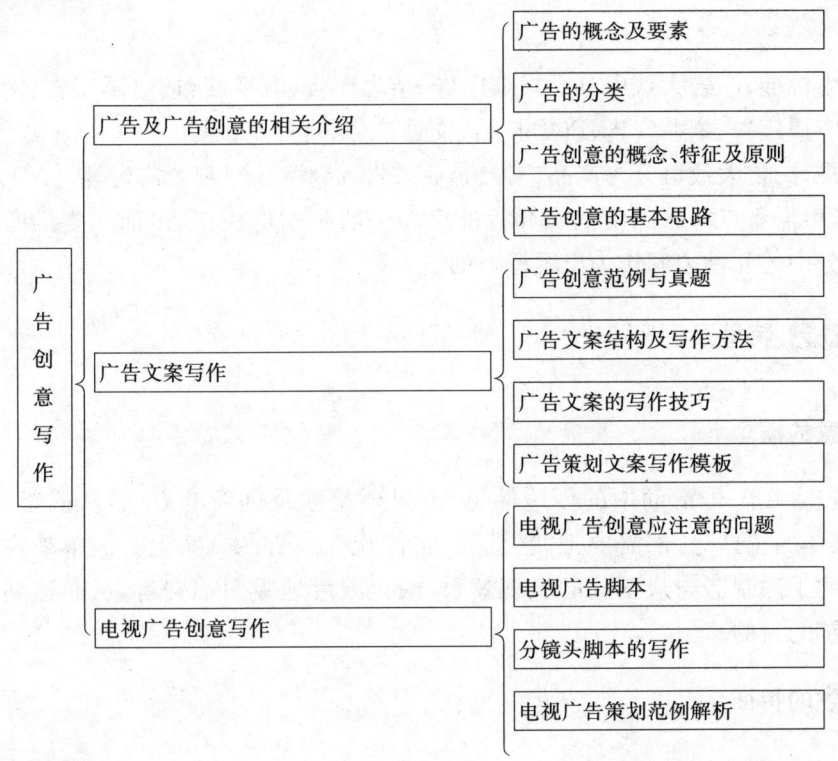

本章提要

掌握广告的概念及分类,了解广告创意的基本原则、思路及广告方案的写作方法。

第一节 广告及广告创意的相关介绍

法国广告评论家罗伯特·格伦曾说:"我们呼吸的空气是由氮气、氧气和广告组成的。"这是广告在人们日常生活中所扮演角色的生动写照。而广告的概念和范畴则是分析和制作广告所必不可少的基础知识。

一、广告的概念及要素

广告,即广而告知之意。广告是出于某种特定的需要,通过一定形式的媒体,公开而广泛地向公众传递信息的宣传手段。广告有广义和狭义之分。狭义的广告指商业广告,又称营利性广告。这一类广告都是为经济利益服务,传播的都是有关促进销售的经济信息。广义的广告泛指所有广告。

广告构成的要素,主要包括广告的制作者、经营者和传播者,通过广告来传达的内容,广告的传播载体,广告信息所要到达的目标受众以及广告活动中所要付出的费用等。

二、广告的分类

以传播媒介为标准,广告大致可分为报纸广告、杂志广告、电视广告、电影广告、网络广告、包装广告、广播广告、招贴广告、POP广告、交通广告、直邮广告等。

以目的为标准,广告大致可分为产品广告、企业广告、品牌广告、观念广告等。

在艺考中,考生需重点掌握的传播媒介标准广告一般是指电视广告,而广告的考题一般是按目的划分中的几种内容作为出题标准的。

三、广告创意的概念、特征及原则

(一)广告创意的概念

广告创意是包含在广告活动中的创造性思维,只要是涉及创新的方面,从战略、形象,到战术以及媒体的选择等,都需要把"创意"二字体现在广告的方案上。简单来说就是通过大胆新奇的手法制造与众不同的表现效果,最大限度地吸引消费者,从而达到品牌传播与产品营销的目的。

(二)广告创意的特征

1. 广告创意要以广告主题为核心

广告主题是广告定位的重要构成部分,即"广告什么"。广告主题是广告策划活动的中心,每一阶段的广告工作都要紧密围绕广告主题而展开,不能随意偏离或转移广告主题。

2. 广告创意要以广告目标对象为基准

广告目标对象指广告的诉求对象,是广告活动中所有的目标公众,这是广告定位中"向谁广告"的问题。广告创意除了以广告主题为核心之外,还必须以广告对象为基准。"射箭瞄靶子"、"弹琴看听众",广告创意要针对广告对象,要以广告对象进行广告主题表现和策略准备,否则难以达到良好的广告效果。

3. 广告创意要以新颖独特为生命

广告创意的新颖独特是指广告创意避免人云亦云、步人后尘,给人雷同与平庸之感。唯有在创意上新颖独特才会在众多的广告中一枝独秀、鹤立鸡群,从而产生感召力和影响力。

4. 广告创意要以情趣生动为手段

广告创意要想将消费者带入一个印象深刻、浮想联翩、妙趣横生、难以忘怀的境界中去,就要采用情趣生动等表现手段,立足现实、体现现实,从而引发消费者共鸣。但同时,广告创意的艺术处理也必须严格限制在不损害真实的范围之内。

5. 广告创意是原创性、相关性和震撼性的综合体

所谓原创性是指创意的不可替代性,它是旧有元素的重新组合。而相关性是指广告产品与广告创意的内在联系,是既在意料之外又在情理之中。因此,广告创意必须巧妙地把原创性、相关性和震撼性融为一体,只有这样才能形成具有深刻感染力的广告作品。

6. 广告创意要以形象化为表现

广告创意要基于事实,集中凝练出主题思想与广告语,并从表象、意念和联想中获取创作素材,要将形象化的妙语、诗歌、音乐和富有感染力的图画、摄影融会贯通,只有这样才能创作出一部相对完善的广告作品。

(三)广告创意的原则

1. 目标原则

广告创意必须与广告目标和营销目标相吻合,就是说要实现广告主的实际收益或是带来实际的广告效果。因此,广告创意必须围绕广告目标进行创意,服务于广告宣传。

2. 关注原则

广告要达到目标,首先要吸引受众的注意力,使受众关注广告内容,从而在其心中留下深刻的印象,发挥广告的作用。

3. 简洁原则

杰出的广告创意是使广告信息单纯化、清晰化,能让广告在消费者脑海中留下难以磨灭的记忆。

4. 情感原则

广告采用感性的表现方式,以人们的喜怒哀乐以及人生情感等为基础,使受众产生心灵上的共鸣。情感是人类永远不老的话题,通过情感因素进行的广告内容的创意,往往可以产生非同一般的广告效果。如果仔细观察就会发现,现在的大多数广告是以亲情、友情、爱情为主的,因为其总能触动受众心理,从而引起共鸣。

四、广告创意的基本思路

以下介绍一些广告创意的基本思路,可帮助考生掌握广告创意的方法,拓宽思维。

(一)更换

1.替代主体

例如更换地点、时间、程序、人物、主意等。如索尼随身听的广告,拍摄耳机线勾勒的人物投篮形象,表达了"新的索尼随身听,能在运动时不停止工作"的广告主题,突出其良好的性能。

2.更换产品成分、材料、作用、关系、主题、包装等

用具体的事物来代替广告产品的成分,显示成分所能产生的效果和影响,这就是产品的功能诉求。如加利福尼亚海岸清洁广告:海岸边的螃蟹背上了巨大的包袱代替蟹甲,揭示白色污染的危害,警示人们不要使用不可分解包装,不要随地乱丢垃圾,生动地揭示了主题。

3.变换不同的视角

此方法主要用于针对性强、有特定目标群体的产品。

(二)改编

改编即对原本已存在的事物、形象进行局部修改,使之形成崭新的视觉形象。改编后的作品,要能够让人们辨认出它的原型。通常是把所要宣传的产品或者品牌,附加或者嵌入原有的图像中,借助原有图像所表达和传递的为人们所熟知的信息,构成所宣传产品或者品牌的属性,营造一个消费者已经熟悉的画面氛围,将该作品与原先的事物和作品进行关联,达到更好的广告效果。

(三)放大或增加

放大的手法,可以引发人们的关注,能让人们觉得广告所要表现的事物安全、方便、舒适、自在。增加的手法经常用于多功能设备、器械或者生活用品等的产品广告。增加使得画面内容丰富,构成若干个视觉中心。但要避免画面表现过于繁杂,反而无法突出主体,最终无法给人留下深刻的印象。"新盖中盖"钙片的电视广告就是典型的例子,将补钙与老年人上楼梯联系在一起,给人留下了深刻印象。

(四)减法与省略

减法与省略可以从以下几种思路出发:

1.把对象变小,或减除其中的一部分,使得画面简洁流畅。
2.将主体进行拆分,表现一种"支离破碎"的美。
3.使画面结构简单化或更紧凑。

采用减法与省略的方式,是通过构成受众视觉上的不和谐与缺陷,进而引起受众的关注。但要注意,减法和省略不应妨碍人们接收正确的信息传递。减法大师苹果公司的每一个作品都让人为之一振。在它的每个广告中都没有任何的大创意,一个产品呈现,

一个功能亮点,一种生活情绪,一个电子音效,把创意的对象变小,看似不完整,但却让经典之处浓缩于一点之上,这样就足以说明苹果公司要传达的主题了。

(五)搞笑幽默

幽默的运用往往能让人在忍俊不禁中记住品牌或产品。运用幽默时要将其与广告产品相联系,用来增添产品的趣味。另外,所运用的幽默也应当是受众能够理解的,否则同样达不到宣传效果。例如淘宝网的双十一广告就是一个在趣味中达到表现效果的案例。小孩子在念"节日",爷爷在旁边插了一句"双十一"。利用老年人特殊的年龄、身份以及和时尚文化、教育孩子形成的反差,让人们在莞尔一笑中感受到了"双十一"对生活的影响。

(六)意料之外

以不存在的人或事为素材展开想象,编织故事化情节,往往具有出人意料的神奇功效。例如一则汽车广告,70岁的好莱坞明星詹姆斯·迪恩悠然自得地坐在豪华跑车内,微眯的眼神依稀可见当年那副桀骜不驯的神情。这一切看起来似乎很美,其实,这位明星早已经不在人世。广告告诉我们,如果当年他的座驾用的是DUNLOP(广告宣传产品)牌轮胎的话,那么那场致命的车祸就不会成为我们的伤心回忆了。

(七)功能示范

可以通过强调产品的新用途、特性,或提倡一种新观念来进行创意表现。如轿车的广告一般都是在用途上做文章,将汽车驰骋的过程作为呈现对象,提倡安全、快速、平稳的理念。

(八)颠倒

它是指将人们习以为常的东西翻转过来看,并且加以表现,从而揭示出主题。颠倒可以打破人们的惯性思维,引发人们的关注和思考。颠倒一般可以从以下几个方面进行创意:如将肯定的改否定,否定的改肯定;将对象上下、左右颠倒;将关系、目标、功能、规则等颠倒;把所要达到的结果视觉化,然后回放镜头到产品,即可以采用倒叙的手法表现广告产品;进行角色互调等。

(九)悬念

悬念的设置,可使受众对产品产生极大的好奇心,引起受众注意,进一步给受众留下深刻印象。悬念的设置应当是与产品有联系的,否则,不知所云的广告也极易引起受众的反感。

五、广告创意范例与真题

广告创意的基本思路是形成广告的基础。下面我们给出几道真题,帮助考生明晰广告创意的思路。

【真题一】2011年四川传媒学院考题：以"水"为主题设计一则广告。

【参考思路】全屏的蓝色，配音是一个人的呼吸声，每次一吸，全屏蓝色就像缩水一样往里靠，隐藏在蓝色之下的垃圾全部显露出来，一呼又被隐藏起来了。

广告语：别让我们的饮用水有垃圾当"辅料"。

【真题二】2012年四川传媒学院考题：为胶水设计一则广告。

【参考思路】一个乳白色的小人和一个白色小人紧紧地拥抱在一起，镜头慢拉后，有很多小人在紧紧拥抱，快拉镜头之后发现是两张纸黏在一起，有个男人正在奋力想撕开它们。

广告语：爱得那么用力，怎能分开，XX牌胶水。

【真题三】四川省编导类联考广告创意考题：(公益广告)请勿酒后驾车。

【参考思路】白天，一个男人沿着一条笔直的公路开车出画面。黑夜，男人从酒吧摇摇晃晃地出来开车回家，那条笔直的公路在他眼里成了弯曲的小道。画面变黑，一秒后出现一只拳头，拳头上面画着一辆汽车，正用力地打向另一个男人的脸，这个男人脸上也印有一辆汽车。

广告语：你真的以为酒驾和暴力一样吗？

【真题四】成都理工大学2013年广播电视编导专业招生考试题目：广告创意(二选一)。

(1)以"蓝丝带"为主题，做一则公益广告。

【参考思路】画面充斥着一条蓝丝带在随风舞动，镜头开始和蓝丝带呈垂直状态，蓝丝带变成了汪洋大海，还有海浪拍打岩石的声音，一个快推又使蓝色充满画面，快拉后蓝丝带成为了一个圆形，不停拉远，看见它正在旋转，能辨认出是地球的样貌。

广告语：保护我们的蓝色。

(2)为钻戒做一则广告。

【参考思路】开始画面上出现一对恋人拥抱在一起，镜头推到女生手上的钻戒，钻戒是大特写；接着推镜头往戒指里面走，钻戒里面五光十色，全是他和她的幸福时刻；画面闪白，镜头快推出去显示婚礼现场，那对男女正在交换戒指，他们笑得很甜。

广告语：他们眼中的羡慕，我们手中的幸福。唯我，爱我，XX牌钻戒。

第二节　广告文案写作

通常将广告中的语言文字部分称为广告文案，这是广告信息最重要的载体。广告文案的写作是一种有目的的写作，即它是一种以说服和劝诱目标受众使其产生某种行为的写作过程。

一、广告文案结构及写作方法

广告文案通常包括标题、正文、附文(随文)、口号等部分。

(一)标题

广告标题是广告作品的题目,具有提纲挈领的作用,将广告中最具有价值的信息传达给受众。好的广告标题能够吸引受众注意,并诱导其进一步关注广告正文及其他内容。将广告作品的核心信息和利益诉求点蕴含在标题中,可以在广大受众中分离出产品的目标受众,从而促进销售。

广告标题要起统领全文的作用,要根据正文所反映的产品定位来构思,既高度概括广告内容,又吸引受众的注意力。

标题有直接标题和间接标题、单行标题和复合标题之分。直接标题开门见山,直接体现广告的中心思想;间接标题采用含蓄隐喻的手法间接表现主题。单行标题只有一行标题,形式简单,简明扼要;复合标题可细分为引题、正题、副题。引题用于交代背景,引出正题。

(二)正文

正文是广告文案的主要部分,对标题揭示的内容作具体介绍,说明商品的基本特性,对视听受众特别是目标消费者展开细部诉求。

正文部分要有劝服性、销售性和艺术性。正文部分写作要采用一定的技巧,要对标题中提出或承诺的商品利益点给予解释和证实,对广告企业、商品、服务、观念等的特点、功能等进行详细说明和介绍,以此来强化受众对商品和品牌名称的认知程度。

(三)随文

随文,又称附文,是广告中传达购买商品或接受服务的方法等基本信息,促进或者方便诉求对象采取行动的语言或文字。随文主要由商标、商品名、公司名称、厂址、电话、价格、广告设计单位等内容构成。在文案写作中,这些要素不一定要全部涉及,应根据宣传目标和主题有所选择和侧重。

(四)口号

广告口号也被称为广告语,是反映商品或企业特征的一种相对固定的、带有强烈鼓动性的简短语句。口号应该是简短的,要易读易记,具有较强的口语化特点,方便受众记忆和口口相传,达到推广产品的目的。

广告口号多包含品牌、企业名称等,通过塑造品牌或企业形象来追求长期的促销效果。广告口号传达的是一种明确的、与企业相一致的观念性的信息,可以在较长一段时间内反复使用,加强受众或消费者对品牌、企业、观念、商品和服务的一贯印象。

二、广告文案的写作技巧

在广告文案的写作过程中,要以真实性为首要原则,依据广告目的,结合受众的心理特征,创造具有针对性且原创的广告文案,使广告作品达到有效传播。

(一)明确定位

要认真分析广告的战略意图和广告目的,根据广告表现主题、广告诉求对象以及所选择的媒介等进行写作。

(二)收集资料

明确广告的定位之后,要广泛地收集信息,寻找合适的切入点。获取材料一般有以下两种方式:一是有意识地收集;二是无意识地积累。前者是临时性的活动,专门针对某一次文案写作,围绕广告的目标消费者、诉求重点、支持点等方面进行资料收集。

(三)构思创意

这一阶段是对所收集的资料进行消化、吸收并形成想法的过程。构思是创意为广告文案形成一个框架,确定其要表现的内容和方式。这个框架包括怎样开头,怎样引出产品,怎样刺激消费者的购买欲望,促进销售等。

(四)撰写及修改

将通过定位收集的资料以及由此形成的创意,通过文字进行表达,将想法切实落到文案上。广告文案初步完成后,要对其进行修改,以保证更好地实现广告的销售目的。

三、广告策划文案写作模板

对于广告的文案写作,上述我们已经做了介绍,在文字表述上一般只包括标题、正文、附文(随文)、口号等部分,但对于具体的广告策划文案而言,如果仅写这几部分,则未达到策划构思的全局统筹的目的。而实际投入市场的策划文案则包括以下四大部分:市场分析、广告策略、广告计划和广告活动的效果预测与监控。每一部分又细分为若干小部分,因此这是一个非常繁杂的写作过程。对于考试而言,学生在主观上并没有广告实践经验,因此不可能完全按照市场要求完成庞杂的写作步骤。客观来讲,考试时间和字数要求也不允许考生进行过于复杂的写作。因此根据各院校该科目的测试要求,老师最想看到的无疑是在考虑了一定的市场和受众的前提下,创意内容的好坏。我们根据近些年的常考类型以及考题要求,给出了下列广告策划文案的写作模板,供大家参考。

【模板一】

××商业广告

一、产品概述

1. 名称

2. 产品(或服务等)特质描述

二、广告的目标与诉求对象

三、广告创意描述(正文)

四、广告口号

五、亮点陈述

六、广告效果预测

【模板二】

××公益广告

一、主题描述

二、广告的目标与诉求对象

三、广告创意描述(正文)

四、广告口号

五、亮点陈述

六、广告效果预测

【范例一】

《可口可乐》广告策划

江西考生　宗天

一、产品概述

1. 产品名称：可口可乐各类口味汽水

2. 产品(或服务等)特质描述：清爽、汽足，快乐的、时尚的、沉稳的、富有活力的

二、广告概述

1. 广告名称：《维纳斯的"春天"》

2. 广告语："火样热情，自由舞动"

三、广告目标与诉求对象

1. 广告目标

通过广告展现可口可乐积极的生活态度，重新定位新一年的产品理念，倡导"火样热情，自由舞动"的生活观念并将其植入消费者的心中，真正打动消费者并促使其消费。

2. 诉求对象

可口可乐饮料产品属于清凉型，适销空间很大；更属于兴奋型，适用于各个年龄、职

业群体及社会生活的各种场合。因此，针对其碳酸类饮料的特质，这类饮料的宣传对象应以思想前卫、追求时尚的年轻群体为主，诉求对象为18~25岁的青年学生或上班族，以男生为主，尤其是热爱运动的人群。

四、广告创意描述

1. 广告内容

背景是一间美术教室，学生正对着一尊完美的维纳斯雕塑（拥有双臂），老师因事走出了教室。一学生拿出了可口可乐，"嘭——"强烈的气流喷出的声音，吸引了大家的注意力。"咕嘟咕嘟"的声音让大家都舔起了嘴唇。学生注意到了大家的表情，突然，他从抽屉里拿出了无数的可口可乐，大家欢呼起来。伴随着音乐，大家拿着可口可乐舞动起来。这时，那尊维纳斯雕像的手中也拿了两听可口可乐，两个男生为了争抢可乐而将维纳斯的双臂折断。大家都停止了舞动，目瞪口呆地看着断臂的维纳斯，一时不知所措。这时，门外传来了老师走路的声音。老师推门进来，看见大家都安静地在画画，只是维纳斯被蒙上了白布。老师好奇地走向被蒙起来的维纳斯，大家都变得紧张起来。老师即将揭开白布，大家屏住呼吸。忽然，老师大叫了一声，大家都捂住了眼睛。可是，老师没有问是怎么回事，而是传来了"咕嘟咕嘟"的声音，大家都慢慢地移开双手，原来老师拿起放在断臂处的可口可乐喝了起来。老师和大家一起舞动起来。最后，出现字幕：火样热情，自由舞动。

2. 广告亮点陈述

（1）产品理念的升级。与往年的可口可乐广告不同的是，该广告不再诉求可口可乐本身产品品牌的信息，而是注重传递一种"火样热情，自由舞动"的可持续发展的新的生活理念——一种将产品带给消费者的味觉享受提升至对生活的享受理念。广告通过热情、舞动等元素的展现，将可口可乐充满活力和青春的理念传递给了广大受众。

（2）广告创意的突破。该广告打破了传统广告的创意思维模式，让"维纳斯"活了起来进入到一个普通的学校场景中，通过不同场景的转换，将产品也代入了不同的场景设定中，从而使产品丰富了不同人群的生活，也使产品不同属性的特质得到全面的展示。

（3）电视技巧的运用。该广告突破了受众的惯常思维，将简单的生活化场景与特效技术进行了很好的结合，如"维纳斯喝可口可乐"、"维纳斯与老师和同学们起舞"等等。除此之外，该广告通过剪辑技术讲述了一个简单的生活场景，使受众能在短短的几十秒广告中看懂广告传递的产品信息，避免了单纯的画面叠加式广告给受众造成的不理解，从而使得广告的辨识度更高，受众对产品的印象更持久。

五、广告的效果预测

该广告是可口可乐公司推出的理念性质的商业广告，除了希望能获得更多的消费者，更主要还是希望将新一年推出的产品理念植入消费者心中，使整个企业的品牌口碑上升到一定的高度。通过独一无二的广告创意，使产品信息更加深入人心，不仅可以为产品带去获得性消费者，更能让此产品的忠实消费者一如既往地支持本产品。

【范例二】

《节约用水,尊重生命》广告策划文案
山东考生　张晴晴

一、主题描述

我国人均淡水仅为世界人均水平的四分之一,属于缺水国家。全国已有300多个城市缺水,已有29%的人正在饮用不良水,其中已有7000万人正在饮用高氟水。每年因缺水而造成的经济损失达100多亿元,因水污染而造成的经济损失更高达400多亿元。

1. 引起全社会对水问题和水危机的关注。
2. 提高公众对水与健康、水与环境及水与经济可持续发展的认识。
3. 倡导人们科学用水,保护水资源,防止水污染。

二、广告的目标对象与诉求对象

1. 广大公众。
2. 污染水资源的厂商、企业。
3. 对于水资源改善具有影响力的政府部门。

三、广告创意描述

年久失修的水管滴答滴答地漏着水(镜头由远到近,声音为滴答声),离水管不远处有一人正用水龙头的水清洗着蔬菜,准备午餐,洗完后扬长而去忘记了关水龙头(镜头特写是自来水击打在人手上的动作还有水哗哗的背景声音)。水沿着下水道排入了一条已经严重污染的河道(把水流入下水道和排出到河道的镜头剪辑在一起),河面上吹起了一股夹杂着脏东西的小龙卷风(镜头从河面往上推到天空,风声)。天空中依然还是一阵龙卷风,龙卷风的下面是一望无垠的荒漠(镜头从上往下推,更加猛烈的风声)。屏幕打出:为了你的明天,请节约用水(有旁白)。已经维修好的水管,一只手正把水龙头紧紧地拧上(近景),顺手把水龙头边上刚刚收集的淘米水拿去浇花(镜头由浇水的根部向上特写美丽的花朵)。花朵由实变虚到远方青山相傍的湖泊(鸟鸣声由强到弱,屏幕慢慢变黑)。

四、广告口号

从身边做起,从一点一滴做起。

五、亮点陈述

1. 广告用日常生活中最习以为常的细节来表现,容易引起观众的共鸣,并能够让受众很好地反思个人行为。
2. 将水量短缺、水质恶化、水体功能的降低和丧失、草场退化、大漠荒化、湖泊退缩、水资源减少、干旱等很巧妙地与浪费水联系起来,避免了生硬的说教,观众可以自己解读利害关系。

六、广告的效果预测

本广告播出后,更多的人开始意识到水的珍贵以及节约用水的重要性。

第三节 电视广告创意写作

一、电视广告创意应注意的问题

(一)电视广告的创意点

在电视广告的设计中,创意是第一位的,没有巧妙的创意,就不会成就好的电视广告片。而优秀的创意来源于设计者对产品内容的充分理解和深刻感受,来源于对生活的丰富积累和细心观察,来源于自身的阅历和修养。在创意构思时,设计者可以根据企业提供的产品资料进行联想,但必须把握产品的主题轴心,将设计意图浓缩到最有典型意义的一点。如"白加黑"电视广告,一方面,用黑白对比色调造成与其他同类广告的显著区别;另一方面,"白天吃白片,不瞌睡;晚上吃黑片,睡得香"的诉求语言,正中消费者下怀,为他们解决了疾病与工作的矛盾,寓意着"白加黑"凝聚了"盖天力"的拳拳爱心。而这些抓住心理需求的广告语正是广告的创意所在。

(二)电视广告的色调、音乐和气氛

色调和光线是营造气氛的主要因素。不同色调的组构可以调动人们的情感起伏,使其在不知不觉中接受广告诉求。如"南方黑芝麻糊"的电视广告,将南方小镇所特有的夕阳西下、麻石陋巷、扁担油灯等黄昏色彩,运动地组构到暗黄主色调中,营造了岁月悠悠、拙朴宁静的美感氛围。色调运动看似平淡却立意悠长,传达出诉求以外的丰富内涵,将人们带入封存在记忆中的美好童年,心中涌起化不开的情结。这以美动人、以情感人的诉求语言和精心营造的氛围,使人们在认知广告的同时获得了巨大的审美享受。

(三)电视广告的寓意

想象是艺术创造的特征,它存在于艺术形象的创作之中,同样也存在于艺术形象的欣赏之中。没有想象就没有创作,不能引起想象的作品也满足不了观众在审美过程中的想象和联想要求。激发想象和联想最有效的手法就是寓意于景。这种手法能克服一览无余、索然无味的呆板形象设计,从而达到"言有尽而意无穷"的艺术境界。广告设计创作中的寓意形式是多种多样的,如比喻、隐喻、类比、暗示、象征等等。比如,人们天天要用的"水"的电视广告,并不意味着在画面上一定要有饮水、用水的镜头,可以将对水的需求强调在使用后的感受力上,如用缺水干渴、茫茫沙漠的人群做背景,以其更深一层的含义诱导观众的联想活动,从而达到预期的效果。

二、电视广告脚本

(一)电视广告脚本的概念

电视广告脚本,即电视广告文案,是电视广告拍摄的基础和前提。电视广告脚本是电视广告创意的文字表达,是体现广告主题、塑造广告形象、传播信息内容的语言文字说明。

(二)电视广告脚本的特性

1. 体现视听综合性

电视广告脚本在进行创作时,要有画面感,用语言和文字的形式来体现出电视媒体形象逼真、如闻其声、如见其形的特点;要有动态描述的意识和感觉,为拍摄提供依据。

2. 注重时间性

电视广告的时间有限,在有限的时间里抓住受众的注意力,就要求文案写作人员通过创意的设计和规划,把最重要的信息表现出来。这要求文案的写作要有概括性和简明性,言简意赅,突出特色。

3. 突出广告主题

广告主题是广告的中心。在电视广告文案的创作中,所选择的人物、使用的语言、设置的情节、运用的背景等都要体现广告主题;同时也要考虑受众的接受心理,让受众更好地接受广告信息。

(三)电视广告脚本的写作技巧

1. 口头语言和字幕的使用

用口头语言表现的广告文案部分,要用生活化、感性的语言,体现口头语言流畅和日常的特征;而用字幕形式表现的广告文案部分,要符合画面构图的美学原则,体现出简洁、均衡、对仗、工整的特征。

2. 注重文案语言的画面特性

电视广告以镜头语言即画面说话。一般来说,产品外在的形态、直观的表现要用画面来表达,而将那些感性的、象征性的、产品的附加成分留给广告文案来表现。

3. 多运用感性诉求方式

用感性的诉求方式,如消费者证言、名人广告、生活情景、广告歌曲等,唤起受众情感上的共鸣,引发消费行为并产生相应的观念改变。

【温馨小贴士】

在电视广告创意写作中,有的学校只是为了考查学生的创意思路,因此考试时如果院校要求可以不作出分镜头展示或是只需要简单文本内容阐述即可的话,那么电视广告创意写作仅以脚本的形式出现就可以了,大体写作模板参考上一节中的策划文案写作方式。如果考试要求中未作说明,则最好以后面我们介绍的分镜头脚本形式出现,这样不但可以体现文本内容,还可以展示你的具体视听思路,让写作全面、具体、到位。

三、分镜头脚本的写作

(一)分镜头脚本的概念

广告的脚本是以影视剧剧本的形式将电视广告的场景安排、情节发展、人物设计、动作语言等尽数交代清楚,按照时间顺序写成的一种脚本形式。而分镜头脚本是在故事脚本的基础上,运用蒙太奇思维和技巧进行的再创作。分镜头脚本是导演将广告内容按拍摄要求进行镜头切分的文字说明。

(二)分镜头脚本的写作内容

分镜头脚本主要包括:镜头序号(镜号)、镜头运动、景别、镜头时间、画面内容、台词或旁白、音乐、备注等。

1. 镜号:镜头画面的顺序号(编辑顺序号)。
2. 镜头运动:固定镜头(仰、俯)、运动镜头(推、拉、摇、移、跟)。
3. 景别:远景、全景、中景、近景、特写等。
4. 镜头时间(时间):镜头的拍摄长度、镜头画面的时间。

镜头画面时间的确定可依据以下内容作出判断:

(1)景别:远景(10s)、全景(8s)、中景(6s)、近景(4s)、特写(2s)。当然,根据镜头画面的繁简程度可适当增减。

(2)主体的运动变化规律(动、静、快、慢)。

(3)对应镜头解说词的长度。

(4)镜头的运动变化(摄法)。

5. 画面内容:每一组镜头的画面内容设计要根据场景、广告内容以及视觉心理需要进行构思。

6. 解说词(台词或旁白):解说词可以起到补充、说明、提示的作用,也可以概括和深化主题,并且能够体现整体的广告风格。解说词要做到声画同步、声画并重,但注意画面长度要与解说词的长度相配,不能因为与画面同步而把解说词弄得支离破碎。

7. 同期声:在拍摄的同时进行录音,这样的音效比较真实,更有现场感。

8. 音乐:音乐可以起到渲染情绪、烘托气氛、强调节奏以及分割段落的作用。

9. 备注:可用于填写拍摄地点、要求、场记等。

进行分镜头脚本的创作,首先要对电视媒体的特点有充分的了解,保证广告在电视媒体上投放后有良好的传播效果。其次,分镜头脚本要有镜头感、运动感、层次感,要细致、完整,这样才可以保证拍摄的顺利进行。当然最重要的是,分镜头脚本的创作要通过创意来吸引受众的注意力和兴趣,从而实现广告目的。

(三)电视广告分镜头脚本的写作格式

根据广告的基本特征和近些年考题的基本要求,我们给出了电视广告分镜头脚本的写作格式和呈现方式,供考生参考借鉴(见表5.1)。

表 5.1 电视广告分镜头脚本的写作格式

镜号	时长	景别	拍摄技法	画面内容	音效	备注
镜头的次序	指一个镜头到下一个镜头的时间长度	具体景别以及景别变化	指运动镜头、光学镜头等技法	具体画面内容呈现,包括人物语言、字幕等信息	导演安排的音乐、音响效果	特殊要求,如特技转场效果、化装或道具上的要求

【温馨小贴士】

在艺考中,有部分院校是以口头表述电视广告分镜头为考查形式的,因时间有限,考生可适当地减少镜头数量以及镜头持续的时间,一般以十个镜头左右为佳。

(四)电视广告策划的模板

电视广告策划模板跟广告文案策划模板基本一致,只是应注意在正文写作中,根据考题要求,很多学校希望看到考生的画面感和分镜头能力的展示,因此一般要求考生在正文中写出电视广告的分镜头脚本,具体可参考表5.1。下面列出具体电视广告策划的写作模板和案例,供大家参考借鉴。

【模板】

标题

一、产品或主题概述

  1.名称

  2.产品或主题特质描述

二、广告的目标与诉求对象

三、电视广告的分镜头脚本展示(正文)

四、广告口号

五、亮点陈述

六、广告的效果预测

四、电视广告策划范例解析

【范例】设计一条 xx 快递公司的电视广告。要求：以分镜头方法写作，要把景别、拍摄技法、内容、声音元素等表现出来，不少于 500 字。

快递生活，快递爱

——"xx 快递公司"电视广告策划

江西考生　周晓晗

一、主题概述

本广告主体为快递公司，因此从内容中反映出的理念为该公司服务功能的强大和服务速度的快捷，广告的重点则需要用视听手段完成对该主题的展现。

二、广告的目标与诉求对象

本广告在电视媒体上呈现，体现视听上的夸张以及时空表现效果，让观众信服快递公司所传达的理念。主要受众诉求为青年群体，他们是快递服务的集中人群，同时为了迎合年轻人的特点，在内容上也采取了"吻"的传递手段予以表现。

三、电视广告的分镜头展示

镜号	时长	景别	拍摄技法	画面内容	音效	备注
1	3s	全	固定镜头	一个身穿 xx 快递制服的男工作人员走向客户家，按门铃。	门铃声	快递标志呈现出鲜亮的红色（淡入淡出）
2	2s	特	固定镜头	门被缓缓打开。	音乐起	
3	2s	近	摇镜头（从左至右）	露出一个女人的背影，xx 快递的工作人员热情地向她介绍快递的相关事项。	对话同期声	
4	2s	特	固定镜头	镜头上出现一张漂亮、忧伤的女人的脸，女主角眉头深锁，眼神凝重。	音乐（节奏缓）	
5	4s	全	固定镜头	女人突然吻上工作人员，工作人员不知所措地被女主角吻着退到了门前的柱子上，脑子一片空白，紧张地把手靠着后边的柱子上。	音乐（节奏稍快）	
6	3s	中	固定镜头	女主角吻完抬起头，深深地看了快递人员一眼，说："请将我的爱传递给他。"	舒缓的音乐	
7	4s	全	固定镜头	场景转换，来到一个写字楼的办公室里，一位男子上前准备接收快递，快递员迎上去突然亲了他一下。	无音乐	
8	1s	特	固定镜头	男人受到了惊吓，表情十分疑惑且尴尬。	无音乐	
9	2s	中	跟镜头	男人连忙往后退，可是快递人员抱着男人的脸猛亲了起来。	音乐（节奏快）	
10	2s	全	固定镜头	男人一直退到身后的办公桌边，用手支撑着身体，桌上的书散落一地。	音乐缓	
11	2s	特	固定镜头	男人恍然大悟之后露出微笑的表情。	音乐缓	
12	2s	特		镜头中出现广告语：快递生活，快递爱。	音乐	
13	2s	特		出现快递公司的 LOGO。	音乐	

四、广告口号

"快递生活,快递爱"

五、亮点陈述

本电视广告通过女子让快递公司传递"亲吻"这个有趣的事件,以及在片中两个男人惊愕的表情状态,夸张地表现了快递公司服务功能的强大以及无微不至,在传递关怀的同时达到了公司"无所不能"的服务理念。

六、广告的效果预测

本广告播出后,会让更多的年轻人对此快递公司服务功能的强大、服务速度的快捷信服,同时也符合广告商所要求的"无所不能"的夸张理念。尤其是鲜红亮色快递标志的呈现,让人们认准了此快递公司,愿意把更多的产品和服务交给此公司速递,从而使公司占据更大的快递市场份额。

第六章 材料作文

框架梳理

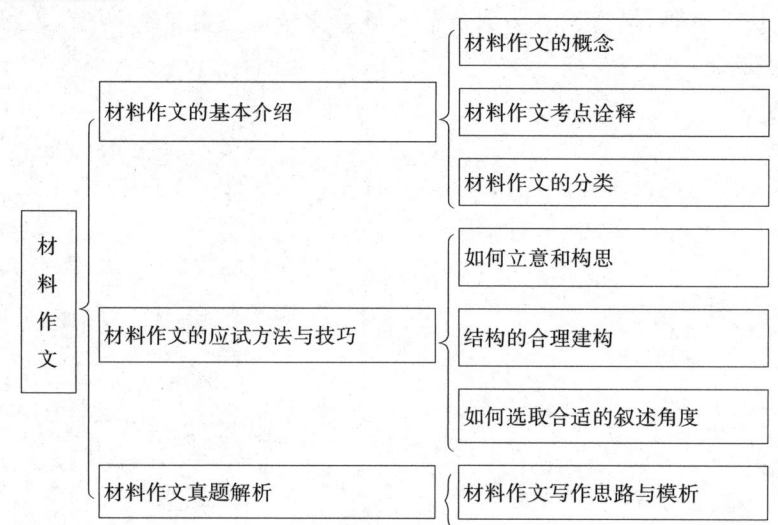

本章提要

材料作文在艺考中所占比例较大。一般来说,笔试中要求材料作文类型多样,考生所擅长的类型不一定被考到。本章将详细介绍材料作文的分类,以及不同类型的材料作文该如何立意构思,以便能帮助考生更全面地把握材料作文的写作方法。

第一节 材料作文基本介绍

一、材料作文的概念

材料作文,是根据所给材料(一种社会现象、一个生活画面或一则寓言故事……)和要求来写文章的一种作文形式。材料作文的特点是要求考生依据给定材料来立意、构思,材料所反映的中心就是文章中心的来源。因此,应试者应对所给的材料进行阅读、分析、提炼、联想,并根据材料的内容和提示,确定评论中心、评析角度,自拟题目,从而提出自己的见解或是进行扩展性的想象,写出议论性的文章。但需要强调的是,材料作文的写作一定要紧扣材料进行,切不可脱离所给材料的中心。

二、材料作文考点诠释

第一,材料作文一般由材料和要求两部分组成。材料作文更有利于考生发挥自己的作文水平,考生可以通过自己对材料的理解和解读,选择适合自己的角度来写。写材料作文时考生应把握"材料的重要性"特点,这样才可以更好地写出高质量的作文来。

第二,材料作文最能考验考生的理解能力和写作水平,在这样主观性较强的题目之下写出能让考官觉得有意思的作文,不仅需要考生具备辞藻、行文等写作方面的基本素养,更需要具备思想、观念等方面的思辨能力。

第三,材料作文的基础等级要求感情真挚、思想健康、内容充实、中心明确,语言通顺、结构完整。发展等级则有以下要求:(1)深刻:透过现象深入本质,揭示事物内在的因果关系,观点具有启发意义;(2)丰富:材料丰富,论据充实,形象丰满,意境深远;(3)有文采:用词贴切,句式灵活,善于运用修辞手法,语句有表现力;(4)有创新:见解新颖,材料新鲜,构思新巧,推理想象有独到之处,有个性色彩。

【温馨小贴士】

对于材料作文的体裁,人们众说纷纭,但是根据材料作文的考点诠释,我们不难看出,材料作文从整体上讲应是以议论文体作为框架性表现的。它的理论和分析评论手段都是以议论文写作的方法为切入点。但我们还要注意,由于考试的一些特殊性,材料作文有时要求考生谈谈自身的感受,或者根据所处的中学生人群进行分析。因此,在材料作文中必定会出现考生的一些自我经历引述,又或者自我情感抒发,这些在材料作文中是可以适当呈现的。但也要特别注意,这些内容适度即可,因为材料作文的整体要求是做评论文章,而且分析评论不能离开你的立意和主题思想,更不能离开材料本身所传达的精神。

三、材料作文的分类

(一)故事型

故事型材料作文是指先给出一个故事梗概、片段或者寓言故事,再让考生通过这些材料来进行立意、创作的作文类型。

【例题】

有一名英国登山者因为极度缺氧倒在攀登珠穆朗玛峰的路上,这是一条登山者常走的登顶之路,几十个登山者从他身边走过,都不愿意耽误自己的登程。几个小时后,这个34岁的登山者就离开了人世。这件事传开之后,有人感到震惊说:只有经验最丰富的人才能攀登到那么高的地方,不管认识不认识,除非会危及营救者的生命,濒临死亡的攀登者是不会得不到营救就被遗弃的。但也有人说:不管是公众还是登山者都要明白,人总是要死的。每个人都有自己的任务和压力,要不,人们还以为这是花钱逛公园呢。

请全面理解材料,可以从某个侧面、某个角度来构思作文。自主确定立意,确定文体,确定标题;不要脱离材料内容或其含意范围,不要套作,不得抄袭。

(二)寓意型

寓意型材料作文一般是先给出一段名言警句、哲理或者议论文片段,然后根据材料再进行写作的作文类型。

【例题】信阳师范学院 2012 年广播电视编导石家庄考点考题

郁达夫曾经说过:一个国家如果没有英雄是可悲的,如果有了英雄不受尊重是无药可救的。请你根据此名言进行材料作文写作。

(三)图表型

图表型材料作文只是文字材料作文的一种变体,它是对文字材料的一种高度概括形式,其材料中的一幅漫画或一个图表都是由文字转换而来的。对于图表型材料作文,考生首先应该明确材料作文中给出的图表、漫画所揭示的主旨,然后再根据这个主旨来立意,按作文要求进行写作。

【例题】2014 年武汉体育学院考题

(四)新闻现象型

新闻类材料作文在审题上应该观果思因,透过现象看本质,通过找关键词句的方法弄明白新闻的重点所在。写新闻类材料作文的重点在于联系实际,深入分析。此类题型主要考查的是考生分析问题和解决问题的能力。

如何联系实际呢?如果考题中出现了正面材料,可以联系身边与之类似的正面事迹,分析其意义,肯定其价值,提出如何才能推而广之的建议;也可以联系与之相反的反面事例,指出其危害,挖掘其根源,提出矫正措施。如果考题中出现了反面材料,同样也可以从正反两方面来联系实际,展开分析。

在答题思路上,此类作文比较适合采用"层进式"结构,即按照"摆现象——析危害——挖根源——指办法"的步骤来展开。

【温馨小贴士】
考试中提供的往往是现实生活中鲜活、临近的新闻热点。在命题上,此类材料具有开放性,可以仁者见仁,智者见智。在审题立意上,可以抓住中心事件,考察中心事件的构成因素,然后选取一个侧面、一个角度来立意。常考的新闻现象如"2013年东北大妈摔倒不讹人"、"2014年宜春夺刀高考考生"等。陕西科技大学在2012年石家庄考点广播电视编导考试中有这样一道考题:"夕阳无限好,只是近黄昏",有网友如此评价年纪最小的研究生——年仅16岁的刘炘炀。近日,刘炘炀提出"如果父母不给我在北京买房,我就不考博士"引发热议,人们纷纷感慨:切不可忽视人才培养上的伦理教育。根据此材料写一篇评论,不少于800字。我们可以看出近些年的考题常从大家身边的并贴近于青少年生存发展的伦理道德角度入手,因此大家应十分关注此类考题加以训练。

第二节 材料作文的应试方法与技巧

一、如何立意和构思

第一,主题的准确把握。
第二,压缩事件(或材料),从"写什么"入手审题。
第三,从"为什么"入手,追本溯源——分析材料。
第四,从其结果入手,思考"怎么办",并提出解决问题的办法。

【范例一】
古希腊神话中有这样一则故事:安泰是众所公认的英雄,所向无敌,地神盖娅是他的母亲。安泰在格斗时,只要身不离地,便可源源不断地从大地母亲身上汲取力量,因而能够击败任何强大的对手。不幸的是,安泰克敌制胜的秘密,被一个叫赫拉克勒斯的对手发现了,于是安泰被弄到空中扼死了。

【评析】
1. 安泰失败的原因
(1)个人的力量是渺小的,要依靠别人或集体的力量才能有所作为。
(2)过分依赖别人也会导致失败。

2.母亲失去儿子的原因

她给予安泰力量,却不给予安泰自立的能力,对安泰的悲剧她也负有责任。所以适当的给予是必要的,但更重要的是培养孩子的自立能力。

3.赫拉克勒斯胜利的原因

他掌握了对手的致命弱点,所以只有知己知彼,才能百战不殆。

【范例二】

有人做了这样一个试验:用铁链拴住一只狗,不一会儿,狗挣断铁链跑了。原来铁链上的100个环扣中,99个都完好,只有1个锈坏了,结果整条铁链连狗都拴不住。

【评析】

从辨明关系入手,材料中的1个环扣和其他99个环扣之间是依存关系。据此可立意为:小小的过错或疏忽往往会带来意想不到的后果。因为祸患常积于忽微,而智勇多困于所溺;千里之堤,溃于蚁穴。

二、结构的合理建构

材料作文的结构特点:"引—析—提—联—结"式。

(一)"引"——定向剪裁,概述材料

所谓"概述",就是不能将题目所给材料原文照搬,而是对准自己立论的指向剪裁材料,要做材料为我所用的"定向剪裁",抓住材料的核心内容简要叙述。

(二)"析"——分析材料,突出论点

所谓"析",就是围绕议论的中心对引录材料内容的寓意进行扼要分析。要求分析准确,切合事理,语言精要。"析"的目的是为中心论点的提出创造理论的条件。

(三)"提"——提出论点,纲举目张

所谓"提",就是通过材料的分析之后,顺势提出中心论点。根据内容的需要,有时也可以将"析"与"提"两部分的观点"合二为一"。中心论点是全文内容的"神"、材料组合的"纲",起统帅作用。因此,论点的提炼,必须做到:扣材、准确、稳妥、鲜明、简洁。

(四)"联"——联想联系,论证论点

在"引"、"析"之后,作文就完成了对材料的处理。"联"是根据材料寓意的道理来类比社会生活、议论社会生活的过程——既可以联想类似的道理(从道理上论证),也可以联想相关的社会生活现象(从事实上论证)。这部分是作文的重点,既要放开思路,又要概括力强;既要重点突出,又要正反结合。

(五)"结"——重申材料,深化论点

结尾呼应开头,或进一步强调论点,或提出解决问题的办法,或提出希望要求。

【范例】阅读下面短文,自选角度,自拟题目,写一篇议论文,不少于800字。

一天,父亲同我去公园,他指着园内的两棵树问我:"你知道那是什么树吗?"我一看,高大的是白杨,显得十分矮小的是银杏。父亲说:"这两棵树是同时栽下的,栽下时都一样高。它们享受同样的阳光、同样的水土。到后来,为什么白杨长得高大,而银杏却生得矮小呢?"父亲见我回答不上来,接着说:"孩子,要知道,珍贵的东西总是慢慢成长。"

长久涵养,孕育珍贵

同样的阳光,同样的水土,杨树苗很快长成参天大树,而银杏却相形见绌,"珍贵的东西总是在慢慢成长",一句话,让人深思。(**援引材料,迅速入题**)

同为木材,杨树只能做成一般的桌椅板凳;银杏,可以制成高档家具,可以雕刻成精美的工艺品。缓慢的成长,使银杏年轮清晰,纹理细密,木质上乘。"珍贵的东西总是在慢慢成长"可谓言之有理。(**分析材料,展开论证**)

人类生活中的种种,又何尝不是如此呢?今天,诸多作家"著作等身",成百上千万字的作品一两年甚至几个月就可以"行云流水"般写就,但是读起来,内容肤浅,语言粗糙,在大方之家看来,鄙陋不堪。而曹雪芹"十年辛苦"呕心沥血创作的《红楼梦》却是锦心绣口,字字珠玑,读来让人不忍释卷。其深刻的思想境界、宏大的艺术结构、动人心魄的感染力,前无古人,至今仍无人超越。(**由自然现象说到社会实际**)

为什么时间才能创造真正的珍贵呢?因为一个长久的涵养蕴藉的功夫是至关重要的。树木需要长久地汲取营养,接受雨雪阳光的洗礼,木质才能细密结实,成为大材。北大人说"板凳甘坐十年冷,文章不写半句空",没有"十年冷"的研究和积累,怎样才能写出思想深刻、见解独到的研究文章呢?说前后两句是因果关系,也未为不可。这十年冷板凳,充实了思想,缜密了思维,造就了北大不断涌现的大师级的学者。(**联系材料,进行分析、类比**)

可是,在现实生活中,许多人并不明白这个道理。在商品经济大潮下,"快"似乎成了整个社会追求的目标,曾几何时,"时间就是金钱,效益就是生命"这个标语,充斥着大街小巷。在"快"的思想的驱使下,一个个工程火速上马,一幢幢建筑拔地而起,但是质量如何呢?当年,唐山大地震无法撼动紫禁城,如今,汶川大地震也无法撼动都江堰,这两个工程,如果几年就匆匆完成,如何能经受时间和灾难的考验?北京西客站建成时,一个外国专家问道:西客站你们打算使用多少年?建筑质量引起了这样的质问,我们不应该深思吗?(**联系现实,进行对比**)

由此可见,盲目地追求快,无异于揠苗助长,最后的结果只能是事与愿违,南辕北辙。(**独立成段,总结上文,突出醒目**)

懂得了这个道理,在日常生活中,我们就可以少一分浮躁、多一分沉静,少一些急功近利、多一些淡定从容,不断地充实自己的头脑和心灵,锻炼自己的能力和才干,有朝一日,必成珍贵的大材,必为晚成的大器。(紧扣论点,谈这样做的好处,收束全文)

三、如何选取合适的叙述角度

(一)事件选题的角度与技巧

1. 一个事物或材料,从"肯定"和"否定"(作者的爱憎、褒贬情感倾向)两个角度去审视。
2. 一事多"人"、"物"的材料,有几个"人"、"物",就有几个审视角度。
3. 一事多"因"的材料,有几个"因"就有几个审视角度。
4. 一个事件,针对不同的背景,有不同的审视角度。
5. 一个事件有几种关系就有几种不同的审视角度。
6. 事件评论的技巧——以小见大和"度"的把握。

评论的过程要注意一些技巧的把握。评论从大处着眼、小处着手,从具体的事件入手,比如以一个典型的人物或者是一个细节,以小见大,将时代背景下的大问题以微观角度来剖析,纵深地看,注重将题材与时代背景相结合,避免空泛的评论。

(二)立论的要求和方法

1. 论点(鲜明、有一定社会意义或新闻价值)

论点是作者文章中的论题所持的主张和看法。每篇材料作文都至少有一个论点。有时,因为论题比较复杂,为了将论点表述清楚,在同一篇文章中会设立一个中心论点,再将其分解成若干个分论点或小论点,通过各个击破的办法,逐个论证,逐层分析,最终使中心论点获得论证。

2. 论据(要求论据的科学性、例子的贴近生活性)

论据是用来确定论题真实性的判断,它是使论题成立并令人信服的理由或根据,它所回答的是"用什么来论证"的问题。

可作为论据的判断一般有两类:一类是已被确认的关于事实的判断;另一类论据是表述科学原理的判断(包括定义、公理、定律、原理等)。有些论证是分层次的,在确定某一判断(论题)真实性的过程中,如果引用的论据(第一层论据)本身不是很明显具有真实性的判断,就要引用其他判断(第二层论据)对这些论据进行论证。如此类推,还可以有第三层论据、第四层论据等。在一个论证中,只能有一个论题,论据则一般有多个。

3. 论证方法(对比、举例子、摆事实、数据)

论证方法是指论据和论点之间的联系方式,即论证过程中所采用的推理形式,它所回答的是"怎样用论据论证论点"的问题。一个论证过程可以只包含一个推理,也可以包含一系列推理。举例论证法,简称例证法,指根据需要列举一定的事实来证明观点正确的方法。事实要求充分、确凿,有代表性。

论证方法中最具亮点的是对比论证,对比有法才能铸成华彩文章。对比论证侧重于从事物的相反或相异的属性的比较中揭示需要论证的论点的本质,从正反两个方面阐述道理,使文章的论证更加充分。

【例题】

齐人未尝赂秦,终继五国迁灭,何哉?与嬴而不助五国也。五国既丧,齐亦不免矣。燕、赵之君,始有远略,能守其土,义不赂秦。是故燕虽小国而后亡,斯用兵之效也。至丹以荆卿为计,始速祸焉。赵尝五战于秦,二败而三胜。后秦击赵者再,李牧连却之。洎牧以谗诛,邯郸为郡,惜其用武而不终也。

且燕、赵处秦革灭殆尽之际,可谓智力孤危,战败而亡,诚不得已。向使三国各爱其地,齐人勿附于秦,刺客不行,良将犹在,则胜负之数,存亡之理,当与秦相较,或未易量。

问题:文中运用了什么论证方法?

【参考答案】

对比论证法。1. 正面论述:赂秦必致灭亡;2. 反面论述:不赂秦则未必灭亡。

(三)论证的要求和技巧

论证是在论点和论据之间建立或展示一种必然的逻辑关系,以表明论点成立且正确的过程和方法。

1. 论证的要求

论证要有严密的逻辑性。所有事实、原因、理由应紧密地同结论连接起来,要按一定的向度分层展开论述。所谓"向度"即论述展开的方向,可以从四个方面展开:是什么?为什么?怎么样?什么结果?

2. 论证的技巧

(1) 在论证中使用对比手法

评论者在考虑文章的结构时会用到比较,那往往构成大的板块的比较;而在论证中使用比较,则往往是局部性的。比较既可以是对立事物之间的对比,也可以是相近、相似事物之间的类比。

(2) 在论证中巧用比喻

好的比喻往往能够使新闻评论显得形象、生动,充满理趣。它可以使沉重的话题带上幽默的色彩,使原本抽象的概念变得具体清晰;有时,它还能一针见血,达到理性分析所难以达到的效果。

(3) 在论证中妙用反讽

四、材料作文写作思路与模板

1. 仔细阅读材料,找到材料中最重要的信息,并对重要信息作出标记。重点分析材料中最核心的部分,思考评委老师想看到什么。

2.对材料内容进行简单描述,就其基本观点、基本内容、故事梗概作简单剧情回顾(以小见大,从点到面,对同类问题进行梳理),在此基础上提出核心观点。

(1)提炼材料。

(2)对材料用你所知道的其他内容进行补充(一般作为文章第一部分)。

3.提出个人对于此类事件的核心观点,对材料中提及的问题、现象、事件等进行客观公正分析(原因、利弊、社会根源、影响等)。结合自身经验、认识、经历对其进行分析(一定要有条理,最好分点描述、逐层梳理,一般作为文章第二部分)。

4.结合自身谈谈认识,可提出意见或建议(一般作为文章第三部分)。

5.总结全篇的主要观点(一般作为文章第四部分)。

第三节　材料作文真题解析

【范例一】

一颗手榴弹可以炸掉侵略者的飞机,一把飞刀可以抵挡敌人重炮,一个刚被蹂躏的姑娘可以飞天杀鬼子……您千万别以为这是幻觉,其实这是近期抗日剧神话般的剧情!日前,这些让人无语的剧情让央视《新闻1+1》也发声痛批:"这一部接一部的抗日剧是比着看谁俗、争着看谁二。"而对于家庭观众来说,最需要的大概是"荧屏过滤器",以免家中的孩子看到这可笑的一幕幕!

根据材料写一篇文章,文体不限。

天　平
甘肃考生　宋玉

"抗日雷剧"的接连上映引发热议,据报道,针对此类电视剧存在的过度娱乐化的现象,政府将出台相关措施进行整治,但许多业内人士却对"抗日雷剧"褒贬不一。

从电视剧开始在中国普及之时,抗日题材电视剧便接连上映,从《小兵张嘎》到《亮剑》,都以其剧情而令人感怀,可如今"抗日雷剧"的活跃也着实令人吃惊。"徒手撕鬼子"这样的"绝技"更是不断上演,令人捧腹,电视的娱乐化倾向开始从频繁出现的娱乐节目过渡到抗日题材的影视作品,这究竟是为了市场营销而娱乐大众,进而违背影视创作原则,还是真正在表达爱国情怀呢?但不得不说的是,此类"娱乐版抗日雷剧"的上映也是恶搞文化的一种表现形式,是对抗日题材的恶搞与误读。

一方面,有人认为这是对影视创作原则的违背,主要是因为:

1.抗日题材的影视作品本身就应以纪实展现为主,重现历史真实。

2.这类过度娱乐化的现象在一定程度上弱化了其他电视功能,如传授知识、提供服务、舆论监督等,使得"娱乐"二字独占鳌头。

3.此类影视作品中的"绝技"不得不说也是一种恶搞文化,与"杜甫很忙"可谓大同小异,同是以历史来娱乐、以文化来恶搞。

4.在一定程度上违背了"内容为王"的理念,单纯是为了在市场营销方面取得快速进展,进而提高收视率。

另一方面,也有人认为这是民众爱国情怀的表达,针对此类说法,主要原因则是:

1.历史原因。"二战"时日本人在中国犯下的滔天罪行。

2.个人原因。个人对此类作品的看法不同,对历史的认识度不同。

3.立场与角度不同。只看到了其中抗日内容的体现,未能看到其中过于夸张、恶搞传统文化的体现等等。

4.自媒体的发展,使人们能够各抒己见,对于同一事物进行不同分析。

随着全媒体时代的到来,在电视、网络、手机等媒体中出现的这类过度娱乐化作品的现象也是日益猖狂,不仅体现在"抗日雷剧"上,更是体现在"杜甫很忙"、"妈妈,再打我一次"以及新版《红楼梦》中"黛玉裸死"等各个作品中。这样的作品在令人吃惊的同时,也不得不让人产生对传统文化、传统文明与恶搞文化的思考。当我们要表达自身的爱国情怀时,也不得不适度进行,理性地表达爱国情怀,而不是夸张历史直至恶搞,如《五台山抗日传奇之女兵排》《箭在弦上》等影视作品,它们对历史的还原度还有几分,而其中的"超人"对历史文化的恶搞却可谓淋漓尽致。

总而言之,这类过度娱乐化的影视作品的上映,在爱国与原则、尊重事实与恶搞文化的天平上,究竟孰轻孰重,才造成了天平的不平衡,而又该如何平衡这架天平呢?需要的不仅是国人对历史的正视,还有影视产业对传统文化的尊重以及对历史负责的态度,同时更需要国家对这类现象的监管以及对传统文化的重视。只有加强监管,杜绝"超人"与"绝技",多几分尊重、少几分戏说,多几分责任、少几分功利,多几分重视、少几分随意,才能真正做到爱国,还原历史,使中华传统文明与民族精神永久流传,使"正能量"的火炬在你我手中交接。恶搞不是爱国的体现,尊重才是真正的爱国,失衡的天平需要再一次来平衡!

【范例二】

著名书画艺术家黄永玉,有一年,他带着饱经沧桑的心灵和撼人魂魄的画作来到北京,住在京新巷"芥末"故居。这是一间搁置了许多年头的房子,四壁连一扇窗户都没有,一走进去就有种压抑的憋闷感。然而,黄永玉并没有厌弃这间小屋。他笑哈哈地拿出一张洁白的画纸贴在墙上,然后信手在上面画了一扇窗户,画得如同真窗。他顿时感觉屋外的阳光像流水一样涌入小屋,屋内的一切立刻显得无比生动。根据材料写一篇文章,文体不限。

乐观地生活

河南考生　朱凯棣

有个谜语:你对它笑,它就对你笑;你对它哭,它就对你哭。这是什么?

人们都猜:这是镜子!我却认为:这是生活。

不是吗?愁眉苦脸地看生活,生活肯定愁眉不展;开朗乐观地看生活,生活肯定阳光灿烂！心中没有阳光的人，势必难以发现阳光的灿烂；心中没有花香的人，也势必难以发现花朵的明媚！

现代心理学认为：人生的追求是一种求得成功的乐观动机。它是人们对自己所认为重要的或有价值的活动去从事、去完成，并欲达到某种理想境界的一种内在推动力。它能促使人在相关的活动中奋发努力，勇往直前。正是有了这种乐观力量，才会有那么多可歌可泣的人生传奇。倘若失去了这种乐观力量，人在现实面前则会变为生活单纯的奴隶，而这样的人生必然是一场充斥着颓废和失败的悲剧。

在材料提供的这个真实的故事中，最后国画大师黄永玉只是哈哈一笑，拿出一张洁白的画纸贴在墙上，然后信手在上面画了一扇窗户。其实这个世界就是如此有趣，许多时候上帝就这样捉弄世人，他会给我们一间没有窗户的屋子。但是这又有什么关系呢？我们完全可以画一扇窗户给自己，放进希望的阳光，照亮生命。上帝给了我们黑暗的际遇，但是并没有剥夺我们追求光明的权利；上帝给了我们坎坷的遭遇，但是并没有剥夺我们快乐的心境。要知道，上帝给谁的都不会太多，最重要的是我们不能向命运低头，而是要学会在没有路的地方踏出一条路来，在没有水的地方掘一口深井出来，这样，就可以汲取到甘洌的清泉，滋润生命，浇灌庄园，在贫瘠的土地上营造自己的绿洲。

画一扇窗给自己，不是画饼充饥，自欺欺人。有了这样一扇窗，人就有了生活的希望、生活的信心和生活的勇气。要知道，只要不泄气，就没有什么能将我们抛弃；只要肯努力，就一定会有花好月圆的那一天。

如何看待生活，的确与人的主观世界有关。唯有精神不倒乐观地生活着，才会有真正的、最后的成功，也才能拥有富于价值的人生。

第七章 叙事散文写作

框架梳理

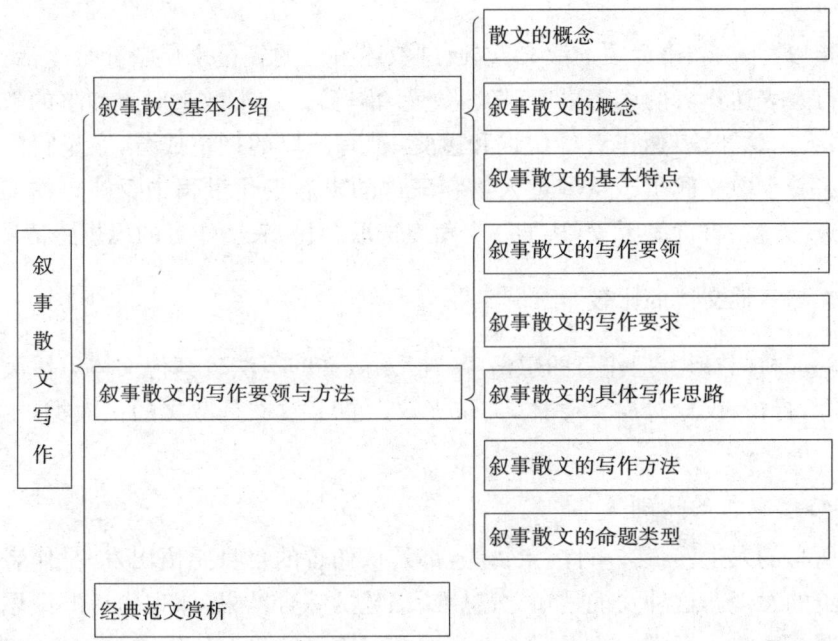

本章提要

本章主要内容包括叙事散文的概念、特征、写作方法及技巧。在学习完本章内容后,考生会对叙事散文有一个清楚而深刻的认识,同时也能够按照文章所示,写出一篇不错的叙事散文。虽然在近些年的考试中此类型的考题涉及较少,但在一些专业院校的考试中叙事散文写作还是占有一定的比重,故此项目仍需引起考生的重视。

第一节 叙事散文基本介绍

一、散文的概念

要了解叙事散文的概念,首先要知道什么是散文。总的说来,散文有广义和狭义两种概念。广义的散文,在古代指的是一切不押韵的文章,即韵文以外的一切记叙性和议论性的文体。不过,古代没有"散文"这个名称;"散文"这个名称是"五四"时期才有的。在现代,广义的散文包括除了诗歌、小说、戏剧、影视文学之外的一切叙事性、议论性、抒情性的文体。如秦牧在《海阔天空的散文领域》中说,"不属于其他文学体裁,而又具有文学味道的一切篇幅短小的文章,都属于散文的范围"。这样就有了抒情散文、叙事散文和议论散文等。狭义的散文主要是指抒情散文及随笔。在这里,我们所讨论的散文的概念并不是古代散文,而是现代散文。

二、叙事散文的概念

(一)叙事散文的概念

叙事散文是指以写人、叙事为主的散文,或通过叙述事情的经过来反映社会生活;或以描写人物的言行来表达作者的思想感情(喜、恶、爱、憎等)。这类散文对人和事的叙述和描绘较为具体、突出,同时表达作者的认识和感受,带有浓厚的抒情成分,字里行间流露出饱满的感情。叙事散文侧重于从叙述人物和事件的发展变化过程中反映事物的本质,具有时间、地点、人物、事件等因素,从某一个角度选取题材,表达作者的思想感情。

(二)叙事散文与其他文体的比较

我们把散文的取材叫"形",把作者的感悟叫"神"。散文的写法较其他文体更活泼自由,常把记叙、描写、抒情、议论等融为一体,夹叙夹议。叙事散文是散文的一大类,主要是叙事、抒情。

1. 叙事散文与记叙文的区别

叙事散文中所写的人生、自然、事件、景物等,都是从作者的自身感悟出发,是作者对事物特殊意义和美的发现。这种发现是知觉、思维、感觉的综合结果,体现作者的深思妙悟,是散文的情、理、意、味。而记叙文是记录生活中的人和事,并不从作者的感悟出发。从过程上讲,记叙文一般有完整的开端、发展、结尾过程;而叙事散文只有高潮,一般没有具体结果,而多了抒情部分,让结构更加明确。

2. 叙事散文与故事的区别

叙事散文的特点要求考生最好是写自己的亲身经历,表达自己真实的感受,突出一个"真"字;而故事则可以自由创作,考生可以在符合常理的基础上,在故事中加入虚构成分。故事重在描述情节,制造矛盾冲突;而叙事散文的"事"既可以是故事情节,也可以是一个事件。故事只是讲述故事本体隐含的道理或是情感,故事讲清楚了,文章就可以结尾了;而叙事散文不只停留在表面的叙事上,而是要从叙事中表达一种情感,叙事散文更加注重挖掘深层次的内容。

三、叙事散文的基本特点

第一,描写对象以"人"为主——以人作为散文里的主体形象,有生动的情节、细节和独特的人物性格。

第二,记叙性——以描写和叙述作为散文的主要表达方式。

第三,抒情性——以抒情的语言和情感领悟作为叙事散文的精神所在。

第二节　叙事散文的写作要领与方法

一、叙事散文的写作要领

(一)用心感受生活,将生活中的真情实感写进文章中

大多数情感都是来源于生活中的真实感受,所以在平时的日常生活中考生要注重对生活的感知,注意生活中的点滴细节,在写作中从细节入手,反映出真情实感,使文章更加具有说服力和感染力。

【范例】

八分钟的温暖

四川考生　杨诗卉

秋风萧瑟,枯叶蝶般飞舞的落叶夹杂着最后一丝野菊的残香,奏响了冬日的前奏曲。我登上母校的高楼,望着校园旁边的小区,嘴角泛起一丝笑意。

眼前,一条条棉被在暖阳与风中微微摇荡,满头白发、和蔼可亲的老人们坐在马扎上聊天,不时竖起大拇指,此情此景,我的脑海中又浮现出那个瘦弱而高大的身影。

他姓王,是我的历史老师,个子不高,很瘦,看起来弱不禁风,但是对我们很严厉,平时也是很严肃的样子,很少见到他的笑脸。同学们都很怕他,怕他发脾气,甚至是有点讨厌他。有一次他上课提问,问题是上节课讲的戊戌变法的知识,但是前一天晚上的作业太多,大家都没有时间复习上一节课的知识,大家都闷着头,不作声。他照例点了那些平时不认真学历史的学生的名,结果站了一片;再提问学习好的学生,结果也不尽如人意。我偷偷地抬起头看他,平时本就严肃的脸好像要生出一层霜来,他嘴唇颤抖,眼睛中闪着不易被人察觉的哀伤,他好像用尽全身的力气吼道:"全体把课文抄写十遍!现在就写,明天交!"说罢,他夹起讲义走出教室,只留下一声重重的摔门声。

这是他留给我们最多的印象,但那时的我们并不知道,这个冰冷得似乎没有一丝人情味的人,在24小时后颠覆了我们对他的看法。

第二天同一时间,我抱着历史作业,在同学们的一片怨言声中走向历史办公室。下

节课就是历史课了,我必须赶在上课前交给他。"咚咚咚!"我敲门,却没听见回应声。轻轻一推,门就开了,王老师的讲义和课本依旧整齐地码放在办公桌上,吸了一半的烟头还散着轻烟,只是那座椅失去了他的主人。老师去哪儿了?可能是去厕所了吧,那我先帮他把课本拿过去。没有深思,我拿起他的讲义,返回教室。

那一天,王老师第一次上课迟到,像是得到了惊天的秘密,同学们议论纷纷。但是在我看来,没什么稀奇的,谁还没有个特殊情况?

但我又错了。课后,我去办公室找他询问历史作业。"咚咚咚!"我轻轻敲门,没有回应。小心地,我推开门,看见王老师正站在窗外张望,他好像没有注意到我,依旧忘我地看着。受好奇心的驱使,我蹑手蹑脚地走到他身后,沿着他的目光看去,只见七八个耄耋老人在小区楼下晒太阳,小区的树与树之间系上绳子,他们的被子搭在绳子上,正享受着阳光的洗礼。

"那个满头银发的老妇人是我的恩师。每个下午,那个最温暖的课间,我都会陪她一会儿,聊聊家常,或是扶着她看看在操场上活动的你们。"王老师觉察到我的存在,波澜不惊的声音继续说道,"今天,我依旧去陪她,看见她正在晒被子。这些老人不容易啊,辛辛苦苦一辈子,到头来,儿女们都不在身边。我一激动,就帮这些老人把被子全都晒了。"他的脸上生出一种自豪感,被午后的阳光一照,神采奕奕。

我的目光再次投向那些老人,那些曾经养育了儿女,如今却是风烛残年的父母们、老师们。不知怎的,我的心在颤动。

"昨天老师上课晚了,在这里给你们赔个不是,希望同学们不要放在心上。"第二天上午的历史课,他如是说道。我们没有吭声,用无声去接受,更是掩盖我们在得知真相后的心情,还有惊喜。

下午,那个最温暖的八分钟课间,王老师依旧走到紧挨着学校的那个小区中,可令他惊讶的是,我们早已到了那里。男生们帮老人晒被子,女生们陪着老人聊天,欢笑声赛过秋风,盖过白霜。我晒好被子,转过身,眼睛正迎上王老师的目光,那闪烁着点点泪光的目光。我读懂了他的目光——是感动,是希望,是深秋里的暖阳。

从此以后,每一天下午那个最温暖的课间,我们都会去帮助那些老人。开始时只有我们一个班,后来发展到整个学校的学生、老师。也许在很多人眼中,八分钟转瞬即逝,不能改变历史。但是在我眼中,八分钟充实且漫长,那一点一滴的温暖所汇聚的,是每个人内心深处的悸动,是一个民族繁盛复兴的希望之光。

老吾老以及人之老,幼吾幼以及人之幼。中华民族之所以千年不倒,就因为有这样的精神支撑我们踏过蛮荒,步入文明。八分钟,不足以改变历史,却可以改变人心。八分钟的温暖,很渺小,但随着这温暖日复一日地叠加,它的光辉,足以撑起又一轮青阳。

【评析】

这是一篇学生习作,它取材于同学们的日常生活,真实而具有感染力。因此,只要认真观察生活,写出一篇叙事散文还是很简单的。

(二)立意新颖独特,避免雷同,使文章脱颖而出

立意是一篇文章的精髓,也是整篇文章的重中之重。文章主旨贵在创新,因而立意要有个性且新颖独特,要富于生活气息和时代精神。考生既可以选择"反弹琵琶",从平凡的、普通的事物中立出新意;也可以从新的角度切入,立意也随之变新。好的立意要能让人一看就知道你想要表达和叙述的是什么主题,同时也要新颖独特,争取出新、出奇,能够让阅卷老师眼前一亮。但切记不要因为想要出新而勉强立意,使自己的文章重心偏离主题,得不偿失。

(三)选择适当的材料

考生要明确所选择的材料是为了支撑所写的文章,组织文字为观点服务,所以要选取那些与自己的文章相符的材料。有些材料虽好但不适合你的文章,勉强使用只会让你的文章看起来更显杂乱,更加不知所云。因此一定要选取紧贴主题且具有价值的材料。

【温馨小贴士】

一般来讲,叙事散文的取材角度有三类:

1.历史事件

历史事件的运用不仅具有说服力,更能体现考生的历史文化积淀,给老师留下好感。所以在写作时可以选取一两个历史事件来充实自己的文章。

2.日常生活

日常生活中的事虽小,但具有真实性,容易打动人,也最容易写成以小见大式的文章。同时,日常生活中的事一般都是自己亲身经历或亲眼所见的,所以更容易描写,只要加以润色即可。

3.古今名著

取材是文山探宝,书海寻珍,于古今中外的名著或民间故事之中寻找创作源泉,释放才情,张扬文采,或从中采撷一段动人故事,或干脆对书中人物直接点评,或对故事进行二度创作,花样翻新,不一而足。

二、叙事散文的写作要求

(一)艺术考试的基本要求

1.感情真挚,取材生活

考试时要在短短的时间内构思出一篇好的文章,最好的方法其实也就是从生活中选取素材。考试中对于叙事散文的要求一般都是感情真挚,但如何表达一种真挚的感情却是一个难题,有很多同学会写出枯燥乏味的文章,但却自以为做到了感情真挚。而阅卷老师判断一篇文章的感情是否真挚,就看是否被文章所打动,可能考生自己认为做到了感情真挚,但却并没有抓住老师的心。

要做到感情真挚首先不能泛泛而谈。要具体地描写某一件事,或详尽地表达某一种感情,应从它的细节入手,说清楚它为什么会打动你,它的哪一点打动了你。其次,要取材于生活,"艺术源于生活",而且那些生活中的事情都是真实存在、真实发生过的,无形中又促进了考生情感表达的真实性。

2. 情节曲折,有详有略

虽说叙事散文不一定是讲述完整的故事,它注重的是对于情感的表达,但是故事是情感的载体,考官如果连考生所写的故事都不愿意看,又怎么会被文章的情感所打动呢?所以叙事散文的故事不能平铺直叙,在写事件时应注意情节的曲折性,一波三折才能吸引人。

而对于事件的叙述也不能从前到后都是一个语气、一个节奏,有的地方对情感的表达非常重要,可将其详细地描述出来,有的地方无关紧要,可一笔带过。这样既可以使文章显得有层次,又能让考官很快看到文章的重点。

3. 刻画细节,使人信服

一篇优秀的叙事散文不能没有动人的细节,一味地平铺直叙不具备打动读者、感染读者的艺术张力,这就如同在日常生活中,最令人难忘的往往是一些触动人心扉的生活细节,而不是那些惊天动地的壮举一样。因此在作文中有意打造一两处精美的细节就显得尤为重要。

这里需要强调的是叙事散文应注意以下两个问题:

一是选材要典型且富有生活气息,但又不能照搬生活,要在真实生活事件的基础上辅之以细致精美的文学手法,力求使文章变得有看点。尤其是写一些历史故事,要有"目击"现场的能力,学会运用丰富的联想与想象,用自己的描述使读者清楚你所说的,甚至可以选择与历史人物直接对话的方式来增强文章的生动性、可读性。如2002年满分作文《昭君的选择》,作者充分发挥联想与想象,再现了昭君在和亲前后的心路历程,尤其是下面这一段描写昭君解救飞蛾脱离火海的细节,既生动可感又寓意深刻。

> 迷茫的灯光下,一只单薄的幼蛾一头栽在作响的灯焰上,发出"噼里啪啦"的爆鸣声。昭君拔下玉钗,挑弄灯芯,试图将蛾儿救出来。就在这时,传来和亲的消息。像春日里的第一声惊雷,在死一般寂静的后宫炸开了。"啪",玉钗落地,断为两截,昭君的手剧烈地颤抖着。处于生死之交的蛾儿在飘转的火焰中狂乱地挣扎着,终于,像离弦的箭一般,冲出火海。烈焰吞噬了她粉嫩的外衣,却没有压垮她不屈的心灵。在生之涯、死之角,幼小的心灵发出对生的呼唤,爆发出无穷的力量,让她从压迫、死亡中振翅飞出。昭君震惊了,若有所思地看着蛾儿,看着它越飞越远,飞出围墙,飞出重重封锁,飞向遥远的自己的天地。

二是要准确地捕捉事物的细部特征,同时力求用简约生动的笔触去勾勒、描摹,给读者留下鲜明突出的印象。描写分两种:一类是白描,一类是细描。白描是一种简洁朴素、不加渲染的描写方法;而细描则要求笔法工整、描绘细腻。如果说白描相当于中国画中的写意,那么细描更像是中国画中的工笔。但在艺考中不论运用哪一类,都应尽量简洁、干净,一般不会是浓墨重彩,关键在于抓住细节的精神。如文章《爱在心口难开》:

> 父亲节这天,自己在朋友的鼓励下为性情暴躁、经常打骂自己的父亲送了一瓶二锅头和一盒包装精美的皮带,父子俩对饮微醺,儿子一句"爸爸,我……我……我爱你……"打破了两代人的隔膜,沟通了心灵,化解了情感障碍。此时,内敛的父亲难以抑制自己的情绪,他拿起酒杯,仰头猛地一倒,眼睛闪闪的,红了。他慌忙掩饰道:"这酒……这酒太烈了……"

这一精彩细节寥寥数笔却将父亲难以言表的激动表现得淋漓尽致!

4. 多种表达手法的结合

好的文章不仅有抒情也要有议论,客观表达事件的同时又抒发了作者自己的感想。优秀的叙事散文常常呈现给大家的是叙议有机结合的"链环结构"。文章《永远的苏武》中有这样一段:

> 朔风凛冽,他与冷月做伴,北顾中原,将"生是大汉人,死是大汉臣"的高贵铭记在心灵深处。胡笳幽怨,他与孤冢为伍,怅望大漠飞雪,将"荣华富贵,千金封侯"的许诺忘却得一干二净。地窖冰冷,他将满口毡毛与草皮一块咽下,浑身的热血却沸腾着一个至死不渝的信念——铭记祖国,精忠报国。冰雪飘零,他用至情睥睨佳肴美酒,铮铮傲骨却敲响千秋的绝唱——贫贱不能移,威武不能屈,富贵不能淫。

记叙、描写、议论、抒情有机地熔铸,激发读者心灵深处的情感涟漪,抒发了作者对苏武的由衷赞美,显示了深厚的文化底蕴和闪光的人格。

另外,创作叙事散文还应注重对景物的巧妙穿插。

诚然,不是说所有的优秀叙事散文都一定要有景物描写,但景物描写运用得当会在推动情节发展、渲染故事氛围、表现人物性格和升华文章主题等方方面面起到很重要的作用。因此,那些具有较强语言驾驭能力的考生往往善于将景物描写与故事情节发展结合起来,使之为自己的文章增色。

【范例】

燕 子

席慕蓉

初中的时候,学会了那一首《送别》的歌,常常爱唱:"长亭外,古道边,芳草碧连天……"

有一天下午,父亲忽然叫住我,要我从头再唱一遍。很少被父亲这样注意过的我,心里觉得很兴奋,赶快从头再来好好地唱了起来:"长亭外,古道边……"

刚开了头,就被父亲打断了,他问我:"怎么是长亭外?怎么不是长城外呢?我一直以为是长城外啊!"

……

我就是那个时候看到那一只孤单的小鸟的,在田边的电线杆上,在细细的电线上,它安静地站在那里,黑色的羽毛,像剪刀一样的双尾。

"燕子!"我心中像触电一样地呆住了。

……

一直到了去年的夏天,因为一个部门的邀请,我和几位画家朋友一起,到南部的一个公园去写生,在一本报道垦丁附近天然资源的书里,我看到了我的燕子。图片上的它有着一样的黑色羽毛,一样的剪状的双尾,然而,在图片下的解释和说明里,却写着它的名字是"乌秋"。

在那个时候,我的周围有着好多的朋友,我却在忽然之间觉得非常孤单。在我朋友里,有好多位在这方面很有研究心得的专家,我只要提出我的问题,一定马上可以得到解答。可是,我在那个时候唯一的反应,却只是把那本书静静地合上,然后静静地走了出去。

在那一刹那,我忽然体会出来多年前的那一个下午,父亲失望的心情了。但是,我想,虽然有的时候,在人生的道路上,我们是应该面对所有的真相,可是,有的时候我们实在也可以保有一些小小的美丽的错误,于人无害,与世无争,却能带给我们非常深沉的安慰的那一种错误。

我实在是舍不得我心中的那一只小小的燕子啊!

【评析】

1. 含蓄

文章想表达作者错以为乌秋是燕子,等后来发现时心中的失落就像父亲当年误将"长亭外"听成"长城外"一样,从而说明有时候一些小小的美丽错误却能带给我们深沉的安慰。文章并没有直接表达这一感情,而是通过事件的描述使读者真切地感受到了这一主题。

2. 真情

作者在文章开头并没有表达这一感情,而是把重点放在叙事上,事件占了文章的很大一部分,但事件是为感情服务的。这篇文章也是作者的真实经历、真实感受,真情流露也就显得更加自然。

3. 细节

细节刻画是叙事散文必不可少的一部分,本文中的细节描写有"父亲一连说了两个'好可惜'",突出了父亲这一刻的情感。作者用"图片上的它有着一样的黑色羽毛,一样的剪状的双尾"细致地描写乌秋,为情感的表达做铺垫。

(二)考试中容易出现的错误

1. 总结生活,为读者讲述道理

一些考生在文章中特别喜欢表达自己的"人文关怀",喜欢以高姿态来给读者讲道理。但不得不说阅卷老师一般不喜欢这样的总结,对于考官来说,他们有更丰富的人生阅历及经验,却要听一个涉世未深、生活阅历尚浅的人讲道理,这确实是一件很让人反感的事情。而另一方面,涉世未深的考生们如果要为读者讲道理则很容易讲不深,并有一种"为赋新词强说愁"的矫揉造作之感。所以考试时尽量避免讲大道理,其实主考官想要看到的是通过生活中的琐事反映出一种真实的感情。

2. 雷同

部分考生因为没有仔细思考题目,只按照自己想到的写,这样就很容易在题材、话题等方面出现雷同。雷同的问题不但反映在散文的写作上,同时也反映在对作品的理解上。

3. 文章太过于平凡

在文章的铺排中,部分考生严格按照时间、地点、人物、事件等进行,但只是叙述了一件事,而忽略了文章的可看性,没能用有声有色的文字描述眼中、心中的事物,在叙述上出现了"叙事多、描写少""故事多、细节少""诉说不幸多、审视自身少"等平铺直叙的问题。此类文章语言多是白话文,像记流水账,从起床、上学、课间、放学、吃饭写到睡觉,就是看不见一个有个性、有意思的事件,不会安排情节,不会运用人物语言,不会准确把握节奏,不会讲"情""景"变化,而是一味地讲故事,缺乏精彩的看点。

三、叙事散文的具体写作思路

(一)解题及立意

拿到一个考题首先要弄清楚题目的要求,确定自己的写作方向、写作内容。解题是写叙事散文极其重要的一步。这一步的好坏,直接决定全篇文章的内容是否符合要求,决定构思能否按正确的方向展开。考生一定要用足够的时间对题目进行一番解读、揣摩。在准确理解题意后,再构思行文。审题应包括:弄清题目的直接要求和潜在要求。

题目含义往往是比较丰富且超乎字面的,如《冻雨》《墙角树和孩子》《网》《乱》等,它们绝不仅仅是现实意义上的"冻雨"和"网"。考生只有细细琢磨出它们的比喻义、象征义,才能准确地把握题目的含义。审清题目含义必须紧扣题眼(题目中透露出的重点的、寓意的字眼),把握住题目中关键性的有效信息。

立意是文章的灵魂,立意的高下直接决定了文章的优劣。审题完毕后,考生必须选择恰当的角度,妥善确立文章的中心和主旨,叙事立意要深刻。文章要力求写出深度,不能仅仅就事论事,罗列和堆砌细节事件,作表层化或一般化地泛泛而谈,而要根据题目充分联想,找出立意深远且具有代表性的事件,达到以小见大的效果。

(二)事件写作

事件是表达人物性格的载体。这个载体选得好,能让人物更容易立起来;而选得不好,则很有可能使原本有看头的人物沦为平庸。

一件事情在你一闭上眼睛的时候就浮现出来，一定是你的最佳选材。希望大家在进行选材时，多回忆那些在自己身上发生过的、有趣的、久久难以忘怀的事情，将一个微小的心思、一个傻傻的微笑、一个掩饰不住的心慌都细腻地记录下来，通过细致的描写，将感情传达给他人。

有的同学倾注于详细写一件事，有的同学则喜欢写多件事。不论是哪一种，都需要包括事件、地点和人物。需要注意的是，这里的时间和地点，并不局限于一件事情的起因、经过、发展、结果，可以有非常大的跨越性。

（三）人物写作

在散文考试中，所考的散文通常是要求以人物为中心的。以人物为中心的散文，主要是展现人物的内心。人物的整体形象、性格可以通过作者的文字描写跃然于纸上。而描绘人物时，最为重要的原则就是"真"。这个"真"在散文写作中起到了极为重要的作用，即"真人、真事、真情"。在散文中，只有人物真实感人，一切才能随之而动人。在叙事散文的写作中，我们要注意下面几个问题：

1. 写身边的人和事

我们每天的生活中都会遇到不同的人和事，我们应该有意识地把它们记录下来，运用到写作中。而且这类事物多半是我们所熟悉的，对于熟悉的事物，自然了解得更加具体、深刻，从而在写作时也会得心应手。同时，这样的人物形象远比不够熟悉、没有共同生活过的人物要易于掌控得多。试想，这样的人物形象在我们的生活中还是显而易见的，比如我们身边的亲人、朋友、老师、同学、儿时共同成长的小伙伴，或者是在自己的成长过程中对自己造成了很大影响、给予过自己极大帮助的人，这些都可以归为"身边"人的概念。无论是朱自清先生的《背影》还是鲁迅先生的《藤野先生》，作者在写作时都是选择自己身边的、熟悉的人物来进行描写的。

2. 与自己相联系

有两种情况：一种是以自己的情感世界侧面烘托出所描写对象的形象，文中的自己是别人的衬托，即文中"我"的各种活动是对描写对象的有利展现；另一种是回避对身边周围人物的感受，个人只生活在自己的世界里，这种文章只能写关乎自己切身的事情，稍微视野拓宽一点就无法展开。显然，我们只提倡第一种情况。

在以人物为中心的散文写作中，是必然要涉及人物的。而这个被用来作为散文中心对象的"人物"，既可以是别人，也可以是作者自己。

我们每个人都有不同的生活方式、生活经历、个性特征，所以即使写自己也会有千差万别。同时我们每个人都是社会生活中的一员，最为了解的实际上也应该是自己，那么在写作时以自己作为中心人物进行刻画，这样所表达的感情其实是最为直接的，也是最为真实的。因为作者在写作中可以以第一人称来叙述事件，而不是以第三人称的观察者身份去转述发生在别人身上的故事，这样在写作过程中所投入的感情更加具体，所描述的事件更加详细，所阐释的观点更加清晰。

（四）情感处理

事宜"真"、情贵"切",一方面指选材最好取自于自己亲身经历的事情;另一方面,所选素材一定是触动过自己的真实感情,应是自己情感沉积层中久久不能磨灭的人和事。

写作时,感情贵在"真"。这就是说,我们在写叙事散文的过程中,要将自己内心深处的真情实感,用真实的文字充分表达出来。

王国维在《人间词话》中说:"境非独谓景物也;喜怒哀乐,亦人心中之一境界","能写真景物、真感情者谓之有境界;否则谓之无境界"。前苏联剧作家维·罗佐夫也曾说:"我回过头来看看童年的创作,它是粗糙的、幼稚的,但总是纯洁无私的。它不追求任何自私自利的目的。孩子写作只是出于自己的愿望,是按照自己心灵的盼咐……"

只有包含真情的文章才能打动人。打个比方,就像我们生活中与人交往,大概我们喜欢的也都是那些真诚地和你交往的人。而作为文学创作也一样,大家都不喜欢那些无病呻吟的文章,那些做作的感情只会让人觉得厌烦,绝不会打动人。所以,考生在写作时只有全身心地投入、放松,将最真实的情感释放出来,作品才能打动人。

（五）选材角度

尽量选取那些生活中真实发生的人和事,一方面有助于自己的写作,另一方面能够增加作品的感染力。不要选取那些所谓"轰轰烈烈"的事件,反映的情感也不宜太大,最好选一些生活中的小事。但应注意也不要选那些太过细小、枯燥乏味的事情,一定要反映出真情实感,让读者觉得有意思。

（六）文风表达

每个人都有自己所特有的文风,就惯例而言,质朴、干净的文风是最受阅卷老师欢迎的,而相对较受抵制的,则是辞藻华丽、粉饰夸大的文风。就叙事散文考试本身而言,要尽可能地避免写新概念式的、残酷青春文学式的校园文学和网络文学。不要故作老成,发表对社会的不满,更不要为了显示自己的文笔而盲目地使用大量晦涩词句。

【温馨小贴士】

为了方便考生掌握命题叙事散文的命题要求和写作方法,我们把这些要求总结成五个"一定"和五个"不",望各位考生能熟记此要领并运用到具体写作中。

五个"一定":

(1)一定要写成以人物为中心的叙事散文;

(2)一定要以"真"为主,可适当加入艺术加工;

(3)一定要有真情实感,情感要先能感动自己,再使读者感动流泪;

(4)一定要有细节动作描写和人物对话描写;

(5)一定要审题准确,中心明确,不偏题。

五个"不"：

(1)不能写成谈体会、评是非的议论文；

(2)不能片面地写成检讨书；

(3)不能写成描绘景物、托物言志的抒情散文；

(4)不能写成"泛泛而谈"、"概括叙述"而无具体生动事例或故事的文章；

(5)不能错字连篇，病句累累，不知所云。

四、叙事散文的写作方法

(一)结构方式

第一类：一事＋议(①一事＋一议；②议＋事＋议)。

这种格式的文章，事件只有一个，是从一件事中表达感情，通过这件事作者有什么感受，可以直接描述事件，然后再加以议论，即"一事＋一议"；也可以先发表自己的感想，再用一件事表达作者的想法，最后再加上议论，即"议＋事＋议"。

第二类：多事＋议(①事＋事＋议；②议＋事＋事＋议；③事＋议＋事＋议；④(总)议＋事＋议＋事＋议)。

这种格式的事件有多个，议论也可以是多个。如"事＋事＋议"，感情只有一个，但事件有两个，两件事情表达的是同一情感。而之所以用两件事来表达同一个情感点，则是为了使情感更加真实、饱满。

(二)抒情方式

1.托物抒情

托物抒情是以对物的描写来表达自己的感情，重在抒情。它可以使抽象的情感变得具体可感，化无形为有形。

托物抒情法可分为咏物抒情和缘物抒情两种。

(1)咏物抒情：描绘物象、咏唱事物，其目的是借用其象征意义，含蓄地抒发情感。

(2)缘物抒情：感情常常是和一定的事物相联系的。特殊的经历和事物，在人们的头脑中会留下深刻的烙印。一旦重睹旧物，当年的情景又会栩栩如生地重现在眼前，感情的潮水就会凭借着这一独特的物象奔泻出来。需要注意的是，缘物抒情中的"物"，对于作者来说，具有特殊的象征意义，而对其他人则并不存在这种象征意义。

2.借景抒情

王国维说过"一切景语皆情语"。借景抒情的特点就在于通过景物来抒情，在文章中只写景，不直接抒情，却处处能让人感觉到你的情感流露。

借景抒情，首先，必须了解你所写景物的特征及其象征意义，要把景物描写得形象传神，为抒情做好铺垫；其次，要把情感融入所写的景物之中，使景物具有浓厚的思想感情，做到以景抒情；再次，要把重点放在抒情上，因为借景抒情，关键在"借"，写景是次，抒情为主,写景是手段,抒情为目的,要为抒情而写景。

3. 情景交融

写景抒情相辅相成,边写景边抒情,景中有情,同时达到"一切景语皆情语"的境界。

4. 直抒胸臆

直抒胸臆就是直接表达自己的感情,但直接并不等于简单。直抒胸臆很容易做到,难的是要自然而然地表达自己的情感,并且能够感染他人,不矫揉造作,不枯燥乏味。

(三)表现手法

1. 烘托

烘托也是衬托,是指以一种事物烘托另一种事物,使之更加鲜明突出,包括正衬和反衬两种。将同一类型或不同类型的两个事物放在一起,用以从相同中或不同中突出某一事物的特点。

2. 渲染

可以是对环境、景物的渲染,使文章更加有看点、更加吸引人。

3. 联想

由一个事物联系到另一个事物,这两个事物之间具有一定的共通点,这样的手法可以使文章的内容更饱满。

4. 想象

通过联想想象出另一事物,作用是为塑造形象、表现主题服务。

5. 浪漫色彩

浪漫主义强调主观与主体性,侧重表现理想世界,把情感和想象提到创作的首位,常用热情奔放的语言、超越现实的想象和夸张的手法塑造理想中的形象。

6. 写实手法

写实手法有助于叙事散文真情的表达,使文章更具有真实性。

7. 正反对比

把两个不同的事物,或同一事物不同的两个方面作对比,使描述对象更加突出。

8. 以小见大

从小处着手反映大道理,这里的"小"指的是细节,即以细节的刻画反映深刻的主题内涵。

(四)描写方法

1. 正面描写

(1)渲染:采用浓墨重彩的笔法描绘事物,感染读者。

(2)白描:运用简笔勾勒事物的轮廓。

2.侧面衬托

(1)正衬:用与所描绘对象的性质、特征相似的另一事物作衬托,以突出所要表现的事物的特点(一般也可称之为衬托)。

(2)反衬:用与所描绘对象的性质、特征相反的另一事物作衬托,以突出所要表现的事物的特点。

五、叙事散文的命题类型

(一)按文章主线分类

1.时间型

时间型的叙事散文主要是以时间为线索来结构文章。在叙事线索确定之后,时间型的散文写作,更多的是借景抒情、寓情于景、移情于景,以此来抒发作者的思想情感。在时间型叙事散文写作中,考生应尽量传达世事的沧桑变化,古老被繁华掩盖的忧伤,因为这种忧伤已经超出了考生的个人情绪,它也是所有人共同的情感体验,这样的情感会感动人,更会感动考官。比如《雨天》《大年三十》《晚秋》《星期天》等。

2.地点型

地点型的叙事散文,考生在写作时需要更多地运用送别类的叙事手法,借事抒情、借景抒情,以此来表达人物之间的情感,人物之间的离别。此外,考生在写作中还要时刻注意渲染环境气氛以此来感染考官。比如《操场》《卧室》《厨房》等。

3.人物关系型

人物关系型的叙事散文写作,不一定非要描述你和所写人物之间的关系,也可以描写他的活动,只要在写作中从个人的实际感受出发,有真情实感,考生就有可能写出一篇以人物为中心的叙事散文佳作。比如《张校长》《我的母亲》《朋友之间》等。

4.诗化型

对于诗化型题目,考生乍一看感觉难度很大,事实上,诗化型的散文题目是比较容易写作的。在诗化型题目的叙事散文写作中,考生需要把握叙事、真情、细节这三个要素,既有事件的描述、情感的流露,同时有对人物形象、环境等细致的刻画,把三个要素融入诗化型的散文题目中。比如《冬之雪》《烟火》《难忘一曲》等。

(二)按题材分类

1.校园生活型

考生在写校园生活型叙事散文时,事件与人物的选择都被严格限制在校园内。"我"既可以是事件的亲历者,也可以是事件的旁观者。事件与人物确定的同时,考生要注意在叙事时情感的抒发与升华,因为叙事与情感表达在叙事散文中必不可少。

2. 家庭生活型

家庭生活包括父母、兄弟姐妹、亲戚之间的故事。对于家庭生活型的叙事散文写作，考生需要在散文叙事的基础上辅之以对家庭人员的细节描写，并借助议论、抒情的方法来揭示你所要表达的思想感情。

3. 社会生活型

社会生活包括你与邻里之间、朋友之间、陌生人之间发生的故事。在社会生活型的叙事散文写作中，考生在事件记叙、细节刻画的基础上还要有情感的抒发。

第三节　经典范文赏析

【范例一】

像空气一样的母爱

河南考生　刘芳芳

中考那紧张的气氛传染了每一个迎接它的考生，大家都如饥似渴地"啃"着书本。我也不例外。也许是中考的压力太大，我异常烦躁。

夜深人静时，我还在心慌意乱地翻着语文书，却一点也看不进去。这时，妈妈推门进来，手里端着一杯热腾腾的牛奶。

"明天就要中考了，今晚就别看书了，喝了牛奶，早点睡吧！"妈妈微笑着关切地说。

虽然知道妈妈的心意，但是烦躁使我变成了一只刺猬，妈妈成了我发泄的对象。

"我不想喝，我连看书的时间都没有了，还有空喝牛奶吗？"我头也不抬地说。

"明天考试，你还是早些睡吧，否则明天会没精神的。"妈妈的语气中带着一丝焦虑。

"你别烦我了！害我书都看不进去了！"我朝妈妈大吼。

气氛一下子变得很死寂，很尴尬，妈妈就像没有甲壳的乌龟一样被我扎得遍体鳞伤。我知道妈妈是关心我的，我也知道，我伤害了妈妈。其实，我真的不想说那些尖利、刻薄的话，可不知为什么，一张口，这些话就像连珠炮一样射了出来。

妈妈默默地收拾着我铺在床上的书本，见我没有"睡意"，转过身叹了口气，轻轻地带上门……听着妈妈掩门而去的脚步声，望着眼前冒着热气的牛奶，我心中充满了内疚，我多想跑出去对妈妈说声"对不起"。可我没有勇气。在这个寂静的夜晚，我伤害了妈妈，妈妈却一笑而过，对我如此宽容。博大的母爱，让我感到如此伟大，却又让我充满了罪恶感。

我关了灯，听到妈妈走近而又离开的声音，我望着天花板，下定决心，明天我一定向妈妈道歉。我突然觉得，妈妈的爱就像空气一样，让我赖以生存，却常常忘了它的存在。

【范例二】

泉城茶记

山东考生 孙静

"泉城"济南的名声在中华大地可谓是闻名遐迩,它一面靠山,三面环水,城中百余处泉水如珍珠般点缀,绿带似的护城河蜿蜒其间。山清水秀,美不胜收。

就当我这个未经世事的少年前去拜访一位名家吧!初见济南,便感慨与这位"名家"相见恨晚。若不是来探亲,这初次的见面不知要拖到什么年月,那时的自己怕已老态龙钟,配不上这济南的美了吧!烟雨迷蒙的大明湖,精巧玲珑的珍珠泉,奇伟壮丽的千佛山,还有易安、稼轩的故居,国画大师李苦禅的庭院……造物主惊艳的一笔,历史浪涛下沉淀的金沙,令人享受,令人惊诧。这些,都已被无数文人墨客反复吟咏,被无数诗词歌赋默默诉说,亦被我无数次收入镜头,映入眼帘,不必再有过多的记述。

在我心中,最念念不忘的,是护城河边淡淡的茶香。

仲夏季节,黎明时分,天空中飘落的一场细雨让清晨的空气既凉爽又清新。在唐山,如此"美味"是享用不到的。我和表哥一起踩着湿滑的青石板,慢慢享受这护城河边最美好的时光。在黑虎泉流淌的美妙的叮咚声中,泉城人用自制的打水工具汲取泉水,有的人甚至直接畅饮起来——济南的泉水可是醉人的,如一坛老酒,喝过便醉在其中,再饮别的,都觉得索然无味了。顺着水声走,就能看见铁铸的黑虎像。塑像旁边是一个小茶摊,很小,却飘出了清爽的茶香和茉莉香。虽然我对茶没什么研究,但父亲爱茶,渐渐的,我也养成了喝茶的习惯。顺着淡淡的茶香,我的两条腿便很不自觉地走到了茶摊旁。

"老板,来两碗茶。"我试着用不太地道的山东话讲着。

"诶,好嘞,您稍等。"招呼客人的是一个山东汉子,他的妻子正在泉边汲水。

河边的茶摊都是打新鲜的泉水来煮茶。趁着这段空闲的时间,我开始打量这个小茶摊——几张木制的桌子,十几把竹凳,紫砂的茶具在炉火上煮着茉莉花茶,湿润的空气中点缀着淡淡的茉莉花香,远望为河,近看为柳,好不舒心、惬意!

不多时,那个山东汉子左手拿了两个白瓷青花的大碗放在桌子上,右手提着刚刚煮好的茶。亮澄澄,透着金黄色光泽的茶倒在乳白的碗里,令人赏心悦目。清冽的泉水,配着味道甘淡的花茶,散发着平淡却诱人的香气,喝上一口,甘甜与清香在齿颊间久久不去,连余香也沁人心脾。我忍不住地喝了一口又一口,它没有西湖龙井般的甘醇浓厚,也不必像品名茶一样要一看二闻三品,它仅仅是一碗大碗茶,廉价、普通,却比名茶还能抓住人心,令人着迷。我放下手中空空的茶碗,质问自己:为什么在我心中,它堪与龙井、乌龙相媲美?

头顶是瓦蓝瓦蓝的天,如烟的云,身边是垂动的柳,脚下是干净的青石板与静静流淌着的河。再平凡不过的木桌竹凳,再平凡不过的茶香,再平凡不过的我……我释然了,这令我痴迷的,是淡然的心境。

只有有了追求,人才能被称作人。有的人追求的人生如烈酒,一生轰轰烈烈,挥洒豪情;有的人追求的人生如香茗,龙井一般的高贵,超凡脱俗。而我,追求的是一种淡然的心境。我所追求的生活就如这河边淡淡飘香的大碗茶,与这清风、流水、浮云、烟柳共同构造自己淡然的心境。

人的一生贵在清淡,不追求身家百万,不追求傲视天下,更不去追求虚无缥缈的长生不老。可是我只想拥有属于自己的平淡的生活,不与他人攀比,不在困境中自怨自艾,只是安安稳稳地生存,在注定的缘分中给人以幸福,在一生的漂泊中随遇而安,如我饮下的那碗茶,生前淡然,死后安然,这才是我最初的信仰和最终的追求。

泉城的茶香,淡淡的,封存在我的记忆中。或许在很多年后,我会忘记这次泉城之行,忘记大明湖的风荷,忘记珍珠泉的群鱼,但是我不会忘记,那对在平淡中长相厮守的夫妇,那似乎永远都是蓝天白云、细雨朦胧的风景,那长存于人间的淡淡茶香。

第八章　摄影作品分析

框架梳理

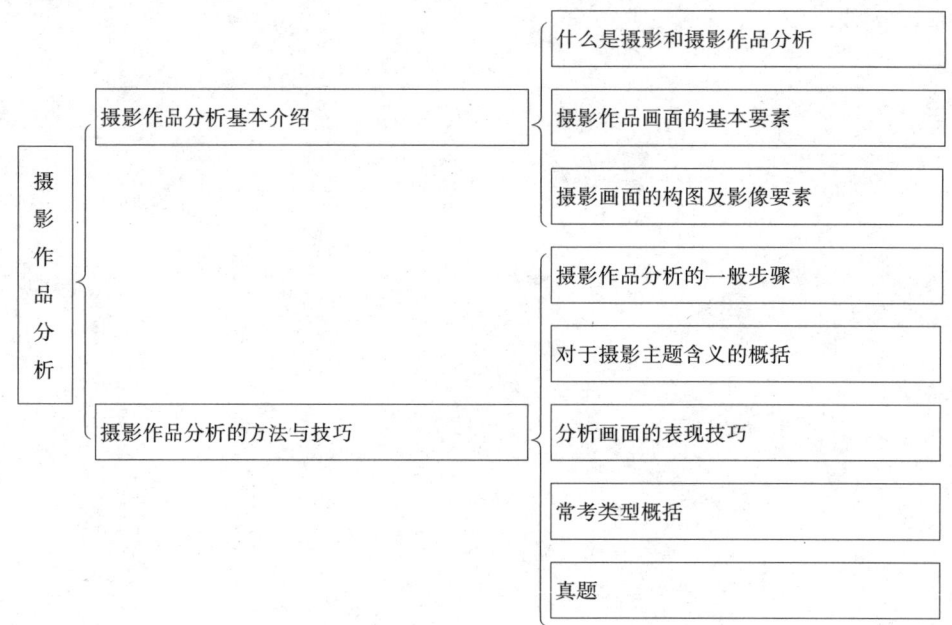

本章提要

对于摄影作品及美术作品的分析，在编导考试中当属最基本的考试项目之一，特别是对于考影视摄影与制作专业的考生来说是至关重要的。在历届考试中，关于摄影作品及美术作品的分析通常分为笔试和面试两部分。笔试一般提供给考生单幅的作品，并要求写出800字左右的分析文章；面试则提供给考生一幅或多幅作品，考生抽题选择后需在指定的时间内仔细赏析图片，再进行综合分析评论或回答考官的提问。无论是笔试还是面试，都要求考生在短时间内对所提供的作品进行分辨作答，那么对于考生来说，如何第一时间抓住作品的精髓实属一项十分必要的专业技能。

第一节 摄影作品分析基本介绍

一、什么是摄影和摄影作品分析

摄影是一种借助于光线对客观对象进行描绘的视觉记录或表达方式,又被称为"光的绘画"。摄影是一门技术,也是一门艺术。它是通过影像反映生活、表达思想感情的一种艺术形式,通过表现技巧的完美程度,使其所要表现的对象得到升华、提炼。摄影同时也是一种造型艺术,运用光学成像等科学原理,使瞬间的真实景物在平面上得到影像记录或反映。

摄影作品分析是对具体的摄影作品进行鉴赏,并作出简要分析和评价的艺术研究活动。优秀的摄影作品不仅应该具备鲜明且优秀的主题,还应该是有意义、有知识性且有艺术感染力的艺术作品。分析摄影作品主要的任务是通过体验作品的美,区分出作品格调的高雅低俗,辨别出美与丑,并从中获得健康的审美情趣,使人心境得以陶冶。

二、摄影作品画面的基本要素

摄影作品中一般具有以下三种要素(见图8.1):

图8.1

(一)主体

主体是画面中所要表现的主要对象,是构成画面的主要部分。主体不但是画面内容的中心,也是画面结构的中心,其他景物都要围绕它配置且与它关联呼应,形成一个统一的整体。一般情况下,主体在画面中的安排都比较明确、突出,被强化并引人注意。

在摄影作品中,突出主体的方法包括以下两种:

1.利用构图及特殊的设置方式,让主体处于视觉中心。

2.利用对比手法,即通过画面中大小、明暗、色彩、动静、虚实(实为主体)等因素进行对比,达到突出主体的目的。

(二)陪体

陪体指在画面上与主体紧密关联,构成一定情节的对象。它的作用主要是帮助主体揭示主题,同时也起到均衡画面的作用。

陪体的安排和处理要使画面富有生气,并与主体形成对比,起到对主体陪衬、烘托的效果,却不喧宾夺主,破坏主体。

摄影者通常会将画面的主体和陪体进行一定的安排来达到画面所要传达的主题,例如:

1. 将主体置于视觉中心。
2. 将主体刻画完整,而陪体只有部分。
3. 主体处于正面,陪体则在侧面。
4. 主体处于动态,陪体处于静态。
5. 主体是实体,陪体呈虚化状态。

(三)环境

环境指主体周围的人或景物。主体前面的景物为前景,主体后面的景物为背景。前景的运用可增加画面层次,表现空间深度,强调现场气氛,增加构图变化。背景可以点明主体所处的时代特征、地理位置、环境气氛,帮助观者理解主题思想、情节内容,帮助刻画人物性格等。

三、摄影画面的构图及影像要素

(一)摄影构图的概念及基本形式

摄影构图是指拍摄者将其所要表现的客观对象,根据主题思想的要求有机地组织安排在画面中,从而使主题思想得到充分的表达。

摄影构图有以下几种基本形式:

1. 水平线构图:给人平静、安宁、广阔、舒展的感觉。
2. 垂直线构图:给人重心稳定、庄严、肃穆的感觉。
3. 对角线构图:具有动感、上升、延展之势。
4. S形构图:优美而富于节奏变化。
5. 辐射形构图:具有强烈的扩张性、爆发力和动感。
6. 三角形构图:稳重、沉着、不可动摇。
7. 框架形构图:具有强烈的形式感、纵深感。

(二)摄影画面的影像要素

1. 线条:画面组织形式构成的重要元素,在画面中具有很强的形式美感。

2. 影调：摄影画面中一系列不同等级的黑、白、灰的表现，分高调、低调、中间调。
3. 色调：画面中形成的色彩的整体基调，与人的情感有某种对应关系。
4. 位置：主要指拍摄的位置，包括角度（平视、仰视、俯视）、方位（正面、侧面、背面）、景别（特写、近景、中景、全景、远景）等。
5. 光线：主要指画面的正面光、侧面光、逆光等。

第二节 摄影作品分析的方法与技巧

一、摄影作品分析的一般步骤

在考试时，当拿到一幅摄影作品后，考生可参照以下步骤进行分析：

首先，看立意——读懂画面的含义，概括作品主题。

其次，看表达——分析画面的各种表现技巧。

1. 主体对象的选择与强调。
2. 陪体与主体的关系及画面环境气氛的营造。
3. 画面线条的构成。
4. 画面影调的构成。
5. 画面色彩的构成。
6. 画面空间的经营处理。
7. 用光技巧分析。

【温馨小贴士】

摄影作品分析的三个基本原则：

1. 作品要有一个明确的主题，要有积极的内容主线，能反映一定的思想情感和情趣现象。
2. 作品的主要表现形式，例如光线、构图、角度、影调等因素在画面中的呈现都是考生分析的重点，但很多时候并不是每个因素都会在一幅作品中同时出现，考生应根据不同作品，选取不同因素作为其分析的重点。
3. 作品的内容、形式是如何为主题服务并突出画面主题的。

【范例一】

以图 8.2 为例，如果在考试过程中考生拿到这样一幅具有代表意义的摄影作品，首先要考虑的是：

图 8.2 《大眼睛》（解海龙摄）

1. 吸引你眼睛第一注意力的是什么？是不是画面所要表现的主体？立意是什么？
2. 作品是怎样突出主体的？怎样利用陪体、前景、后景、方向、视角来表现主题？
3. 作品是怎样运用线条形成画面节奏，抒发感情，突出主题，表现主题的？
4. 作者为什么想要拍这幅照片？
5. 摄影作品的光线、影调的特点是什么？
6. 照片是否有景深？真实吗？如若不真实，对照片来讲是有利还是不利？
7. 照片的构图是否完善？对于照片的主题产生了怎样的影响？

【分析要点】

第一，眼神画龙点睛，突出主题。

第二，光线的巧妙运用：侧逆光形成鲜明轮廓，把女孩贫困、质朴的形象展现出来了。同时由于桌上白纸的反光作用，面部和眼睛显得特别明亮。

第三，明暗对比、虚实对比，突出主体形象。

对于一幅摄影佳作的正确理解和认识，往往需要经过从感性认识到理性认知，再由理性认知到感性认识的多次反复才能获得。当考生经过多次欣赏后，会对眼前的照片有新的认识。分析摄影作品的最佳状态应是观赏者与创作者建立心灵沟通，一同思考，一同分享。只要把这些问题想明白了，考生就能将照片中的要点一一击中。

二、对于摄影主题含义的概括

对摄影作品主题的分析是一项十分重要的内容，考生在拿到一幅作品时首先要了解的就是它所要表达的主题。一切手段和技巧都是作者为了突出主题服务的，不管是单纯的分析技巧还是内容分析，考生都必须以主题为前提。

作品主题是指创作者在说明问题、发表主张或反映社会生活现象时，通过作品的全部内容表达出的基本观点。摄影作品的主题往往体现在画面的主体上，一般情况下，分析一幅摄影作品的价值就是看它所要表现的主题价值。因此考生在分析摄影作品时，一定要清楚画面表现的是什么，通过这些表现揣测作者想要表达的是什么，即明白摄影主体的符号信息（分清画面的主体和陪体、解读主体的含义）和摄影总体的含义（联系主体和客体之间的关系，分析为什么这样布局，表达了什么）。

【范例二】

类似于图8.3这样的作品，分析它的主题无疑是最好的选择。在这幅作品中，无论是构图还是对于前景的处理，几乎都是为了突出作

图 8.3

者想要表达的主题。

【分析要点】

1. 点明时代背景和特定环境（战争动乱时期）。
2. 突出主体人物，深化作品主题（两位亲密的爱人）。
3. 动乱和宁静形成强烈对比，使得作品具有极大的冲击力和震撼力，更加强化了作品的主题——挡不住的爱情。

三、分析画面的表现技巧

（一）主体与客体的关系分析

如果摄影作品中的主体处于多个陪体中的中心位置，那么整个画面中所有的元素基本都是围绕主体来配置的。有时群体中突出的那个事物虽然不是主体，但它是整个画面的主题中心和构建中心，起着组织画面整体的作用。而陪体在画面中一般起到凸显主体的陪衬作用，帮助表现画面的内容，丰富画面的信息。这里的关系分析一般就是分析主体怎样表现了主题，而陪体又是如何衬托主体并均衡了画面构图。

（二）画面环境气氛分析

环境是指在摄影作品中主体所处的特定地理位置。环境氛围指画面主体以外的所有陪体集体营造的画面感。考生需要注意画面中所呈现的环境氛围与画面主体之间具有何种联系（二者之间是对比关系还是环境对主体的烘托关系）。如果是对比关系，则要分析作者所要表达的是一种什么样的感情，以及用这样的对比手法又会产生怎样精彩丰富的画面效果。如果是烘托关系，则要分析环境怎样为主体营造出深层次的主题。

（三）从画面线条角度分析

摄影作品中的基本要素是线条。垂直于地面的树木、烟囱、高楼、站立的人，地平线的直线，风吹树枝的斜线，蜿蜒的河流、起伏山脉的曲线，都是构成摄影作品主要的线条。但有些线条只是虚构线条，并不真实存在于画面中，如人的视线或者运动的方向。考生进行线条分析时要考虑这些线条给自己带来的视觉感受，分析作品是怎样提炼线条和运用一定的线条结构来抒发感情的，最后是怎样切合主题的。

（四）从画面影调角度分析

对摄影作品而言，"影调"又称为基调或调子，是指画面的明暗层次、虚实对比和色彩的色相明暗等之间的关系。通过这些关系，使欣赏者感受到光的流动与变化。摄影画面，根据影调的亮暗和反差的不同，分别以亮暗分为亮调、暗调和中间调，以反差分为硬调、软调和中间调等多种形式。影调的分析首先要确定画面主体处于哪种形式的影调内,然后试着说明影调的选择对于画面中主体的立体感、质感和空间深度感的处理是否恰到好处,最后分析影调的应用对于控制画面的气氛以及对突出主体具有怎样的意义。

(五)从画面色彩角度分析

摄影中色彩的运用主要是指景物本身色彩的组合和不同光线照明下色彩效果的运用。不同的光源有不同的颜色,同一被摄体在不同色光的照射下会产生不同的色彩效果。摄影作品不同于美术作品对画面讲究极高的色彩完美性,但是它也有着一定的要求,比如说主体所处的环境色彩是否可以促进画面色彩的和谐统一,色彩的搭配组合对控制画面气氛与突出主体的效果如何,色彩最终怎样反映和突出作品所表现的主题。

(六)从用光技巧角度分析

光线一般分为自然光和人工光。自然光主要指在晴天直射的太阳光和天空光,在阴天、下雨天、下雪天天空漫射的光线。光线的位置角度可分为顺光、前侧光、侧光、侧逆光、逆光、顶光、脚光和无照射角度的漫射光等。不同的光线和不同的照射角度给人以不同美感的视觉差异,从而使景物的色彩、线条、形体、质感等无不受到光线照射的影响。

(七)从拍摄角度分析

摄影镜头面对被摄物体时,拍摄方向一般有三个角度,即正面、侧面、背面,拍摄高度一般有平角度、仰角度和俯角度。一般来说,仰俯角度和背面表现的不是太多,作为特殊方法使用时,考生就要注意它产生的特殊效果。根据具体的情况,分析镜头的角度和方向是怎样帮助画面表现主体、反映主题的。

(八)从前景和背景的角度分析

在摄影作品中,主体与拍摄镜头之间的景物是画面的前景。前景离观看者最近,它有利于表现主体,起到烘托、陪衬、渲染等作用。在画面中位于主体后面的景物是背景,它一般用于说明主体事物存在的具体环境,起到深化主题、引起观者联想的作用。有些作品中往往存在着相当大的留白情况,如天空、海面、森林等,这通常是与作品的主题和作者的创作手法有关,根据不同的情况要进行不同的处理。

【范例三】

法国感伤摄影大师让·卢普·西夫1963年的摄影作品《奔跑》,是一张超越人类摄影阈限的超凡之作。自我影像终于超越人类作为物种的局限和偏激,进入到了完满的殿堂。但与此同时,西夫提出了这样一个问题:摄影怎样才能摆脱技术和机械的压制,追求超越于影像之上的感悟和人文关怀? 这其实也是影像艺术的一个关键问题。

当遇到这样的题目时,考生首先要做到的是仔细审题,从作品的标题、画面内容以及题干中所给出的信息入手,分析作品的构图、光线、影调和色彩是如何安排处理的,最后根据作品所要传达的主题思想展开分析。

【分析要点】

照片上，凸凹有致的砖铺地面见证了岁月的侵蚀，道路两旁阴沉忧郁的树林，被摄影家处理为密不透风的黑色幕墙，恰似这繁琐的人生，仿佛永远也看不到生活的希望；奴役的力量是如此庞大，我们似乎只有投降的份了。不，看正前方，头顶之上，丝丝缕缕的阳光正扯碎生活枝丫的纠缠，顽强地探出头来，向你挥手，向你招摇，向你微笑。然而，那团火光之后隐藏着什么？它为何具有如此魔力，让你一瞬间就忘记了人世间所有的不快，心甘情愿地匍匐于它的膝下？它让我们迫不及待地张开双臂，任微风把衣袂掠起，把长发飘荡，奔向那广阔无垠的自由之地！作为人类永久的追求目标之一，美对于任何人来说都是极为艰难的事情。往往一个人付出了最强烈的热情，收获的却是两手空空。西夫是一个富有蛊惑力的煽动者。阅读他的照片，冲动就会按捺不住传染你的神经，自我流放的念头就会像病毒一样被瞬间激活，蠢蠢欲动。人，也许就像凡·高画笔之下的无垠麦田，有饱满成熟的，有空空如也的；但不管是怎样的高贵或卑劣，我们都静静地等待着清风来收割。太阳底下的众生，又有谁能逃脱这样的命运？只有那风之子，才能如此超脱，他和凡·高一样，轻盈地飞过了麦田，上升，上升……

图8.4 《奔跑》(让·卢普·西夫摄)

四、常考类型概括

(一)人物摄影

在艺术类专业考试中，一般以人物摄影和风光摄影为主，其中人物摄影尤为重要。所谓人物摄影就是将现实生活中各种不同环境状态下的人物作为拍摄主体，通过所摄人物体貌的不同形态，反映人物的内心世界和情感性格，并且具有典型性的摄影艺术作品。所以考生对于人物摄影的分析一定要做到以下几点：

1. 画面中的人物处在画面的什么位置？
2. 画面中的人物是一种什么样的情绪和表情？
3. 画面中的影调或色彩感受是怎样的(暖色调还是冷色调)？
4. 作者赋予画面主人公什么样的情怀？
5. 画面中的主人公最突出的是什么部位？
6. 画面中的人物和周围的环境是一种什么样的关系？

【范例四】

对于这样一幅作品的分析(见图 8.5),必须搞清楚这是一幅人物加环境的摄影作品,考生不能只单纯地考虑到人物而忽略掉环境的因素。一般来讲,类似于这样的摄影作品多出现在面试环节中。

【分析要点】

第一,人物加环境的人像摄影,突出人物身份,创意新,并借此点名主题:眼睛是心灵的一扇窗。

第二,构图大胆而严谨。

第三,通过影像大小、影调浓淡对比的手法,表现出主人公深思熟虑、潜心创作的风貌。

图 8.5 《作曲家伊戈尔·斯特拉文斯基》

(二)风光摄影

关于风光摄影作品的分析,我们一般从它的画面色彩和光线入手。在风光摄影作品中,侧光的使用最可以容易凸显景物的立体感,使景物真实可信。构图的均衡对称也给画面增添了宁静的氛围,让人犹如身临其境。有时一些摄影家会使用偏光镜,使画面色彩饱和,色调和谐,给人一种意境美。另外,大自然的神奇之处就在于光与色的瞬息万变,再高明的图画有时也很难调配出如此美妙的色彩变化。风光摄影作品中常会出现冷暖色调的对比效果,给人一种不一样的视觉意境。有时摄影师也会通过控制曝光量来制造不一样的色彩效果。

在拍摄自然风光时,摄影师经常会使用广角镜头。广角镜头的视角广,既可以突出近景景物,也可以增加透视效果,使画面看上去有一种纵深感。在构图上,以低角度视线夸张地突出画面前景也是拍摄者惯用的手法。在分析风光摄影作品时,画面的意境则是分析的重点。

【范例五】

图 8.6 这幅作品给人的第一印象是苍凉的感觉,这似乎是高原边缘的一条小河的一角。虽无人烟,但茂盛的芦苇仍然让人感觉暗藏生机。稍远处是光秃的山丘,给人荒凉的感觉,再远处的蓝色山脉,一幅古老而又神秘的景象,天空与群山配合,更加深了这种感受。

图 8.6

作品描述了远山和小河的景象。视角从小河开始,到稍远处的山丘,再到很远处的群山,富于层次感。近处的小河有三个层次:近处的芦苇、河水和远处的芦苇;附近的山丘被夕阳照亮,连绵起伏,具有丰富的层次;远处的山脉高高耸立,层次感分明;地面的景物和天空,虽不是那么清晰,但也为画面增加了层次的分界。这幅画面利用极为丰富的层次感,使透视显得更加强烈。

从色彩上看,蓝、黄、棕、灰、白构成了美妙的色彩对比。从艺术构思层面理解,这幅照片的对比情绪是很明显的:平静河水和高耸群山的对比,茂密的芦苇和光秃山丘的对比,地面和天空的对比,给予观看者强烈的视觉冲击。

从技术层面分析,作品似乎是由两幅作品相叠而成的,近处的小河和光秃的山丘为一幅,远处的群山和天空为一幅,结合处比较紧凑,不易看出破绽。如果说非要找出一点瑕疵的话,那就是重叠的两幅作品的分界线似乎过于圆滑,而且分界线两端色差明显,略显突兀。

总体而言,这幅作品构图优美,透视和谐,曝光准确,加工精确,富于艺术品位,的确为一幅不可多得的精品。

(三)静物摄影

所谓静物摄影,主要是指以小型的静止状态下的物体为拍摄对象的一种摄影创作活动。静物摄影的拍摄对象种类繁多,包括工艺美术作品、陶瓷器皿、金银首饰、装饰物品、泥塑雕刻等。静物摄影题材广泛,日常生活中随处可见。静物在拍摄过程中不仅可以灵活布局,而且可塑性较强,可以利用多种多样的拍摄手段和拍摄技巧,其作品具有较高的审美价值。分析静物摄影作品,首先要注意物体所传递的主题和思想内涵,其次则是物体的光影色调,最后是物体与环境的关系。以上三点是此类考题的重要考点。

【范例六】

波胡米尔·奈迈克拍摄的《椅子》(见图8.7),照片中有大量空白。在摄影里空白是有大学问的,留下的大部分空白可给观众以极大的想象空间。利用画面中交叉的横竖线,以竖(横)破横(竖)的构图产生出强烈的视觉效果。当然,较复杂的画面只用简单的构图法是无济于事的。一般来说,对于复杂的东西,首先要选择重点,不要面面俱到;其次要求统一,包括图形和色彩上的统一,以及与被摄物体之间的联系。

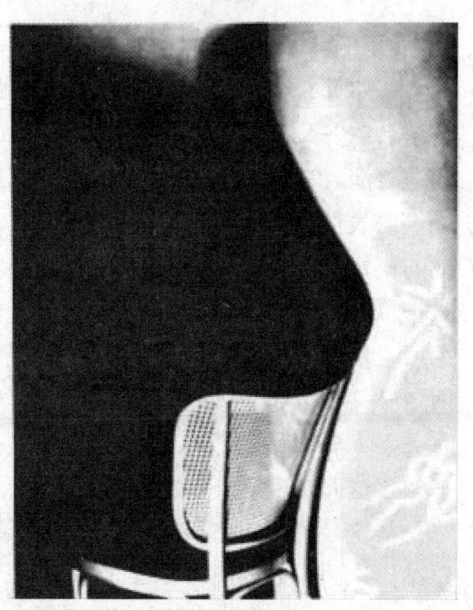

图 8.7 《椅子》(波胡米尔·奈迈克摄)

(四)创意摄影

创意摄影在拍摄的选材、构思和拍摄过程中打破陈旧的观念和模式,寻找新的表现形式、表现方法和拍摄技巧,这一系列的创造性活动被称为摄影的创意。好的摄影创意能够突出作品的主题和思想内涵,吸引人们的目光,引起观者的兴趣,以及使作品标新立异、别具一格。

创意摄影我们可以把它理解为在表现形式和表现技法上具有创造性探索的摄影表现方法。创意摄影是摄影作为一种艺术表现手段的本质体现,也是激发、展现摄影者创造性思维的舞台。

【范例七】

在图8.8这张照片里,四位黑人儿童背朝着我们,以自然而矫健的身姿奔向大海。海浪正向他们涌来,似乎是在向她的儿女们伸出温暖的臂弯。照片所采用的结构方式,用我们今天的话来说,是一种开放式的构图。其中,三个孩子被紧紧地框在画面中,构成完整的主体形象。只有一个小孩身处画外。但他的一只欢快挥舞的胳膊却被定格在了画面里,画面形象因此显得极为饱满,情绪与气氛极富感染力。我们似乎能从中听见孩子们与海浪共舞的欢叫声。

图8.8 《1932年,利比里亚儿童》

【范例八】

艾尔弗雷德·艾森斯塔特拍摄这张照片时年仅29岁。当时《生活》杂志委托他拍摄一组名叫"摄影师眼中的巴黎"的专辑。后来在巴黎的梦苏里公园,他发现了一个露天木偶戏表演,许多孩子正怀着惊奇和兴奋的心情在观看表演。艾森斯塔特躲在幕后抓拍孩子们的表情,这张照片就是在木偶戏的高潮部分——英雄杀死恶龙时拍摄的。"我找到一个非常好的角度,接连拍了两卷胶卷。"当艾森斯塔特92岁时,他回忆说:"在我有关于人的表情的作品中,没有哪一幅比这张成功。"

从这幅照片的成功创作可以总结出以下几点:

(1)抓拍人物表情尽量不要干

图8.9 《木偶戏表演》(艾尔弗雷德·艾森斯塔特摄)

预人物活动。

（2）要有足够的耐心。摄影中很多东西是需要等待的,只有经过长时间的等待才能把握到精彩的东西。

（3）一旦出现精彩瞬间要毫不犹豫地按下快门。除了作品的等待,创作者把握作品的"快"和"准"也是十分精妙的,要把瞬间的精彩用敏锐的艺术触觉捕捉下来。

【范例九】

摄影家布莱恩以一个异想天开的想象空间,将美国西部犹他州的地域特征表现得惟妙惟肖。他用夸张的手法和巧妙的比喻形象地表现出主题。他将一个煎熟的荷包蛋放在干裂的土地上,并用强烈的光照加以突出,从而使这一炎热的氛围夸张到了极致。

这幅作品的成功,首先应归功于作者大胆的想象和巧妙的设计;其次,作品摆脱了以往表现炎热干旱的拍摄模式,而选择在傍晚拍摄,并用灯光突出了主题,广角的运用也给画面增添了纵深感,而近处干裂的土地和煎蛋更加突出,整个画面显得凝重而深邃,不失为一幅风光及创意的摄影佳作。

图8.10　《干涸的土地》(布莱恩摄)

五、真题

下面给出的这幅图为第53届荷赛摄影奖日常生活类组二等奖作品,本作品的题目为寻找自己的路——《一缕阳光》,要求根据作品写一篇摄影作品分析文章,不少于800字。

图8.11　《一缕阳光》

【范文】

生命的阳光
——评《一缕阳光》摄影作品

四川考生　陈宿瀚

这是一幅生活题材的人文纪实作品,是作者组照作品中的一张。画面中,一名小朋友站在走廊一边的窗口,一缕阳光从窗口射入,照亮了小孩子的眼睛。他身后的走廊也因为光线的照射而明暗交错着。这是一幅很美好的生活场景,小孩子面带微笑。他向往阳光,向往美好的生活。(描述图片,简单点名主旨)

作者采用了经典的黄金分割点构图法,把画面主体——小孩子,放在了右侧的黄金分割线位置。这不仅可以使画面吸引观众的注意,也更突出了趣味中心。另外,这幅作品运用了开放式构图。画面中,小孩子的目光指向画面外,也同时引领着我们不由得思考画面外的场景。这引发了人们对小孩子内心的思考,带领我们走进他的世界。(构图)

画面的主体突出是这幅作品的亮点。作者采用了较长焦距的镜头拍摄,不仅压缩了空间,提炼了画面的主题,还虚化了背景,突出了主体。另外,较大光圈的使用,更是虚化了背景,缩小了景深,进一步突出了主体。这幅作品在结构上采用了近景景别,焦点控制在小朋友的脸部范围内,保证了主体的细节,包括发丝、脸颊皮肤质感等部分,十分生动地刻画了小朋友的神态。(镜头的构成,包括景别、拍摄角度、光学镜头等内容)

在用光方面,点光源是整张照片的主题和亮点。光线来自于右前侧,偏重于侧逆光方向,光线较为硬朗,使得小朋友的脸部十分有立体感。光比适中,使得脸部暗部细节的呈现也比较丰富。而背景中,光影明暗交错变化。画面下半部分处于阴影中,上半部分处于亮部,整体反差较大,画面略显生硬;不过在与主体人物的衔接上恰到好处,使得人物的轮廓均匀、明显。摄影师运用了各种手法,突出了主体,技巧过人,效果也是十分完美的。(用光)

这幅作品运用了黑白影调,这是一种简化的效果,黑、白、灰的过渡勾勒出了一个明确的主题:一缕阳光。阴影是黑色的,过渡是灰色的,阳光照射的部分呈现出高亮的白色。正是这些简单的色彩简化了画面,但细节依旧丰富,这也是这幅作品吸引人的地方。(影调或者色彩)

总的来说,这幅作品内容新颖,对主题《一缕阳光》的表现十分生动。光线的控制更是恰到好处。主体突出,细节丰富也是这幅作品的亮点。让我们在《一缕阳光》中看到了生命的阳光。(总结,可以把主题思想在总结中深化)

第九章　文学作品评论

框架梳理

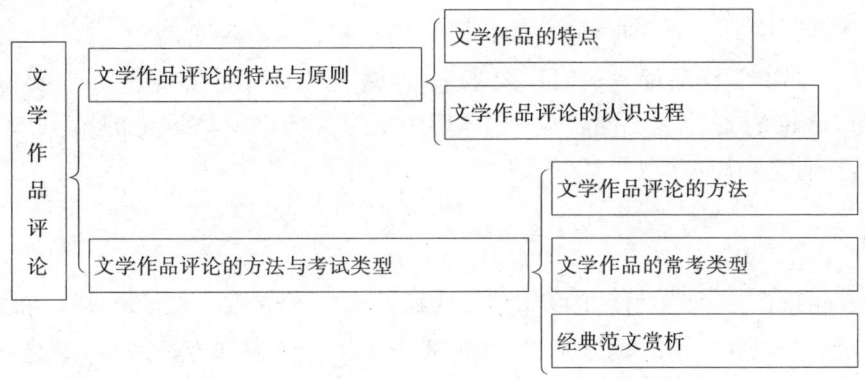

本章提要

在历年的艺考真题中,有不少涉及文学作品评论的考题,其中影视作品评论占据多数。但在某些省份也出现过故事作品和散文评论形式的考试,因此这一部分也不容忽视。进行文学作品评论时,不仅需要学生有丰富的文学理论常识,而且还要求学生具有对抽象文字展开联想的能力。

第一节　文学作品评论的特点与原则

一、文学作品评论的特点

文学作品评论是指一种以作家、作品、思想、写作风格、文学创作等为对象的理论文体,是对文学领域的各种现象进行分析、研究、评价的文章。文学作品评论不同于新闻评论和一般的思想评论,它具有自身的特点:

第一,文学作品评论的对象是文学作品,它包括对诗歌、小说、散文、戏剧、影视文学作品等的评价和论述。

第二,文学作品评论是感性和理性的结合体。文学作品评论容易陷入的误区是直接对作品进行好与坏的评价,而忽视了"为什么是这样"。这是因为,人们对文学作品的评论经常停留在感官直觉的基础上。

第三,文学作品评论具有复述的特征。文学作品的复述是一种"再叙述",在复述中展开原作者与评论者思想的交锋。

二、文学作品评论的认识过程

在进行文学作品评论时,应该遵循"阅读—定题—评论—写作"这四个步骤,这是一个对作品理性认识的过程。

(一)阅读

这是文学作品评论中一个占有材料、调查研究的过程。只有通过阅读,才能为写作打下坚实的基础。从文学作品评论的写作要求来看,阅读既要做到点面结合,又要做到深浅结合。写作评论的关键是要说到点子上,切中要害。所以写作评论的第一步"阅读",务必要深,要有真知灼见。

(二)定题

定题是指在阅读作品、搜集材料的基础上,选择并确定评论的中心。定题也可以称为"选题"。考生应选择好评论的具体角度,评论要依据个人认识和专长来定,要选自己熟悉的、有把握的、有心得的、能评论的方面来评,要学会扬长避短,确定好评论中心。考生还应发挥对作品的独到见解和真知灼见来确立评论角度。定题是考生在阅读作品的基础之上,通过认真思考,完成感性认识上升到理性认识的"飞跃"过程。

(三)评论

这是对整个作品的一个全面的解读和评价。首先,要看这部作品说了什么,明确作品所反映的具体内容,并把作者的经验与自己的经验联系起来。其次,阐明作品的主题,这需要对作品认真细致地阅读,正确评论作品的主题。再次,考生需注意作品是如何表达的,表达得好不好。考生要注意作品在表达过程中所运用的技巧,这也能体现考生的专业水平。而评价作品的好坏,在很大程度上是主观的,如能正确判断作者的艺术表达手法,做出应有的评价,则会得到考官的认同。最后,要找到作品的创新之处。一篇文学作品评论,只有正确地指出作品的认识价值和艺术价值,才能称得上是一篇好的文学作品评论。

(四)写作

文学作品的评论写作类似于议论文,但不同的是,所评论的对象是文学作品,因此分析对象本身的文学性就很重要。好的文学作品评论要有正确而鲜明的观点,在准确、充分又具有说服力的论据的基础上,运用科学的、符合逻辑推理的论证方法,带有一定的文学批评意识,按照文学规律和特性结合作品实际进行写作,并且要注意写作中的理论和术语的运用。

总之,考生要尽量注意:文学作品评论的语言既要求准确、严密、科学并有一定的理论性,又要鲜明、新颖并有形象性。要通过语言的运用,将评论的理、情、文三者完美地结合起来。

【温馨小贴士】

相对于快餐文字而言,阅读名著不仅可以增长见识,还意味着能够掌握更为有效的交际工具,所以文学作品评论考试的题目往往会涉及大量的名著,包括国内名著和国外名著。特提供下列书目,供考生参考:

外国名著:列夫·托尔斯泰《安娜·卡列尼娜》、莎士比亚《奥赛罗》、雨果《巴黎圣母院》、小仲马《茶花女》、司汤达《红与黑》等。

中国名著:钱钟书《围城》、沈从文《边城》、老舍《骆驼祥子》、鲁迅《阿Q正传》、林海音《城南旧事》等。

第二节 文学作品评论的方法与考试类型

一、文学作品评论的方法

(一)阅读法

阅读是进行文学作品评论的基础,只有在深入阅读的前提下,才能准确了解作者的思想意图和写作风格,也才能准确把握评论对象,从而避免泛而不专的问题。因此,阅读是写好文学作品评论的关键。

在运用阅读法的时候,需做到:

1.阅读是考生与文学作品思想上进行互动的过程,在这个过程中,考生需要清楚:阅读的主体是自己,对象是文学作品。

2.阅读不是单一的线性过程,在阅读过程中,需要调动纵向和横向的知识储备。纵向的知识储备是指以时间发展为线索、与文章写作相关的知识储备。横向知识储备是指以现在为时间点、辐射其他作家或者作家作品的比较。因此这就要求考生具备丰富的文学和文化常识。

3.考生在阅读时需要有独特的创新思想和情感感受。

(二)中心论点法

中心论点法是议论文写作中一种常见的方法。文学作品评论也属于议论文,因此,中心论点法可以运用其中。中心论点法即要求首先确立一个中心论点,再以这个点为中心对文章进行评述。

(三)综合法

综合法是指在文学作品评论中采用叙议结合、评析结合的方法。

在文学作品评论中,"叙"即叙述,是指对作品内容的复述、介绍或引用;"议"指在分析的基础上加以评价。"叙"是论据、材料,而"议"是论点、观点。两者的关系密不可分,只有通过论据才能证明论点,也只有充足的材料才能证明自己的观点。因此,"叙"是为"议"服务的。

分析,是指对文学作品的内容和形式加以分析,可以先对整个作品有一个大致的了解,然后从思想内容、艺术特色等方面进行解释分析;评价,是文学作品评论的关键,评价主要是解决文学作品本身"为什么是这样呈现"的问题,这就要求考生在分析的基础上,对作者或作品的艺术创作提出自己的看法。分析和评价结合,考生才能对文学作品的价值作出较为深入的认识和挖掘。

(四)史、论结合法

"史"指历史,"论"指评论。史、论结合法,主要是指在进行文学作品评论时,要结合作品当时的写作环境。文学作品的创作不可能脱离时代背景,而许多文学作品所想要表达的也是对那个时代社会环境的揭示和讽刺。

运用史、论结合法,需要做到:

1. 用史实印证评论,即"论从史出"。
2. 用理论分析解决实际问题,这是"史论结合"的核心所在。从普遍存在的现象,剖析出具体存在的问题,这是由一般到个别、由抽象到具体的过程。

(五)引用法

引用法是文学作品评论中一种常用的方法,也是较为直接的方法。它是指在写评论文章时加入其他作家的名言名句作为文章的支撑点。引用法可以使文学作品评论文章有理论支撑和理论深度。

(六)归类法

列维·施特劳斯曾说过:"结构主义所要研究的中心议题,就是从混乱的现象中找出秩序来。"归类法是将文章结构化、类型化,也就是将文章一分为二。也就是说,如果文章是以描写人为主,那么主人公的性格特点肯定会存在冲突和矛盾的地方,这就需要将主人公的性格中的主要方面归类出来。如果是叙事文章,那么就需要在事件发展的转折点前后进行总结、归类,即转折点前的发展是怎样的,通过什么体现的,转折点后的发展又是怎样的,又是通过什么体现的。

二、文学作品评论的常考类型

(一)故事作品

故事是一切叙事艺术的第一要素。在创作中,它既是形式,也是内容。故事要有情趣、有意义,不能平铺直叙,而是要一波三折、跌宕起伏、引人入胜。故事的三要素是人物、情节、环境。其创作过程可以简要地概括为这样几句话:三两个中心人物,在两三个不同的场合,围绕一个中心情节(故事核心思想)展开两三次的矛盾冲突,最后使矛盾得以解决。

人物:通过对人物形象的细节描写,包括外貌、行为、语言、心理活动等来展示人物的性格。

情节:贯穿在整个故事中的关键因素,它与人物性格的形成息息相关,通过故事的发生、发展、高潮、结束来表达作者的写作意图或者是刻画人物的性格形象。其中一些矛盾冲突,对整个故事情节的发展起着重要作用。

环境:一定的社会环境或者生活环境都会影响作品中人物的成长,对故事情节的发展和人物性格的塑造有着至关重要的作用。

人物、情节和环境,这三个因素是相互影响、相互作用的。

考生在进行故事作品评论时,主要应从以上三个方面入手,抓住作品中的典型人物和典型事件,一般以人物为中心,利用上述我们介绍过的中心论点法、综合法和归类法等展开对故事的分析评论。

【温馨小贴士】

在艺考中,小说作品的评论一般属于故事作品评论的大范畴,而且近几年在部分院校的考试中出现,在评析这类作品时应从以下几点着手:

1. 从写作背景看作者的思想。众所周知,小说的创作是作者的心理活动的过程。在评论小说作品时,要想了解作者所要表达的思想,那么作者当时的写作背景自然是不可忽略的。如鲁迅的《狂人日记》发表于1918年,作者借着五四新文化运动,呼吁中国百姓破除封建礼教的迫害。

2. 从塑造人物形象的方法着手评论作品。人物评述是故事作品的核心,作者通常是通过人物形象的刻画来表达自己的思想感情的。人物形象的塑造有语言描写、外貌描写、动作描写、心理活动描写等,小说是通过故事主人公带领读者进入到当时的社会环境中的,对小说中人物形象的评论可以总结出当时的社会背景以及作者的创作思想。如小小说《那些矮过屋檐的幸福》,文中主要描述了眉弯嫌弃自己的姥姥用装神弄鬼的巫婆身份去欺骗大家,然后用赚来的这些钱养活自己。眉弯的心里生出芥蒂,与姥姥的关系每况愈下。等她真正长大后,才发现姥姥的用心良苦,而自己也理解了姥姥。但是时间总是让你后知后觉,当眉弯想要好好照顾姥姥时,姥姥已经老了。在这个作品中,作者通过对眉弯与姥姥关系的描写来突出一个重要的主题:亲人间的关系,就算当时多不理解,就算有多讨厌,但是这种血缘关系带来的爱,胜过所有的不快乐、不理解。而也只有和亲人在一起,不管多么艰苦,都可以和亲人笑着过下去。这则故事正是展现了眉弯"厌恶、讨厌—被歧视—想要逃离—大争吵—理解—珍惜"的心理转变过程。因此,对于这类作品,尤其是以人的心理转变过程为主要评论点时,需注意从人物性格、心理活动来进行评价,这样才能抓住整篇文章的亮点。

3. 小说的情节源于现实和作者的主观创造。在评论时应该做到:首先看小说情节事件的典型性,即小说情节是否能够引起读者的审美兴趣。其次看小说情节组合形式的机智性,即作者是怎样将情节与人物自然地组合在一起的,运用了什么样的手法,有哪些巧妙之处。最后要看小说情节矛盾与冲突的地方,这些往往是故事的高潮,对推动故事的发展、人物性格的变化等有着重要的作用,同时也是引起读者兴趣的关键所在。

4. 从表现手法来评论小说作品,如象征、衬托、先抑后扬、托物言志、借景抒情、虚实结合、动静结合、以小见大、渲染烘托、联想想象等。这些表现手法无论是在人物刻画方面,还是在情节描写方面都是经常用到的。

(二)散文作品

散文是与诗歌、小说、戏剧并列的文学性作品,属于跨类文体。散文作品包括抒情散文、叙事散文、议论性散文、写景性散文和科学性散文等。考试时常考类型为叙事散文,因此这里主要以叙事散文为主,为考生解析叙事散文的写作技巧。

叙事散文是以叙事为主、因事缘情的散文。事件叙述具有一定的完整性,文中人物和事件常交织着作者浓郁的思想感情,强调真人真事、真情实感,线索清楚,结构严谨,语言简洁、朴实、自然。叙事散文与抒情散文、议论散文的一个重要不同点,就是作者所要抒发的情感并不是直接传递出来的,而是通过散文中的叙事间接表达的,这就是所谓"因事缘情"。作者的记人和叙事,沁透着浓郁的情感色彩,作者的情感常常曲折地隐含于委婉跌宕的叙事之中,因此,善于从叙事中感受作者丰富和复杂的情感底蕴,是叙事散文评析的关键。

在近年来的艺术类专业考试中,叙事散文的评论常以著名作家的作品为主,它们往往带有极强的时代历史特点和社会责任感。因此下面我们给大家介绍两位著名作家的作品以及评析方法,帮助大家更好地应对考试。

【范例一】胡适的叙事散文《我的母亲》中的片段

我母亲管束我最严,她是慈母兼任严父。但她从来不在别人面前骂我一句,打我一下。我做错了事,她只对我一望,我看见了她的严厉眼光,便吓住了。犯的事小,她等到第二天早晨我眠醒时才教训我。犯的事大,她等晚上人静时,关了房门,先责备我,然后行罚,或罚跪,或拧我的肉。无论怎样重罚,总不许我哭出声音来,她教训儿子不是借此出气叫别人听的。

有一个初秋的傍晚,我吃了晚饭,在门口玩,身上只穿着一件单背心,这时候我母亲的妹子玉英姨母在我家住,她怕我冷了,拿了一件小衫出来叫我穿上。我不肯穿,她说:

"穿上吧,凉了。"我随口回答:"娘(凉)什么！老子都不老子呀。"我刚说了这一句,一抬头,看见母亲从家里走出,我赶快把小衫穿上。但她已听见这句轻薄的话了。晚上人静后,她罚我跪下,重重地责罚了一顿。她说:"你没了老子,是多么得意的事！好用来说嘴！"她气得坐着发抖,也不许我上床去睡。这是我的严师,我的慈母。

【赏析】

这段文字向我们呈现了一位爱子无痕、润物无声的母亲形象,同时也表达了作者对母亲的深深敬意和绵绵无尽的怀念。我们能够通过对这篇文章的阅读而走进作者的情感世界,以至于产生共鸣,从而想到我们自己的母亲,在感动中升华对母爱的理解,使其成为天地间一股永恒的浩然眷恋。但是,我们却没有从这质朴的文字里看到诸如"感激"、"怀念"等等看似直白讨巧却相对稚嫩简单的形容词。作者那些感人的挚情都蕴含在不加修饰的叙述性语言里,而这正是叙事散文的要求。

叙事散文往往因为其表达情感的含蓄和克制而显示出其与众不同的韵味。至少有一点是毋庸置疑的,就是在叙事散文中,那些隐藏于文字后面的情与思,越厚重越真挚,就越能打动读者,越能呈现出经验和事实的力量。著名作家毛姆说过:"要把散文写好,有赖于好的教养。散文和诗不同,原是一种文雅的艺术。有人说过,好的散文应该像斯文人的谈吐'教养'、'文雅',一定是要有深厚的人生经验作为支撑的,它必定暗含着对生活和存在的独特发现,同时,它也一定是一种艺术的创造,否则就不会是'文雅的艺术'了。"

说完胡适,我们再来看看朱自清的散文创作,从清秀隽永到质朴腴厚再到激进深邃,他的作品都被打上鲜明的时代印记,显示出他独特的艺术风格和审美旨趣。郁达夫在《中国新文学大系·现代散文导论》中说:"朱自清虽不是一个诗人,可是他的散文仍能够贮满那一种诗意。"

在编导考试中,他的作品也经常成为重点考察对象。下面就以朱自清的散文为例做分析。他的散文思想内容大概包括以下几个方面:

1. 朱自清一生经历了民国政府统治时期、北洋军阀统治时期和国民党统治时期。北洋军阀统治时期,军阀混战,社会丑恶,人民生活痛苦不堪。因此在这个时代,他的散文多是揭露、批评和讽刺社会现实,具有强烈的战斗性,比如《生命的价钱——七毛钱》《执政府大屠杀》等。

2. 朱自清的散文类型较多的还是关于周围的日常生活、家庭故事、儿女情长等,这类散文情真意切,充分展现了作者朴实、忠厚、慈爱、温良、谦让的人格美。而这也是散文语言风格的体现,比如《背影》《给亡妇》等。

3. 写景抒情散文也是朱自清散文中备受推崇的。这类散文中诗意的描写是最具有美感的,比如《春》《荷塘月色》《绿》等。

4. 以时间为线索的写作方式是朱自清散文最明显的特点,都是顺时针发展,逻辑紧密,平铺直叙,有条不紊。

分析朱自清的散文特点,主要是为了说明在散文的评论中,不仅要了解作者的生平和主要事迹,还要了解他的写作风格和特点。

【范例二】

背　影

我与父亲不相见已二年余了,我最不能忘记的是他的背影。那年冬天,祖母死了,父亲的差使也交卸了,正是祸不单行的日子,我从北京到徐州,打算跟着父亲奔丧回家。到徐州见着父亲,看见满院狼藉的东西,又想起祖母,不禁簌簌地流下眼泪。父亲说,"事已如此,不必难过,好在天无绝人之路!"

回家变卖典质,父亲还了亏空;又借钱办了丧事。这些日子,家中光景很是惨淡,一半为了丧事,一半为了父亲赋闲。丧事完毕,父亲要到南京谋事,我也要回北京念书,我们便同行。

到南京时,有朋友约去游逛,勾留了一日;第二日上午便须渡江到浦口,下午上车北去。父亲因为事忙,本已说定不送我,叫旅馆里一个熟识的茶房陪我同去。他再三嘱咐茶房,甚是仔细。但他终于不放心,怕茶房不妥帖;颇踌躇了一会。其实我那年已二十岁,北京已来往过两三次,是没有甚么要紧的了。他踌躇了一会,终于决定还是自己送我去。我两三回劝他不必去;他只说,"不要紧,他们去不好!"

我们过了江,进了车站。我买票,他忙着照看行李。行李太多了,得向脚夫行些小费,才可过去。他便又忙着和他们讲价钱。我那时真是聪明过分,总觉他说话不大漂亮,非自己插嘴不可。但他终于讲定了价钱;就送我上车。他给我拣定了靠车门的一张椅子;我将他给我做的紫毛大衣铺好座位。他嘱我路上小心,夜里警醒些,不要受凉。又嘱托茶房好好照应我。我心里暗笑他的迂;他们只认得钱,托他们只是白托!而且我这样大年纪的人,难道还不能料理自己么?唉,我现在想想,那时真是太聪明了!

我说道,"爸爸,你走吧。"他望车外看了看,说,"我买几个橘子去。你就在此地,不要走动。"我看那边月台的栅栏外有几个卖东西的等着顾客。走到那边月台,须穿过铁道,须跳下去又爬上去。父亲是一个胖子,走过去自然要费事些。我本来要去的,他不肯,只好让他去。我看见他戴着黑布小帽,穿着黑布大马褂,深青布棉袍,蹒跚地走到铁道边,慢慢探身下去,尚不大难。可是他穿过铁道,要爬上那边月台,就不容易了。他用两手攀着上面,两脚再向上缩;他肥胖的身子向左微倾,显出努力的样子。这时我看见他的背影,我的泪很快地流下来了。我赶紧拭干了泪,怕他看见,也怕别人看见。我再向外看时,他已抱了朱红的橘子往回走了。过铁道时,他先将橘子散放在地上,自己慢慢爬下,再抱起橘子走。到这边时,我赶紧去搀他。他和我走到车上,将橘子一股脑儿放在我的皮大衣上。于是扑扑衣上的泥土,心里很轻松似的,过一会说,"我走了;到那边来信!"我望着他走出去。他走了几步,回过头看见我,说,"进去吧,里边没人。"等他的背影混入来来往往的人里,再找不着了,我便进来坐下,我的眼泪又来了。

近几年来,父亲和我都是东奔西走,家中光景是一日不如一日。他少年出外谋生,独力支持,做了许多大事。哪知老境却如此颓唐!他触目伤怀,自然情不能自已。情郁于中,自然要发之于外;家庭琐屑便往往触他之怒。他待我渐渐不同往日。但最近两年的不见,他终于忘却我的不好,只是惦记着我,惦记着我的儿子。我北来后,他写了一信给我,信中说道,"我身体平安,惟膀子疼痛利害,举箸提笔,诸多不便,大约大去之期不远矣。"我读到此处,在晶莹的泪光中,又看见那肥胖的,青布棉袍,黑布马褂的背影。唉!我不知何时再能与他相见!

【赏析】

无声的爱
——简析朱自清《背影》

《背影》用平实朴素的语言叙述了父亲在火车站为儿子送行的一则故事。在这则散文中,"背影"一直贯穿着全文。"我与父亲不相见已二年余了,我最不能忘记的是他的背影";"这时我看见他的背影,我的泪很快就流下来了";"等他的背影混入来来往往的人群里,再找不着时,我便进来坐下,我的眼泪又来了";"在晶莹的泪光中,又看见那肥胖的、青布棉袍、黑布马褂的背影"……这些背影的描写都表达出一种感情:血缘之情。

首先,父亲拖着肥胖的身躯努力爬上月台为我买橘子的描写,避开了常规的面貌、表情等的肖像描写,在读者脑海中形成一幅模糊却又具体的人物形象。读者在脑海中给这样一位父亲定形,或许是参考自己父亲的形象,或许是参照全天下父亲慈爱的形象,会联想到小时候那个威严、令人害怕的父亲如今却是一个再普通不过甚至有些窘迫的老人。

其次,作者的流泪也是极具感染力的,也正是这样的泪水才使得父亲背影的形象更加深刻。在文中,背影和泪水总是相伴相随的,这样的叙述不是刻意的,而是一种由内而发的感情。而泪水的出现也是自己对父亲内心情感的变化:不理解—怜惜—理解—怀念。当然这也是这篇散文的叙事结构:以时间为结构引出作者自己的内心变化。

最后,作者无意识与读者所产生的共鸣,是这篇散文的成功之处。读者通过作者的描述,体会到了父亲对儿子的关爱以及儿子对父亲后知后觉的怀念,这样的心灵交流尽管是无意识的,但却是强有力的。

(三)影视文学作品

影视文学作品评论和影评是不同的。写影评我们看到的主体是影视视听作品本身,而影视文学作品评论,我们看到的主体是一个文学作品,是一个以影视化故事为写作呈现的文学作品。一篇影视文学作品所涵盖的信息有很多,而这些信息所涉及的角度又是复杂多样的。因此,在写影视文学作品评论时,应先选定好评论角度,再确定评论对象。我们可以从以下角度入手:

1. 评主题

主题是艺术作品所描绘的整个形象体系表现出来的中心思想,又称主题思想。主题是作品内容的核心,是作品的灵魂和统帅,既贯穿作品的始终,又在其中起主导作用。分析主题必须注意以下几个方面:从整体上把握作品的形象体系,从各方面认识作品的总体倾向,分析具体的情节展示和作品的价值等。

2. 评人物描写

如何分析并把握影视文学作品中的人物形象呢?我们可以从以下几个方面入手:第一,抓住文中的人物描写,揣摩人物的内心情感,感受人物的思想性格;第二,联系上下文,关注作者的整体构思,全面把握人物的思想性格;第三,调动自己的生活积累,品读人物的言行表现,感受作品的人物形象。

3. 评文字描写的画面感

用文字描述体现画面感时,要一件一件地讲,话要一句一句地说,正所谓"一张嘴说不了两件事"。考生在做文字描写的画面感评析时,要抓住重点,尤其要注意事件展示的动作性描写、细节性描写、环境描写、结构以及表现手法的运用等。这里的结构主要是指文章的具体结构特征和文字的铺成、连接等方式。这里的文字表现手法类似于影视中的表现蒙太奇,例如对比、联想、象征、隐喻等。

4. 评开头与结尾

好的开头,应当具有这样一些基本特点:在故事叙述最适合的地方开始,吸引观众自然的阅读兴趣。好的结尾,也具有一些基本特点:收束适宜,留有余味。故事的结尾有两层含义:一是什么样的结尾,即构成作品内容的结局是怎样的,它与主题的表现、人物的命运息息相关;二是它是怎样结束的。它既是表达内容的一种手段,又是构成艺术性的基本要素。评论开头与结尾,既可以单独进行,也可以结合起来进行。

5. 评作品名称

作品名称是影视文学作品的综合概述,也可以反映整个影视作品的中心思想。如《我的父亲母亲》,这部文学作品阐述的是父亲母亲的事,在评论作品名称时,应注意是否具有文化价值含义、是否具有暗示性意义等。

需要注意的是,切忌将影视文学作品评论写成散文。

三、经典范文分析

下面是2013年四川音乐学院广播电视编导专业兰州考点考题,学校给出的文学作品为《曼德拉的铅笔》,根据此文章,写一篇不少于800字的文学作品评论文章。

【范例一】

曼德拉的铅笔

毕淑敏

女友自南非旅游归来,送我两件礼物。第一件,花锡箔包着,缎带系着,体形圆圆,若二两重的芝麻烧饼。我说,这是什么呢?南非特产?该不是送我这样大的一块钻石吧?

她轻声道,比钻石还要宝贵。

看女友轻柔的样子,好像锦盒之中藏着一只冬眠的蝴蝶。很想把这份神秘感带回家,隔山买牛细细猜测。但时下西风东渐,兴的是当面锣对面鼓地敲开礼物,然后受礼者做出兴奋得昏过去的模样,夸张地赞叹,于是主客皆大欢喜。

只好将美丽的包装撕开。一坨晶莹剔透的玻璃芯,果真有一种未知物的标本,静静地潜伏在胆内。绿灰色,丝缕状,螺旋形,有依稀的纤维纹路浮现着,仿佛一圈华贵的水藻,凝固于北极寒冰中。

无法判断它的属性。急翻背面的说明签,看到一行触目的英文。无论怎样顾及礼貌,我还是难以掩饰大惊失色。我们常常在电影斗殴里,听到一句粗口,它的大致含义是——粪便!

朋友说:这是野生的非洲大象的粪便。由于象群越来越少,它也成为奇特的纪念品。大象这种地球陆地上最庞大的动物,只因为牙的精美,被人们无穷无尽地猎杀,陷于灭顶之灾。据说大象为了维持自身的安全,它们的牙已缩得越来越短。不知道造化的法则,能否给象族以足够的时间,使它们在人类的枪口击毙最后几对象夫妇之前,让祖传的长牙完全消失!那虽然顿减壮美,好歹保下种群的延续。可怕的是,也许到了下一个世纪,我们的后代会对着这盒标本说,哈!这是什么?……不可能!哪一种动物会有如此粗大的排泄物?必是外星人遗下的无疑。

物种的生命之链,比钻石要宝贵千倍啊!

朋友又拿出一沓照片,指点着给我讲南非的桌山和迷城,讲原名叫作"风暴角",后来为了讨吉利,改叫"好望角"的非洲最南端,讲曼德拉所在的总统山和他曾被监禁的鲁宾岛……你看,这就是总统府啊,很平和的样子,是不是?曼德拉上班的时候,就把一面南非国旗从办公室窗户里探出来,表示他正在此处理公务,老百姓要是有什么事,可以约了去见他。如果国旗不飘了,说明曼德拉这会儿暂时不在……喏,我把一支曼德拉铅笔送给你。

我接过第二件礼物。它没有包装,裸着身子,外观同所有铅笔一样,纤细挺秀,掂在手里,却颇有几分重量。前半部很普通,木质包裹着石墨芯,常规模样。后半截却与前半部相异,改成塑料的中空管,管里灌满了南非岩石的碎渣,五颜六色,绚丽多彩。一块小小的橡皮头,堵住了塑料管开口处,既是塞子,又可涂擦纠错,保留了古典铅笔的功能。

我捏着铅笔,赞道:很好的纪念品。

女友说,其实这种铅笔最大的价值在于保护树木。要知道,没有人能把一支传统的铅笔从头用到尾,分毫不剩。发明了铅笔帽,可能好一点,但还是没法百分之百地利用铅笔。无数木材就这样被短短的铅笔头吞噬掉了。人们对这个问题,置若罔闻了几个世纪,森林越来越少,今后再不能继续下去了。曼德拉铅笔既实用又有保存价值,而且可以举一反三地仿照。比如我们塔克拉玛干大沙漠的沙子,青海盐湖的晶盐,喜马拉雅山的石子,陕北的黄土……搜集来装进塑料管,是多么好的制造铅笔的原料和思乡的礼品啊!

分手的时候,女友讲了个小小的细节让我猜。

在南非最大的自然保护区——克鲁格国家公园,我们坐着车观赏野生动物。莽原上出没着犀牛、狮子、大象和豹,是猛兽的天堂。我们被严令告知,万不可擅自下车,并签了生死自负的文书。车在广漠的高原行进,不时听到狮吼,一种远古的恐惧,"嗖"地袭上心头。我看剽悍的导游手持长枪,略略放下心,问他,如果我们被猛兽抓到,你会开枪吗?

"会。"他简短有力地答复。

"紧接着,导游又补充了一句话。你猜说的是什么?"女友问我。

"这如何猜?你还是告诉我吧",我说。

那导游说道,"当你被猛兽捕获,为免你遭受更大的痛苦,我们将开枪把你打死。我们规定,不得射杀动物。"

【范例二】

铅笔的启示
——评《曼德拉的铅笔》

甘肃考生　王雯

《曼德拉的铅笔》这篇文章主要是从朋友送给自己的两件礼物:大象的粪便和曼德拉铅笔开始写起的。而这两件礼物都是关于保护动物、保护自然的。由此引发了作者的感慨,并在最后用南非自然保护区的小故事做最后的点题:动物比人的生命更重要。

通过这篇散文,我们了解到南非国家对于自然环境的保护做得非常好。"女友自南非旅游归来,送我两件礼物。第一件,花锡箔包着,缎带系着,体形圆圆,若二两重的芝麻烧饼。我说,这是什么呢?南非特产?该不是送我这样大的一块钻石吧?她轻声道,比钻石还要宝贵……朋友说:这是野生的非洲大象的粪便。"看似很丑、很恶心的东西,可是当今却成为一种礼品相赠,为什么?因为随着环境的变化和人为的破坏,大象的生存环境受到很大的影响,而逐渐消失的东西,却成了最为宝贵的东西,比如象牙。南非人将大象的粪便作为礼品的意图应该有两层:第一是出于经济利益的考虑,这样物以稀为贵的东西能成为大家追捧的对象;第二,用大象的粪便作为礼品,是为了告诉世人,生态环境的破坏已成为当今最重要的问题,提醒大家保护环境。而文中的一句话:"物种的生命之链,比钻石要宝贵千倍啊。"正好印证了这样的一个生态命题。

作者通过送礼这件小事引出对生态环境保护的问题。首先是通过对两件礼物的包装描写,"第一件,花锡箔包着,缎带系着,体形圆圆,若二两重的芝麻烧饼……只好将美丽的包装撕开。一坨晶莹剔透的玻璃芯,果真有一种未知物的标本,静静地潜伏在胆内。绿灰色,丝缕状,螺旋形,有依稀的纤维纹路浮现着,仿佛一圈华贵的水藻,凝固于北极寒冰中。"这样的描写是为了突出这个礼物的不同寻常之处,以及作者对它们的期待。"它没有包装,裸着身子,外观同所有铅笔一样……一块小小的橡皮头,堵住了塑料管开口处,既是塞子,又可涂擦纠错,保留了古典铅笔的功能。"虽然第二个礼物没有第一个礼物外观那么美丽,但是它的特别之处就在于它是集功能与环保于一身的铅笔。

其次,文章还通过作者的表情来展开对生态环境保护的叙述。"无论怎样顾及礼貌,我还是难以掩饰大惊失色。"虽然在整篇文章中,作者的表情和心理活动描写得很少,但就这一句的表情描写也足以使整篇文章有了鲜活的一面。

最后,整篇文章作者的话很少,都是通过女友的口把文章的主题给说出来。这样的叙述形式给读者留下的印象是客观的、真实的,同时也是具有说服力的。

这篇散文的情感基调比较温和,但读完之后给读者的思考却是很有震撼力的。这种以小见大的方式虽然在写作中很常见,但运用起来却很有难度。

整篇文章的创新点有三处:第一,整篇文章是以第三方的角度来进行描述的,真实、客观的写作风格贯穿始终;第二,通过送礼这件小事来引出环境保护的问题,这种以小见大的方式并不多见,作者运用得恰到好处;第三,文章最后以一个小故事作为点题,不以长篇的议论来表明作者的观点,正好能突出主题,而且很有震撼力。

第十章　新闻稿件的写作方法与技巧

框架梳理

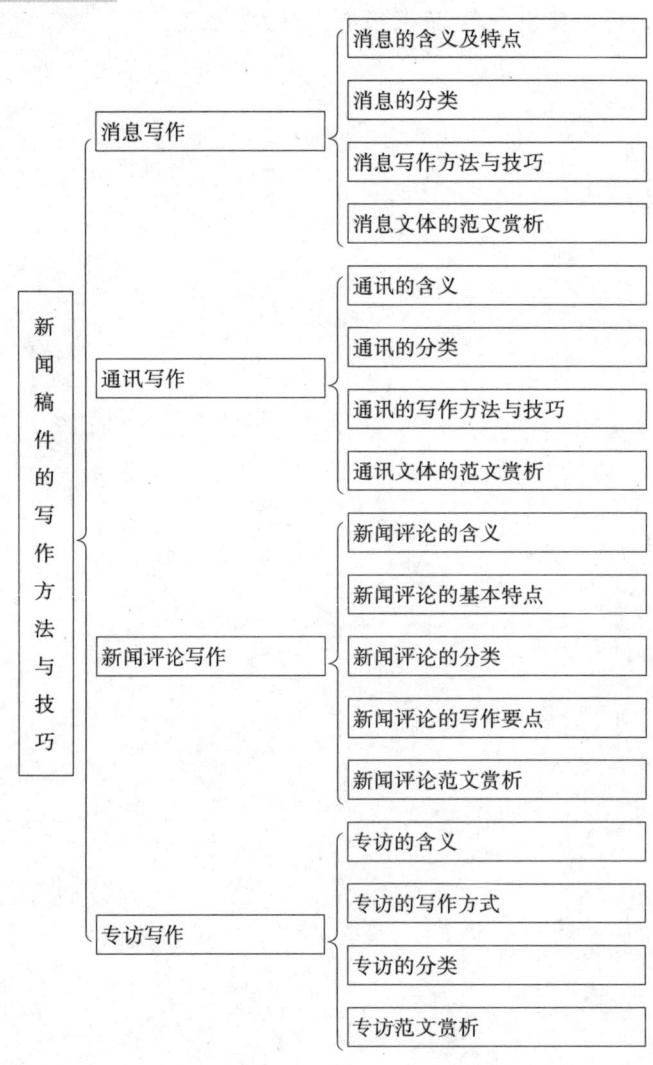

本章提要

在新闻稿件写作的前期构思创作阶段,对其写作方法与技巧的掌握是一个十分重要的环节,而作为一名编导,撰写规范、准确的新闻稿件也是其基本功之一。不同院校针对新闻稿件写作的考试有各自不同的侧重点。本章将重点讲解近些年常考的新闻稿件的写作方法和技巧,并给出实用的模板及案例。

第一节　消息写作

一、消息的含义及特点

(一)消息的含义

消息是新闻文体的主要形式之一,指以简洁的文字迅速传播新近或正在发生的事件。它是目前应用最广泛的一种报道形式。

(二)消息的特点

消息的特点可以用"**实、快、新、短**"四个字来概括。其分别为:内容真实、时效性快、事件新鲜和篇幅较短。

二、消息的分类

(一)动态消息

动态消息是迅速、及时、扼要地反映国内外正在发生或已经发生的事件的新发展、新变动、新情况和新气象的报道。动态新闻篇幅小、主题突出且具有动感,只需要报道在什么时间、什么地点发生了什么,而不需要解释为什么发生。

(二)综合消息

综合消息是将不同地区、不同部门,或者不同战线、不同行业中发生的具有共性的新闻事实集中归纳起来,围绕一个中心视点或中心思想进行鸟瞰式的报道。

(三)解释消息

解释性消息不仅是报道新闻,而且着力于对新闻事实的多方面解读。

(四)人物消息

人物消息是以精练的语言和短小的篇幅,迅速、及时地报道人物的事迹和精神风貌。人物消息内容丰富,篇幅较长,要求较全面地反映人物的事迹和经历。

三、消息的写作方法与技巧

(一)消息写作的基本要求

传播的目的、广泛的受众以及快节奏的生活都决定了消息必须清晰明了。要使消息清晰明了,则必须实现新闻写作的通俗化,紧贴广大受众,以最简单的笔触描述事实。

(二)消息的写作要点

1. 以记叙为主,把事实的前因后果、来龙去脉照实写下来。
2. 导语要写好。导语居于消息之首,是消息的"窗口"。
3. 主体叙事要分清主次,井然有序。
4. 争分夺秒,事发文成。

(三)消息的构成要素

从格式上讲,起首一般要写"电头":依次说明消息的来源、时间及作者,之后再写消息正文;从正文结构上来讲,完整的消息包括导语、主体、背景及结尾四个部分,其中导语和主体是最重要的,不能缺少。

1. 导语:概述消息最核心的事实和思想,引导读者看消息的全文。
2. 主体:消息内容的基础部分,紧接着导语展开消息的主要事件和内容。
3. 背景:用来介绍事件发生的现实环境或历史条件,以及与事件相关的解释和说明,便于读者了解事件的来龙去脉,增加消息的知识性、趣味性。
4. 结尾:消息的尾巴,标志一条消息的终结,通常只有一两句话。

四、消息文体的范文赏析

【范例一】动态消息

上海世博会韩国馆参观人数突破 500 万

环球网(记者 张哲)据韩联社 9 月 15 日消息 大韩贸易投资振兴公社(KOATA)15日表示,上海世博会韩国馆的参观人数突破了 500 万人大关。

报道称,据 KOATA 介绍,上海世博会韩国馆在开馆第 137 天的 9 月 14 日上午 11 时 50 分迎来了第 500 万名游客。这位幸运游客是来自中国福建省的陈文(37 岁)先生,他将获得由大韩航空公司提供的两张首尔——上海的往返机票。KOATA 相关人士表示,在韩国馆、日本馆、沙特馆、德国馆等众多人气世博会馆中,韩国馆率先突破了 500 万人大关。

据统计,截至 14 日上午 12 时,日本馆、沙特馆、德国馆的参观人数分别为 390 万、314 万、330 万人。

【评析】

巧用背景是动态消息的点睛之处。受众不仅对当下的事件感兴趣,而且想要知道事件的来龙去脉。本篇消息中,在交代韩国馆迎来了第 500 万名游客的信息之后,背景材料马上出现,即这位第 500 万名游客的具体来历,以及日本馆等众多人气世博会馆参观人数的数据统计。通过这两个背景介绍,不留痕迹地彰显出韩国馆的人气之高。在对比之下,更显示出动态新闻中背景材料的隐形功力。

【范例二】人物性消息

老妈妈 18 年坚持禁毒 发放宣传资料 1.2 万多份(节选)

6 月 2 日上午,在湖南溆浦县园艺场居民区,一位个子不高、身体瘦弱的老妈妈正在向过往群众散发禁毒宣传资料,还不时地向领取资料的人解说着吸毒的危害,"吸毒一口,犹入虎口,这东西沾不得啦……"

这位经常深入村头巷尾宣传禁毒知识的老妈妈是该县卢峰镇屈原社区 67 岁的居民梁桂珍老人。18 年来,她用真挚的母爱柔情,不仅帮助了深陷"毒窟"的儿子戒掉了毒瘾,还带着他走村串巷,向群众发放禁毒宣传资料,对社区戒毒人员进行帮教,挽救了一批吸毒人员,成了远近闻名的"禁毒妈妈"。

十多年来,梁妈妈拖着体弱多病的身躯,已经走遍了卢峰镇的 10 个社区、29 个村、343 个村民小组。有关方面统计,经她发放的禁毒宣传资料就有 1.2 万多份,并且参加过 120 多场次由有关方面组织的禁毒宣讲活动,许多人被她感动,走上了戒毒的路。

现年 67 岁的梁桂珍老人说:"我的后半生就是要当好一个'禁毒妈妈',就是为了让毒品少害点人。"

【评析】

故事化写作,提升人物消息的感染力。文章选取典型事例,客观地向受众再现"禁毒妈妈"发放宣传资料的情景,通过对人物事迹的描述,刻画出一个"禁毒妈妈"的形象。文章在坚持用客观事实说话的前提下,用故事化的写作手法和通俗易懂的朴实语言,将消息的背景材料巧妙穿插,既增加了文章的厚重感,又勾勒出有血有肉、感人至深的老妈妈的生动形象,让人读后感慨万千,回味无穷。

【范例三】解释性消息

上海熊猫牌啤酒进入美国市场

中国新闻华盛顿 1986 年 9 月 11 日电 纽约消息,上海啤酒厂生产的熊猫牌啤酒,今天开始在美国东海岸 18 个洲试销,甚受欢迎,有望成为继青岛啤酒后又一畅销美国的中国啤酒。

熊猫啤酒在美国总代理光源公司总裁林百森认为,熊猫啤酒能够迅速进入美国市场,其原因在于:熊猫是中美友谊的象征,许多美国人喜爱熊猫,用它做商标,投其所好,而且熊猫牌啤酒有上乘的质量,在中国已连续11年获最佳产品金牌奖,这种啤酒清淡、芳香、温和,适应现在美国流行的"淡啤"潮流,故熊猫啤酒容易被美国人所接受。

光源公司预测,在未来两年内,熊猫啤酒在美国的销售量可达到100万箱。

【评析】

解释性消息不仅要回答"是什么",还要侧重回答"为什么",用美国新闻学家杰克·海敦的话来说,它是一种追求动机的报道。这条消息很好地做到了这一点,文章在交代熊猫牌啤酒在美国东海岸18个洲试销甚受欢迎这一事实之后,深入分析了受欢迎的原因,满足了读者的探知需求。

【范例四】综合消息

太行山老区土地改革后农村经济生活迅速上升(节选)

新华社北京1950年8月26日电 在历史上一向被称为"半年糠菜半年粮"的山西太行山区,经过了土地改革和初步的建设工作,广大乡村已改变了过去的贫苦面貌,千万个富裕的农民家庭蓬蓬勃勃地发展起来。

记者进入山区正值春末夏初的时候,一个农民指着村边的树木说:要是在土地改革以前,现在这时节树上的叶子早被吃光了。但现在这个所谓青黄不接的季节,吃糠菜的已经没有了。平顺县川底村去年是个歉收的村庄,村上保存着八石仓粮,准备接济缺粮户,但粮食一直保存到新麦登场,一升粮食都没有借出去。许多农民用下面的谚语来赞美他们今天的伙食:"早晨皇后(一种新推广起来的玉蜀黍),晌午一六九(一种品质优良的小麦),晚上玻璃秀(一种小米)。"

【评析】

综合消息涉及范围广、方面多、材料丰富,不可纷然杂陈,必须对材料进行归类分析,不但需要找出它们之间的共同本质,还要弄清楚它们之间是以怎样的方式联系的,各个材料在说明共同本质时居于什么地位,也就是要弄清楚各个新闻事实之间是并列关系还是递进关系,并根据这种内在关系组织材料和安排结构。这则消息选取"粮食"这一点进行对比,以小见大、由点及面地描述了太行山区土地改革后农村经济生活水平的提高。文章在表现方法上主要是点面结合、对比衬托和夹叙夹议,并通过故事化、生活化的叙述手法表现主题思想。

第二节 通讯写作

一、通讯的含义

通讯是运用叙述、描写、抒情和议论等多种手段,具体、生动、形象地反映新闻事件或典型人物的一种新闻报道方式。它是记叙文的一种，是报社、广播电台、通讯社常用的文体。

二、通讯的分类

(一)人物通讯

人物通讯是以人物为中心展示报道对象的事迹和活动，既可以写个人，也可以写群像。通过对先进的、具备真善美德行的人物进行报道，为社会树立正气和典型，以鞭挞假恶丑，反映时代特点和社会面貌。

(二)事件通讯

事件通讯就是报道典型的、有普遍教育意义的新闻事件。事件通讯当然离不开与事件有关的人，但它不像人物通讯那样着力刻画人，而是以事件为中心，在事件的总画面中，用写人来突出事件。对社会公众渴望了解的新闻事件进行比较全面、具体且形象的报道，是事件通讯的任务。

(三)概貌通讯

概貌通讯指描述社会变化、风土人情以及建设状况的通讯报道，一般是反映一个地区、一个单位或一个部门发展变化的新风尚、新气象和新面貌。

(四)工作通讯

工作通讯指对各行各业有代表性的和典型意义的工作的报道，通常具有启发指导意义及推动工作进展的作用。

(五)主题通讯

主题通讯指围绕某一个共同主题，突破地区、行业、部门的界限，将一些性质相同的材料组合在一起，为表达主题服务。

三、通讯的写作方法与技巧

(一)通讯的写作要求

通讯要求有丰富具体、真实详尽的材料做基础，这些材料要靠深入地调查采访去挖掘、搜集。

(二)通讯写作方法

1. 事件预选

新闻记者凭借长期对生活的观察思考，或按照媒体布置的报道思想，预先设定了要写的主题,然后围绕主题去搜集新闻事实,以验证主题。

2. 提炼主题

通讯的写作过程是,首先搜集新闻事件,然后对这些事件做详细分析,弄清事件各个侧面、多个事件之间的内在联系,分析因果,归纳贯穿其中的线索,再判断这些线索哪条更具有传播价值、更具有普遍的示范意义,预测它的传播效果,最终提炼出主题。

3. 确定结构形式

"文无定法",通讯作品没有、也不应该有一个固定的模式。但是,任何事物都是按照一定的方法组织起来的,都存在于一定的时空之中。通讯写作大致有以下几种结构:纵式结构、横式结构、纵横式结构、对比式结构和章回式结构。

4. 通讯的表达方法

通讯的文学性和政论性特征,决定了它的表达方法和语言风格有别于消息,由此,我们可将通讯的表达方法分为叙述、描写、议论和抒情。

四、通讯文体的范文赏析

【范例一】人物通讯

守住困难群众的健康(节选)
——记郑州市金水区总医院院长周国平

他从医42年,累计手术上万台,无一起医疗事故。他创办低收费的惠民医院,推行城乡医疗一体化改革。他还对新农合病人实行"药品零差价"、"先看病后付费"等政策。同时他以身作则,带领医护人员救济救治了大批经济困难患者。

他就是河南省劳动模范,"2008年河南十大爱心人物"荣誉称号获得者,郑州市金水区总医院院长、副主任医师周国平。面对取得的成绩,他说,不论到什么时候,医院办院的宗旨不会变,要永远提供优质廉价的服务,让群众满意。

【评析】

本通讯开篇用了列数字、举例子等方法把周国平的先进事迹展示了出来,具有说服力、感染力和真实性。人物通讯要善于讲人物的故事,刻画人物的形象,而本篇通讯则是用最简单、直白、朴实的话语讲述了周国平的故事,突出了他的典型性。

【范例二】事件通讯

信念 激情 鼓舞(节选)
——大型歌舞《井冈山》感染中央新闻单位编辑记者

"红米饭、南瓜汤,挖野菜也当粮,毛委员和我们在一起,餐餐味道香","岭上开遍映山红"……8月22日晚,一首首旋律激昂而优美的老歌响起时,一种熟悉而久违的氛围萦绕在井冈山革命历史博物馆的演出厅内外:台上演员们激情饱满地歌唱,台下的观众们看得专注,时不时忍不住也会跟着唱上两句。

这是中央新闻单位名编辑、名记者们在江西老区行的第一天晚上,观看江西省井冈山歌舞团演出的12幕大型情景歌舞《井冈山》的情形。

【评析】

这里的"中央新闻单位名编辑、名记者们江西老区行"就是一个大的事件新闻。本文引用歌舞《井冈山》里的歌曲开头,并且以叙事为主,见人见事,通过对演员、观众的行为和神态的描写,生动感人地展示了当时的氛围,主题鲜明且语言活泼。

【范例三】概貌通讯

青岛亮出迷人魅力(节选)

青岛,一个何其美丽的名字,一个唤起多少人遐思神往的地方。在爱知世博会中国馆里,以"魅力青岛、帆船之都"为主题的青岛周今天正式开幕,青岛向人们展示她迷人的魅力。

进入梅雨季节,日本爱知地区的天气变得十分闷热,世博会场的不少游客都是汗流浃背,纷纷寻找阴凉。但中国馆门前却热闹非凡,上百人在烈日下排起了长队,几个移动的"啤酒瓶"和"啤酒罐"气模游走在门前广场上,引得许多游客不断向这里聚集。不少人从今天的日本《中日新闻》得知,今天是世博会中国馆"青岛周"的第一天,来自青岛的"啤酒女神"将开启第一桶青岛啤酒,并盛情邀请游客举杯同庆。

【评析】

这篇概貌通讯将自然和人文有机地结合在一起,既描绘了世博会展馆的风貌,也展现了青岛的美丽风光,让人读来既有新闻性又有趣味性。

【范例四】工作通讯

但存方寸地　留与子孙耕(节选)

联合国粮农组织发表的1986年统计资料表明:我国现有耕地总面积不足15亿亩,仅占国土面积的十分之一左右,人均耕地面积和永久性农作物用地为1.4亩,不及世界人均指标的三分之一。在全世界26个人口5000万以上的国家中,我国人均耕地数量排在倒数第三位。

据我国有关部门调查统计,在现有土地后备资源中,宜垦地约为5亿亩,而质量较好的宜垦地只有2亿亩;近期最多只能开垦出1亿亩耕地,像50年代那种可供开发的荒地几乎没有。常言道:"万物土中生。"人们不能不忧虑:脚下这块有限的土地究竟能养活我们多少人?

【评析】

工作通讯需要通过指出矛盾来揭示问题的实质或者问题的关键所在。揭示矛盾、分析问题要实事求是、言之有据，这里仍然可使用新闻写作那条最基本的要求：用事实说话。这篇《光明日报》通讯《但存方寸地　留与子孙耕》在第一段就通过具体数据向读者直接明了地揭示了问题的尖锐，做到矛盾显豁、分析中肯，并使得全文言之有据。

第三节　新闻评论写作

一、新闻评论的含义

新闻评论是一种政论性的新闻体裁。它是针对新近发生的、具有普遍意义的新闻事件和迫切需要解决的问题，发议论、讲道理，直接发表意见的文章。

新闻评论是新闻媒介的政治旗帜，具有鲜明的时代性和阶级性。我国新闻媒介的根本性质就在于它是党的喉舌，必须坚持党性原则。"党性原则"突出地体现在新闻评论中。

二、新闻评论的基本特点

艺术类专业考试中的新闻评论写作，主要是针对学生的新闻评论基本认识和写作能力的考查，在此基础上，让学生分清楚新闻评论和其他议论文章的区别。与古代传统的论说文、议论文，近代的政论，以及目前经常见诸报刊的理论文章、学术论文、专题论文、杂文等相比，新闻评论存在着以下明显的特征。

（一）对新闻事实的依附性

新闻评论是对新闻事实的评论。失去新闻事实，新闻评论也就失去了存在的前提，不以新闻事实为依托的评论就变成了非新闻评论。有些评论确实是针对重大问题而发的，但它没有新闻事实作依托，不能算作新闻评论。

（二）强烈的时效性

新闻评论是针对新闻事实的评论，自然也就具有了时效性的特点。若不对新闻及时加以评论，时过境迁，就变成了旧闻评论。随着传播媒介的发展和传播技术的更新，新闻评论也像新闻报道一样越来越重视时效性。一些刚刚发生的新闻事件立刻可以成为新闻评论关注的焦点。

（三）现实的针对性

新闻评论强调"有的放矢"，要求针对当前具有新闻价值的事件和问题发表意见和主张，评论对象都是客观的、具体的，所揭示的也都是人民群众生活中迫切需要解决的问题。新闻评论与理论文章虽然都要求从现实出发,理论与实际结合,但是新闻评论所论之题更具体,所论之物也更实在。倘若脱离事物所特有的环境和背景,新闻评论就不会有明确的目标。

(四)广泛的公众性

新闻评论的公众性,首先要求它所提出和关注的,应该是那些具有现实意义的问题,是当前人民群众日常生活中迫切需要解决的问题,也是广大民众最关心和最感兴趣的。其次表现为立论客观、公允,为民代言,为民立言,真正成为公众利益的代表者、正确舆论的传播者和引导者。最后表现在论述方式和语言表达上,应当符合广大民众的特点和需要,尽量照顾他们的兴趣和爱好,为他们所喜闻乐见。此外,新闻评论的公众性还包括公众对于新闻评论的积极参与。

三、新闻评论的分类

(一)社论

社论是代表编辑部就全局性或重大问题发表的具有指导性、权威性的评论,是体现"政治家办报"、"政治家办台"的旗帜和方向,影响社会舆论的主要评论。

(二)评论员文章

评论员文章的规格仅次于社论。它通常不去全面论述重大问题、重大决策,而是选择一个重要角度从侧面展开,对决策、问题做深层次的分析。

(三)短评

短评的规格低于评论员文章,属于新闻评论中的"轻武器"、"短兵器"。它通常可以一针见血地对事件、问题进行评论。

(四)编者按

编者按有文前按语、文中按语、编后语,其具体名称有编后小议、编者附记、编者后记、编者附言等。在电台广播中,又称为编者的话、编后语、编辑点评等。

(五)专栏评论

专栏评论是一种形式灵活、个人署名、长短不一,在各种专栏里发表、播出的评论。这种评论理从事出,上谈国政,下议衣食住行,不拘一格。

四、新闻评论的写作要点

(一)论点务必具体、单一

新闻评论和多数专栏言论属于跟踪现实生活中发生的具体事件、社会现象的说理型小评论文章,它们不正面接触大政方针、大是大非的问题。

(二)关键是把"理"评出来

短评和专栏言论的论点具体、单一,文章也不能写长,但是一定要把道理讲出来,这一点和其他新闻评论及说理文章大同小异。

(三)采用"短平快"的论述节奏

总体上说,新闻评论的篇幅是比较短小的,文字量极为有限,因此,多采用简洁明快、直截了当的论述节奏。对于评论的事,要用尽可能简明的文字交代出来,不必作过多铺垫。

五、新闻评论范文赏析

【范例】一般新闻评论

把网吧办成青少年的有益课堂(节选)

青岛市委日前开展"青少年网络文明行动":组织300名青年志愿者进社区,举办网络知识培训;聘请200名"网络安全社会义务监督员",对网吧进行监督;设立"红领巾网站",在网上开展活动;在主管部门的支持下,创建社区"青少年安全放心网吧"。

"网吧"为人们学习知识、交流信息、休闲娱乐提供了一个丰富多彩的平台,是一个重要的教育阵地。但对网吧的消极影响不可低估,不可放任自流,违法经营的应予取缔。同时也不能因噎废食,而要扬长避短,趋利避害。

对青少年的校外教育,常常苦于找不到"抓手"。青岛的做法给人们的启示是,既要严格管理,又要认真创建,将网吧的建设与文明城市的创建联系在一起,与公民基本道德教育联系在一起,形成文明的网络环境,使网吧成为青少年的有益课堂。

【评析】

这篇评论文章针对当下青少年网瘾成灾的现象就事论事,针对性很强,提出了"使网吧成为青少年的有益课堂"的观点,且论述始终围绕主题展开。

【温馨小贴士】

因艺考当中对于评论员文章、短评、编者按和专栏评论暂无考试趋向,因此此处对于这四类新闻评论不作范文赏析。

第四节 专访写作

一、专访的含义

专访具有通讯和谈话录的某些共同性,从某种意义上说,它是用通讯笔触写的谈话录,或者是以记录专一访谈为基本内容的通讯。从表达手法上看,它应归入新闻三大类题材中的通讯类。

二、专访的分类

(一)人物专访

抓住当前人们普遍关心的人物,用第一人称出场的形式写,常用问答式介绍访问内容。此类报道以"访"为主,即以叙述被采访人的看法、意见为主,以"作者"为辅,即围绕被采访者对某特定问题的看法,写他在这方面的经历和见闻。

写人物专访时,要注意以下几个点:

1. 要交代清楚访问对象和访问原因。
2. 对被访问者的描述要有重点。
3. 要抓住特点,刻画出人物的精神面貌。
4. 要注重描写人物语言,给人以访问的实感。
5. 人物专访的结尾,可写一点作者的感受或对被访问者的祝愿和希望。

(二)问题专访

这是一种出现频率较高的专访。记者针对某一个具有普遍意义的社会问题,请采访对象提供有关情况或发表相关见解。问题专访一般比人物专访和事件专访有较明显的理论深度,采访对象通常是某一领域的专家、学者,他们发表的意见具备一定的学术性和权威性。

(三)事件专访

这类专访虽然也是采访人,但采访者和采访对象的主观意向都不在于人本身,而是采访对象所经历过的或比较知情的某件事。从采访者角度来看,目的无非是请采访对象提供事件的过程或真相,请采访者发表对事件的意见和评价。

(四)科学专访

这是一种以传播科学知识为主的人物专访,由采访对象向读者介绍有关某一学科或某一技术的基本知识和应用前景。

三、专访的写作方式

(一)问答交谈式

专访中的"问"、"答"常伴有对话,记者有时不是纯粹的问,也输出思想观点,与被采访者形成对话。这种对话可能是双方认知的共鸣、互补,也可能是观点的交锋、思想的火花。

(二)人物自述式

人物自述专访是指人物以自述的方式谈自己的思想、情感、业绩。一般在人物自述前,先由记者交代背景,介绍人物。

(三)散文式

散文式专访是将记言、叙事、写景、描绘人物融为一体,有时还可以融入记者的议论和抒情,有较浓的文学色彩。

四、专访范文赏析

【范例】人物专访

浪漫的中国·梦想的世界(节选)
——北京奥运会开幕式总导演张艺谋专访

北京奥运会开幕式前夕,总导演张艺谋接受了新华社记者的专访,就北京奥运会开幕式创作进行了解读。

问:如何定位北京奥运会开幕式最大的特点?

张艺谋:我们这次奥运会开幕式最大的特点就是一个词"浪漫"。我个人非常喜欢"同一个世界、同一个梦想"这个主题口号。"梦想"这个词就让人心生浪漫。

中国人其实从古至今,一直不缺乏浪漫。中国古代的写意画,中国的诗词、音乐,充满着浪漫的色彩,浪漫其实早就融入了中国人的血液里面。不着一字,尽得风流。

但在现当代,外国人对中国的认识还是较为片面的。不少人总是认为中国人生活单一、模式化。我们这次就是要借奥运会这样一个巨大的平台,让全世界都认识到中国的浪漫。

问:承担奥运会开幕式的总导演与拍电影相比,哪一个更累?

张艺谋:当然是开幕式了。办这么一个开幕式,比拍10部电影大片还要累,工作量和困难简直是拍一部电影的上百倍。幸运的是,(我)从生理到心理都抗了下来。

这主要是奥运会开幕式承载的内容太多、太多。百年奥运,中华圆梦。中国人上百年才办一次奥运会,太不容易了。作为有幸承担这一重任的一名艺术家,我只能竭尽全力,办好开幕式,为中华文化的弘扬贡献力量。

而拍电影则不同,拍电影更多的是一位导演的个人创作。拍砸了三四部电影,还有希望从下一部东山再起。而奥运会开幕式则完全不同,只能成功,没有失败一说。其重要性,二者根本不能相提并论。

【评析】

在做人物专访时,应注意与被采访者的沟通和交流,与被采访者处于同等地位,适当地使用非语言表情符号可以营造轻松的访谈氛围。要注意有针对性、有重点且层次分明地对被采访者提问,切记不可重复询问。这篇专访针对张艺谋执导北京奥运会开幕式这一事件,很好地结合了张艺谋本人的性格及处事风格特点进行发问,让人读来感觉特别真实自然,且问题也较有代表性和深度。

第十一章　命题小品创作

框架梳理

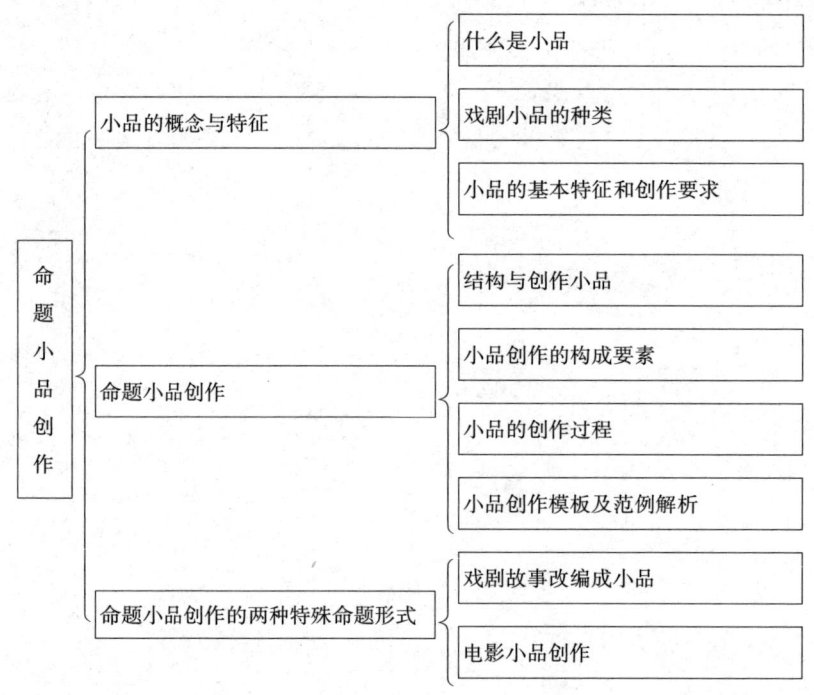

本章提要

　　命题小品创作的考查是以笔试的形式出现的。考试方法为：给定一个题目，要求考生在一定时间内创作一篇小品。命题小品创作与命题故事写作的构思相似，但小品是一种戏剧舞台表演艺术，所以在时间和空间上都有一定限制。很多考生由于不了解该题型的具体要求，在考试中会出现很多低级错误。因此考生需掌握该项目写作要求，从而准确完成小品创作。

第一节　小品的概念与特征

一、什么是小品

小品，顾名思义是小的艺术作品。小品包含较多的意思，在文学上它是一种短小精悍的文体。我们现在所说的小品多指较短的，在同一时间、空间里，借助简单的道具，用语言和表演表现情节的舞台艺术。它一般情节结构简单，语言清晰、诙谐，形态灵活、自然，能淋漓尽致地表现出各角色的语言特征和性格特点，并传达出一种积极向上的生活态度。好的小品在带给观众娱乐的同时，更多的是一种生活审美体验。

二、戏剧小品的种类

（一）按内容分类

1. 喜剧小品。如《超生游击队》《主角》《昨天、今天、明天》等。
2. 正剧小品。如《三鞭子》《靶钉》《纠察》《战地表》等。
3. 讽刺小品。如《打针》《如此包装》《杨白劳与黄世仁》等。

（二）按形式分类

1. 相声小品。如演员冯巩的小品就吸收了相声的特点，让相声与小品融为一体，有强烈的喜剧效果。
2. 音乐小品。如《过河》等。
3. 哑剧小品。如《一媳三婆》《胡椒面》等。

（三）按手法分类

1. 语言小品。此类小品往往以语言的精彩取胜，如《说事》《手拉手》《打扑克》等。
2. 情节小品。此类小品往往以跌宕起伏、引人入胜的故事情节取胜，如小品《第八天》《不了情》《装修》等。
3. 荒诞小品。此类小品往往以荒诞的手法去演绎故事，给人以深刻的启迪，如《苍蝇问题》《机器人妻子》等。

【温馨小贴士】

小品的分类样式繁多，在这里我们不作一一介绍。人们日常生活中所说的小品和艺考中我们所探讨的小品，一般来说指的都是戏剧小品。特别提醒考生，若考试不作专门说明，我们一般编创的都是戏剧小品。在考试时，所考内容并非都是喜剧小品或相声小品，反而正剧小品最易出现。因此在练习时，考生必须加强对此类小品的创作练习。

三、小品的基本特征和创作要求

（一）小品的基本特征

1. 立意

小品的立意主要是提出问题，包括主要问题和次要问题。有了主题就决定了小品的中心事件，也就产生了立意。

2. 相对完整

小品虽"小"，但具有开端、发展、结束的相对完整性，遵循"三一律"，即故事在同一时间、同一地点并永远围绕着同一中心事件展开，且具有一定的矛盾冲突性。

3. 规定情境（时间、地点）

规定情境是一种假定，是在演出创作中所存在的一切假设。小品的规定情境一定要清楚，人物关系要明确。

4. 事件

小品的事件就是改变在场所有人行动的事实。人物在完成一个任务时常常遇到障碍，这个障碍十分明显地改变了人物的动作，而人物又通过改变后的动作克服了这种障碍，达到了目的。这些事件的发生、发展、结果的全过程带来了规定情境的变化，而变化了的规定情境也始终推动着表演者的动作进行。

（二）小品创作的基本要求

1. 短小精悍，情节简单

这是小品与其他艺术作品和艺术表现形式最基本的区别。小品的"小"，即以小见大。戏剧小品之所以广受人们的喜爱，正是由它的短小精悍、简便易行的艺术特征所决定的。小品的"精"在于"构思的精巧"。

2. 幽默风趣，滑稽可笑

小品是"笑"的艺术。好的小品大多有足够的笑料，让人在笑声中受到启发，得到教益。"幽默风趣，滑稽可笑"还在于台词语言的精彩。台词语言是小品塑造人物、表达情感、感染观众的一个有力手段。一般好的小品语言往往从生活出发，从人物出发，精彩、生动，具有人物个性，富于动作性和哲理性，给人留下深刻的印象。精彩的小品语言不仅需要精心构思，更需要创作者平常对生活的观察和积累。

3. 雅俗共赏，题材广泛

小品表现的都是普通百姓的凡人小事。人情冷暖、世相百态都是小品描写的对象，都可以通过小品这种形式在艺术上得到升华。过于重大的事件或主题会使小品不堪重负从而消损小品艺术的本质特征。

4. 贴近生活，寓意深刻

这是小品创作的基本要求。只有贴近生活的作品，才能为观众所喜闻乐见。任何小品都要有自己的思想指向和艺术寓意，这是小品的"魂"。如果少了这个"魂"，那么再好看的舞台表现，再强烈的剧场效果，再精练的题材，再高超的表演，也都华而不实，鲜亮无凭。

5. 针砭时弊，内含哲理

透过表面现象，讽刺一些不合理的事情，揭示一定的哲理，寓教于乐，这既是小品的本意，也是人民群众对它的期待。

第二节 命题小品创作

一、结构与创作小品

(一) 怎样结构小品

结构小品应从立意、选材、人物、冲突、语言等几方面入手。

结构小品从主题开始。主题的选择无大小之分，关键在于能否挖掘得深刻。考生应该学会如何从已知命题中挖掘主题。同时考生应具备演员的思维，用演员的眼光去选择主题，因为演员选择的主题必须是行动的主题。

小品的结构和情节宜简不宜杂，但是一定要合乎情理。考生要相信自己虚构的情景就是所要发生的一切。

(二) 创作注意事项

考生结构完小品之后，加上对故事性思维方式的理解，接下来就要进入动手创作阶段。针对艺术类专业考试命题小品创作的基本要求，广大考生要注意以下几个方面：

1. 小品是艺术

一般来说，小品的题材多取自凡人小事。因此，考生应深入生活、贴近生活、体验生活，从生活中寻找灵感，用生活的眼光去发现题材、挖掘题材，在生活的基础上进行创作；构思小品不能瞎编乱造，要从生活的感受出发，在对生活进行"艺术的夸张"的时候，注意夸张的度，应给人真实感。

2. 题材宜小不宜大

小品要"大题小做"，不要"小题大做"，切忌包罗万象。一个小品最好只反映一件事情，或者只反映一件事情的一个侧面。小品的题材应是令人关注的社会问题，要以人为本。

3. 确定一个主题

主题是小品的灵魂，好的小品主题能给人以思考和启迪。

4. 构思一个故事

考生构思一个故事时，一定要围绕主题来进行，小品要通过故事的情节展现主题。通常来讲，小品中的故事要同时满足时间短、空间小、人物少三个基本要求。

5. 围绕故事收集素材

小品创作的素材来源主要包括两个方面：一是来自于生活中的积累；二是从书中、影视作品中模仿而来。

6. 小品艺术是语言艺术

小品的语言要机智、幽默、自然、诙谐，要通过语言揭示人物的内心世界。首先，巧妙地运用各种修辞方法，切忌平铺直叙；其次，小品中人物的一段台词不宜过长，语言尽量使用短句，力求简洁。

7. 小品是一门舞台艺术

小品不同于故事、小说、影视文学等艺术形式，要时刻注意把握它的可塑性和可演性，要把人物感情和心理的变化通过语言和行动具体表现出来。

8. 不要把小品写成相声或者小戏剧

小品和相声、小戏剧虽然都是语言艺术和舞台艺术，但它们又有本质的区别：

其一，小品与相声的不同在于：相声是"说学逗唱"，重在"说"，一般不用道具，不化装；小品不仅用道具，要化装，而且重在"演"，通过表演取得效果。小品如果说得多、演得少，容易使人视为相声；光演不说，则成了哑剧。

其二，小品与小戏剧的共同点在于形式上，即都是内容短小，情节简单，具有"戏剧"或"喜剧"性；区别在于内容上，戏剧的内涵丰富，时空较长，思想性突出，而小品则不必有较多的内涵和思想性，只要将事物的"一面"表现得活灵活现即可。

二、小品创作的构成要素

（一）时间限定的要素

整个小品的时间是有所限定的，通常演出时间控制在十几分钟之内。

（二）空间限定的要素

小品一般要求是在同一场景中发生的故事。但近几年来，小品的创作发展也日新月异，出现的一些小品已经打破了这种时空的限定，在舞台上通过布景、LED和切换手段，出现了多个空间场景。

（三）人物限定的要素

在小品的创作中，一般要求以2～3个角色为佳。

第五章 广告创意写作

框架梳理

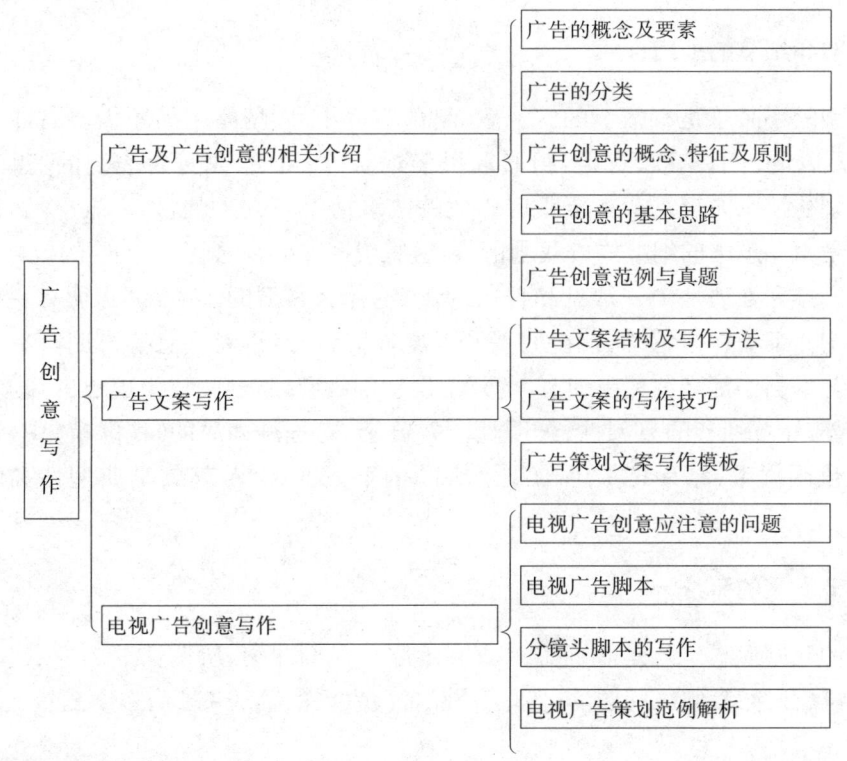

本章提要

掌握广告的概念及分类,了解广告创意的基本原则、思路及广告方案的写作方法。

第一节 广告及广告创意的相关介绍

法国广告评论家罗伯特·格伦曾说:"我们呼吸的空气是由氮气、氧气和广告组成的。"这是广告在人们日常生活中所扮演角色的生动写照。而广告的概念和范畴则是分析和制作广告所必不可少的基础知识。

路状况极差,汽车陷入泥坑前行不了。不仅交代了戏剧小品事件发生的特定地点,而且为体现立意和剧情发展——县长下乡调研准备修路,做了巧妙而快速的铺垫。

3. 撩

这里的"撩"指的是要善于撩拨观众的兴趣,迅速营造剧场气氛,吸引观众眼球,形成台上台下的情绪互动。如赵本山与杨蕾表演的《小九老乐》开场:"我家媳妇名叫小九,在家她是二把手,我说八她不敢说九,我说没她不敢说有,我说站住,她……(回头看见老婆来了)她可以随便走。"一段韵白句把一个既怕老婆却又要充当大男子汉的老公形象表现得淋漓尽致,既交代了人物性格,又引人入胜,赢得了观众的眼球和喝彩声,还迅速形成了台上台下的情绪互动。

(二)小品情节和细节的处理

无论什么类型的小品总是有情节的。一般而言,语言小品、情绪小品不需要有曲折跌宕的情节,主要以语言的幽默、有趣、精彩取悦于观众,如黄宏、宋丹丹表演的《手拉手》;而情节小品则往往以曲折复杂甚至跌宕起伏的故事情节引人入胜,如军旅小品《第八天》,整个小品是由一连串的细节构成戏剧情节,组织戏剧冲突,达到引人入胜的效果。

小品的细节安排和处理是十分常见和普遍的,无论什么类型的小品,都必须有一些细节的安排和运用。细节在组织舞台行动、展开戏剧冲突、传达作者立意等方面具有重要的作用。任何艺术创作都必须突出细节,离开了生动的细节,就会变成干巴巴的说教。在细节的处理上,应注意细节的典型性、鲜明性。如黄宏、宋丹丹表演的《秧歌情》中,老婆子给老头子化妆画眉毛,结果把眉毛画在了眼睛的下面的细节,就颇具典型性和鲜明性。

(三)小品情节发展的手法

小品是微型的戏剧形式。凡是戏剧都有戏剧矛盾和戏剧冲突,所谓情节的发展,就是作者制造矛盾、展开冲突、解决问题的过程。小品情节发展的手法主要有以下三种:

1. 误会法

误会法就是作者想方设法故意让观众或剧中人物产生误解,通过声东击西、有意误导而产生戏剧化的效果。误会法一般有三种情况:一是观众明白而剧中人物不明白。如赵亮表演的《泉水叮咚》,海岛来了慰问团,女演员要帮小战士洗军衣,但海岛淡水紧缺,小战士的任务是看好这桶淡水,以保证慰问团的饮用水。因此,小战士死活不让女演员洗军衣。这个戏剧矛盾情节的发展是由误会法推动的,而在小品一开场,观众就通过连长与小战士的对话了解了这一情节发展的"结扣"所在。于是随着剧情的发展,产生了强烈的戏剧效果,培养了观众的观赏兴趣。二是剧中人物明白而观众不明白。如黄宏、宋丹丹表演的《手拉手》,剧中人物"黄宏"是知道两人的手并没有黏在一起的,而观众是随着剧情发展后于剧中人物明白的,这也会产生强烈的关注欲望。三是观众和剧中人物同时明白。如郭冬临和周涛表演的《新闻人物》,从妻子误会丈夫是小偷,而丈夫又讲不清真相,到明白他是在水底用石头砸车窗救人的英雄,这一过程,观众和剧中人物是在剧情发展的过程中同时明白的。

2. 夸张法

夸张法是运用夸张的手法把一件事情放大到可笑的程度,使观众在笑声中得到启迪。这种夸张既不是人物外部形体动作表演分寸上的夸张,也不是人物情感宣泄程度上的夸张,又不是人物心理逻辑跳跃上的夸张,也不是戏剧小品表演、道具设计上的夸张,而是事件发展逻辑推向的极端化。如赵本山、宋丹丹、牛群表演的小品《下蛋公鸡》,通过记者采访的形式,围绕白云、黑土二人的虚构介绍,下蛋公鸡的广告录制,记者花两万元买鸡,最后以两万元钱吃了一锅"下蛋"鸡作为结束。剧情发展逻辑推向的极端化,把戏剧结果引向出乎意料,效果虽然荒唐可笑,却在笑过之后令人思索。

3. 巧合法

俗话说:"无巧不成书",巧合法是小品创作中最常见、使用最普遍的一种创作手法。巧合就是利用生活中的偶然事件来组合故事情节的一种技巧。巧合的关键是一个"巧"字,"合"是基本要求,要既在情理之中又出人意料。运用巧合法写小品,对于巧合的时间、地点、事件、人物等都应合乎情理,切不可胡编乱造,违背常理,否则就会失去真实性,弄巧成拙。

除了以上三种方法之外,其他方法还有很多,但目的只有一个,就是促使小品的情节发展达到精彩、极致。

(四)小品人物的塑造

小品是靠角色代言的。角色就是剧中的人物,人物必须要有个性且典型。要避免平面化,突出典型性。要让人看了觉得可爱、可信,鲜活生动、活灵活现。如蔡明、赵丽蓉、郭达表演的《追星族》,戏中的小姑娘(蔡明饰)是一个追星族,追星追到疯狂,被歌星的小车溅了一身脏水还觉得非常幸福,并且坚决不肯洗掉衣服上的污渍。这样的人物就具有典型性。在塑造人物时,应当考虑人物的身份,其语言、服饰、动作等都要与身份相符,而且人物的性格要"一贯到底",不能前后矛盾,中途变换,首尾不一。

(五)小品语言的要求

戏剧是语言的艺术,而小品对语言的要求更为苛刻。小品最重要的也许不是情节,而是人物和语言。因为语言是体现人物性格、塑造人物形象的重要手段,幽默的语言是优秀戏剧小品的闪亮串珠。由于戏剧小品容量小,事件单一,背景也不复杂,因此要求语言尽量简练,对话不宜过长,篇幅不能过大,要善于依赖人物的外部形体动作和表情、感觉、眼色等"说话"。小品语言的功力是作者长期观察生活、积累生活的结果,要写好小品的语言,就要善于从纷繁的社会生活中感受和捕捉那些显露事物矛盾本质的语言和细节。

(六)小品结尾的处理

小品的创作与文学创作一样,有"凤头、猪肚、豹尾"一说,即:开头要巧妙,腰身要丰满,结尾要有力,让人为之一振,或出乎意料。也有"龙头凤尾"一说,即:结尾要漂亮。戏剧小品的结尾是整个剧本构思中极为重要的有机组成部分,是剧情发展的自然结果,有时往往是先有一个好的结尾构思才去写小品的。

一个好的小品必须有一个经过升华了的结尾,有一个出乎意料的结局。既要做到见好就收,不拖泥带水,又要贵在含蓄,不说太多,让人去思考,发人深省。切忌平淡无味、草率收兵,达到气氛浓郁、余音绕梁、回味无穷的境界。如赵本山、宋丹丹表演的小品《钟点工》在结尾时人物角色发生了转变,"本山大叔"不但心不烦了,而且可以去与别人聊天、唠嗑了,与小品开头形成了强烈的反差对比,使小品主题得到了升华。

【温馨小贴士】

很多考生一提到小品创作便会联想到春晚中那些耳熟能详的作品,因此会把考试中的小品创作,特别是戏剧小品的创作习惯性地理解为喜剧、相声以及荒诞剧。戏剧小品确实兼顾了喜剧、语言艺术的诸多特征,但小品也可以通过正常对话、情节设计和生活中的平凡事件,创作出具有哲理或是教育意义的主题。因此,考生在模仿时应更加贴近自己的生活,不要刻意制造笑料或是不合乎逻辑的情节包袱,这样反而为你的创作带来麻烦,会让作品不合乎常理。

四、小品创作模板及范例解析

在艺考命题小品创作时,考生应先掌握规范的格式。很多学生确定了情节表现和语言安排,但因对小品写作格式的陌生而无从下笔。让我们看看下面这篇小品例文片段。

【范例】

冬日纪事

时间:一个冬日的下午,体育课上。

地点:北方某小学的操场上。

人物:盼盼——女,11岁,小学五年级学生。晶晶的表姐,比晶晶只大三个月。性格内向,心思重,心里有事不愿意表达出来。班上的班长,很好强,做事力争优秀。因为比晶晶大一点,所以从小家里人都要求盼盼凡事让着晶晶。

晶晶——女,11岁,小学五年级学生。盼盼的表妹,与盼盼是同班同学。性格开朗外向,心思粗,后知后觉。因为盼盼的优秀而很崇拜自己的姐姐,对盼盼很好。胆子很大,经常充当盼盼的保护者。对于家里人对她的偏袒并没有在意,也忽略了盼盼对此的感受。

老师——女,30岁左右,过场人物。

场景：[北方某小学的操场上。地上覆盖着一层厚厚的白雪，看起来是刚下过雪的样子。舞台上分布着几个不高的小雪堆。舞台的中央有一个花池，花池的左后方有一个堆好不久的大雪人，雪人的脑袋上扣着一个铁桶，两颗粉色的水萝卜做的眼睛，橙色的胡萝卜做的鼻子。一根扫帚插在雪人的身上，另一根扫帚已经不知去向。盼盼穿着一件厚厚的蓝色羽绒服，头上戴着一顶白色的毛线帽子，外面又套上了羽绒服帽子。一条大围巾将她的嘴捂得严严实实的，只有鼻子和眼睛露在外面。盼盼独自一人站在花池的右前方，拿着一把与她一般高的大扫帚清扫地面的积雪。舞台上只有她脚下的一片是干净的。

[盼盼低着头清扫地上的积雪，依稀可以听见操场上嘈杂的小孩子打闹的声音。这时候一个满脸通红的小男孩从舞台左侧跑上场，一边跑一边回头看，一下子撞到了雪人上。盼盼听到声音，回头看着小男孩。雪人头上的铁桶被小男孩撞掉滚到了地上，小男孩自己也滑了一跤。小男孩迅速起身，向右边跑去。另一个小男孩从舞台左侧跑上场，他手里拿着两个大雪球，嘴里喊着"小样的，你别跑"，说着将手中的一个雪球冲前面的小男孩扔去。他看见了雪人，将雪人身上的扫帚摘下来，举着扫帚大叫着追逐前面的小男孩。前面的小男孩回头看见了举着扫帚的"敌人"，边跑边大叫着"啊"，两人追逐着跑下场。

盼盼看着二人跑远的方向愣了一下神，回过头，用手背抹了抹鼻子，继续扫地。

远处传来一个清脆的女声，"顾盼盼，接招！"盼盼回过头，一个雪球飞来，正好打在了她的身上。

晶晶笑着跑上场。她身穿一件水粉色的羽绒服，手和头都露在外面，脸和耳朵被冻得红彤彤的。她站定，看着正在清理衣服的盼盼，格格地乐个不停。

盼盼　（将脸上的围巾拉下，气急败坏地）你笑什么！

晶晶　我笑你呀！

【模板】小品写作格式

题　目

时间：具体时间情况介绍

地点：具体地点介绍

人物：甲——人物性别、年龄、身份及性格介绍

　　　乙——人物性别、年龄、身份及性格介绍

　　　（有多少个人物就介绍多少个人物，一般来说，主要人物两三个、次要人物一两个即可）

场景：具体场景、物件、人物动作、表演、状态等介绍

甲　（主要是人物表情介绍，有时候人物的小动作转换也可以出现在这里）甲说的话

乙　乙说的话

【温馨小贴士】

如果小品对话中出现了场景、道具等介绍，以及人物动作描写和表演过程呈现，考生可用[标出，出现人物转换的小动作以及人物表情时，考生可用( )标出。大括号和小括号通常可用来区分内容。

第三节　命题小品创作的两种特殊命题形式

一、戏剧故事改编成小品

将戏剧故事改编成小品创作是近些年部分院校的考试形式，该形式主要考查学生的理解、改编能力与思维结构方式等。一般来说，戏剧故事改编成小品主要遵循以下几点原则：

(一)尊重原著

小品的改编要尊重原文中的主题、人物、结果等，不可凭空想象、随意对原著进行无理改编。

(二)结构创新

小品要在尊重原著创作观念的基础上，进行结构和叙事上的创新，要加入创作者的想法与实践，使小品更加贴近于生活。

(三)形式创新

考生要特别注意戏剧故事和小品不是同一种文体，小品有小品的特殊结构模式，是一种舞台性的表演艺术。

(四)表现手法创新

考生还要特别注意戏剧故事和小品在心理和环境的描写与刻画上有本质的区别。一种是通过心理和环境描写来刻画某种意蕴，渲染某种气氛，以引起读者的思考和沉思；一种是直接的舞台动作和语言，是直白的、客观的记叙，让读者看后一目了然，脑海中即可想象出一系列的舞台动作。

二、电影小品创作

我们通常讲述的小品创作都泛指戏剧小品创作。这里讲到的电影小品，实质是与戏剧小品有所差别的。戏剧小品与电影小品的基本法则都是以冲突作为推动剧情发展的动力，都要经过"开始、发展、高潮、结果"，通过动作的呈现传达作者对社会人生的理解以及对历史和故事的表述。但不同之处在于,电影小品里面的所有文字都能通过视听造型体现出来,文字很有镜头感,场景的衔接也有蒙太奇经验。戏剧小品通常都集中在一个固定的场景中,而电影小品却可以而且经常是多场景的。

命题电影小品创作的考试目的主要是为今后专业学习影视作品编剧服务的。影视专业的学生在学习编剧时有一个循序渐进的过程,他们并非一开始就学习写作大的剧本,因为一个能够拍摄90~100分钟影片的剧本是个很庞大的工程,人物多、情节线索交错、事件过程复杂,因此结构也必然多样,初学编剧的同学尚不具备驾驭它的能力。

我们都知道一部完整的电影虽然有100分钟左右的长度,但如果将它的结构做一划分,就会发现它依然是由一个个叙事段落组成的,每一个段落就是电影所谓的"一场戏",而我们所做的电影小品创作则是一个大剧本中"一场戏"的长度。学会了写小的,大的也就比较容易掌握了。下面,我们先来看一个电影小品。

【范例】

电影小品《妞妞》

一、胡同外

这是一条典型的北京小胡同。20世纪50年代初期的北京胡同里还不像今天这样杂乱,秋日下午的阳光斜斜地照到胡同里那株老槐树的树冠上,本来已经变黄的树叶像染上了一头金发。

灰色的屋顶错落有致,传来阵阵的鸽哨声和女娃娃们的儿歌声:"小汽车,嘀嘀嘀,里边坐着毛主席,毛主席挂红旗,气得美帝干着急。"

镜头顺着老槐树的树梢摇下,摇出一伙在树下游戏的小孩子们。女孩子们在起劲地跳着皮筋,男孩子们在一边撅着屁股扇洋画。

妞妞的皮筋跳得真好,圆圆的脸跳得红彤彤的,两个羊角小辫上下跃动着。

画外传来呼唤声:"妞妞!"

妞妞跳着,唱着。

画外:"妞妞,快回家!"

妞妞还是跳着。

在妞妞不远的一侧,她家的院门前,妞妞妈妈朝跳皮筋的女儿喊着。

妞妞妈:"妞妞乖,快回家看看小姑穿上新娘子的衣裳漂亮不漂亮。"

妞妞跳坏了,生气地跺着脚。

妞妞:"人家就再玩一会儿嘛!(转身对伙伴们喊)刚才不算!刚才是我妈捣乱!"

妞妞妈:"看你把衣服弄脏我怎么收拾你!"

妞妞无奈地回转身走进院子。

二、妞妞小姑的闺房内

一张年轻女孩的脸,化过妆、梳过头,头上还有朵鲜红的绒线花。她是妞妞的小姑,此刻正一个人坐在炕沿上发呆。从她的神情看不出一点点新婚的喜悦。

屋里很静,听得到远远的妞妞和小伙伴们的嬉闹声……

三、大门外的胡同

妞妞他们仍然开心地玩着。

这时远处传来了小贩的吆喝声:"换小泥人啦……换小公鸡啦……"

胡同那端,一个挑着担子的小贩向这边走来。孩子们立刻快乐地叫唤着迎了上去。

四、小贩的泥人担子前

孩子们跑过来,把担子围住。

担子上泥人的特写——花公鸡、摇头晃脑的媒婆、胖胖的泥娃娃……

小贩是个头戴小圆帽的老汉,他对孩子们叫着:"不许乱动!摔坏喽!"

妞妞看着面前的花公鸡,眼睛瞪得溜圆。

一个男孩:(指着花公鸡)"这个拿什么换?"

小贩:"十个牙膏皮!"

男孩:"十个!"

孩子们向各家跑去了。

妞妞也向自己家跑去。

五、堂屋内

妞妞妈和妞妞奶奶在看小姑的嫁妆。

妞妞妈:"妈,您老就放心吧。您看这衣裳多体面,这被面可是真正的瑞福祥的缎子呢!"

妞妞奶奶:"嫁这老疙瘩,不能让人家笑话。"

这时妞妞急匆匆地从外边冲进来,一撩帘进了里屋。

妞妞妈:"妞妞,你疯跑什么?"

六、里屋

小姑看见妞妞进来,眼睛亮了。

小姑:"妞!"

妞妞:"小姑好漂亮呀!像仙女一样!"

小姑:"妞,过来,小姑教你玩花绷子。"

妞妞:(犹豫)"我还有事呢,等会儿好不好?"

妞妞拉开抽屉乱翻,又把八仙桌上的胆瓶里的东西倒在桌上,可那里除了破梳子和一些头发卡子之类的小物件,没有什么值钱的东西了。

小姑:"妞,你翻什么?"

妞妞把手指放在唇边,示意小姑小声:"嘘……"

她一撅屁股,爬到了床底下,只把个小屁股露在外边。

七、小贩泥人担子边

孩子们拿着各种各样从家里找来的小东西围着老汉叫唤着。

"这个行不行?"

"我这个能换什么呀?"

老汉从一个男孩的手里拿过一个空牙膏皮看了看,给了他一个小泥哨。男孩高兴地吹着,跑了!

"我也要!我也要!"

孩子们吵着,伸出一张张小手。

妞妞跑来,挤近了担子边。她的手里举着一把黄灿灿的大铜锁。

妞妞:"我要大公鸡!"

老汉拿过铜锁细看了一会儿。

老汉:"你拿这个跟家里人说了没有?"

妞妞:"说了!"

老汉把大公鸡给了妞妞。

妞妞一把抢过大公鸡就跑。

妞妞把大公鸡的屁股对着嘴用力地吹,那鸡立刻发出"喔喔"的叫声。

八、妞妞家院子里

妞妞跑进了院门,用力地吹着公鸡。

九、堂屋内

妞妞吹着大公鸡跑进来。

妞妞妈:"妞妞,这东西哪儿来的?"

妞妞一愣,看着妈妈,她的嘴边都是大公鸡染上的红绿颜色。

妈妈一把把公鸡抢过去,妞妞吓得"哇"一声哭了。妈妈一下子拉着妞妞就向外走。

十、大门

妞妞被妈妈强拉着出了大门。

妞妞:"(哭喊)我要大公鸡!"

十一、小贩泥人担子旁

妞妞妈拉着妞妞向老汉冲过来。

妞妞妈:"她拿什么换的这个?"

老汉看了妞妞一眼。

妞妞不哭了,怯怯地看着老汉。

老汉拿出了那个锁头。

妞妞妈一把抢过了锁头。

妞妞妈:"啊?一把铜锁就换你这个呀!(把公鸡向小贩的担子上一扔)你这不是骗人吗?我说你这么大岁数了,怎么骗小孩呀,你亏心不亏心呀!"

老汉看着妞妞,眼神里满是抱怨。

妞妞不敢看他的眼睛。

妞妞妈一边拉着妞妞一边斥责着老汉,走了。

妞妞回头看。老头可怜巴巴地低着头……

十二、小姑屋里

妞妞趴在床上哭。

小姑:"好啦,妞妞不哭,以后小姑给妞买。"
妞妞:"小姑嫁人了就不回来和我玩了。"
小姑:"谁说的?小姑才不嫁人呢!"
妞妞:"骗人!"
小姑:"谁骗人谁是小狗。(挑起花绷子来)来,小姑教你挑个新花样。"
妞妞:(哭)"我要大公鸡!"

十三、胡同的全景 俯

天色渐渐暗了,屋顶罩上了炊烟。

十四、胡同里 傍晚

老汉的担子。上面的泥人已经不多了。

老汉默默地收拾起东西,准备走。他觉察到什么,抬起头来看——大槐树后面露出了妞妞的小脑袋瓜,虽然只是一闪。

老汉嘴角动了动,挑起了担子,走了几步,又停下来朝妞妞那里招了招手。

妞妞探出小脑袋,看着。老汉又朝她招招手。

妞妞抿着嘴不肯从大树后面出来。

老汉拿出那个花公鸡,向妞妞晃着。

妞妞还是不动。

老汉把公鸡放在地上,离开了。

妞妞看着老汉消失在胡同的尽头。

那公鸡正静静地摆在地上……

十五、堂屋内 傍晚

妞妞进来,她的衣襟下鼓着,里边当然是那只泥公鸡。

她把公鸡拿出来,藏在屋子的角落里。

十六、同上一景 夜

电灯亮着。

一家人在灯下吃着晚饭。

妞妞奶奶向小姑碗里夹菜。

奶奶:"多吃点,过了门就得给人家做饭了。"

小姑满脸的不高兴。

妞妞很香地吃着。

妞妞:"奶奶,小姑不想结婚。"

妞妞妈:"又胡说。"

妞妞:"我才没胡说呢,是不是,小姑?"

小姑对妞妞笑了笑。

妞妞却说:"小姑真傻,妞妞就想结婚!"

"哟!"满屋的人全笑了。

妞妞妈:"真没羞!"

妞妞也不好意思地笑了。
妞妞:"结婚多好呀,能穿新衣服。"
小姑笑着问:"可妞想嫁给谁呢?"
妞妞:(坚定地)"嫁给卖泥人的!"
全家人又是一阵喷饭大笑。
十七、胡同　夜
黑黑的胡同里传出妞妞家的笑声,老槐树在晚风中摇曳……

【评析】
依据以上案例,我们来分析一下电影小品的特征和创作时所要注意的地方。

1.电影小品要突出一个"小"字,因此其内容不能多,不少初学写作的朋友常常会把小品的构思搞得过于庞杂。通常,情节围绕着一个小小的事件展开就够了,集中讲一件小事就会比较从容,就有足够的篇幅来描写细节,塑造人物性格。例如《妞妞》就紧紧围绕着"妞妞用铜锁换泥人"这一事件展开。妞妞的性格如此鲜活可爱,这与笔墨集中有很大的关系,《妞妞》就集中描写了妞妞和卖泥人的老汉,其他人物都是一笔带过的次要人物或作为环境背景出现的人物了。

2.电影小品篇幅小,所能承载的主题思想有限,不可能将过于复杂的思想内涵交给一个小品来完成。《妞妞》并没有很多的思想,但追求的是情调和趣味。观众看过之后能感觉出一种质朴的老北京味儿,它像一首具有怀旧感的小诗,能让人体验到一种温馨的人际关系。一个小品,写出一件事情并不难,但写出点情调和趣味却不太容易。

3.电影小品创作应该努力塑造人物鲜活的性格。创作一个完整的剧本,最重要的和最困难的就是塑造出有血有肉的人物性格。小品虽小,却也能像一幅小小的速写画一样将人物的性格勾画出来。在《妞妞》中,妞妞天真活泼又有几分淘气的性格表现得很突出,而这些性格又都是通过人物的行为揭示出来的。因为任何深刻的思想在电影中都只能通过人物的性格和命运来体现,如果你不会刻画性格,也就必然不会表达思想了。

4.要用电影的方式写作,文字描述的应该是电影思维的结果。有经验的人不难看出,《妞妞》是个很有电影思维水准的小品,它里面的所有文字都能通过视听造型体现出来,文字很有镜头感,场景的衔接也有蒙太奇经验。例如,在第十四场和第十五场之间,作者省略了妞妞走过去从地上拿起老汉留给她的泥公鸡的过程,却突出了她藏泥公鸡的细节。而第十七场将第十六场中快乐的气氛延伸作一种优美抒情的诗意。很多初学的朋友常常对"如何写得更像一个电影剧本"感到为难和无从下手。当然,电影思维的经验是慢慢建立的,但也并非那样神秘。考生最初可找一些电影剧本来读,研究剧本是如何用文字表现视听造型的,也可以找来一部影片,从中间选择出一个相对完整的段落,用电影剧本的方式将它记录下来,然后对照原剧本看看有哪些差异。

5.在电影小品的练习中,可在视听方面有不同的侧重。比如,用一些小品练习视觉造型的能力,而用另外一些小品练习人物对话。一般而言,在最开始的时候还是应该先训练自己的视觉表现能力,尽可能通过人物动作和其他视觉造型因素来讲述故事,而尽量减少对话。《妞妞》就是这样的一个小品,其中虽然有一定数量的对话,但并不繁杂和多余。在《妞妞》中,作者注意到了环境造型的重要性,无论胡同还是天空的鸽哨,都给故事带来了一种浓郁的北京味道。核心道具泥公鸡也很有民间特色,是构成作品风格不可缺少的因素。看了《妞妞》,观众一定会发现,电影小品和戏剧小品有一点很不同:戏剧小品通常都集中在一个固定的场景中,而电影小品却可以而且经常是多场景的。尽管你不能也没必要设过多的场景,但有场景更换却能锻炼你的蒙太奇思维能力,因为在场面转换中省略不必要的中间过程是电影时空的重要特性,是一个电影编剧必须掌握的。

第十二章　自我介绍、才艺展示及回答考官提问

框架梳理

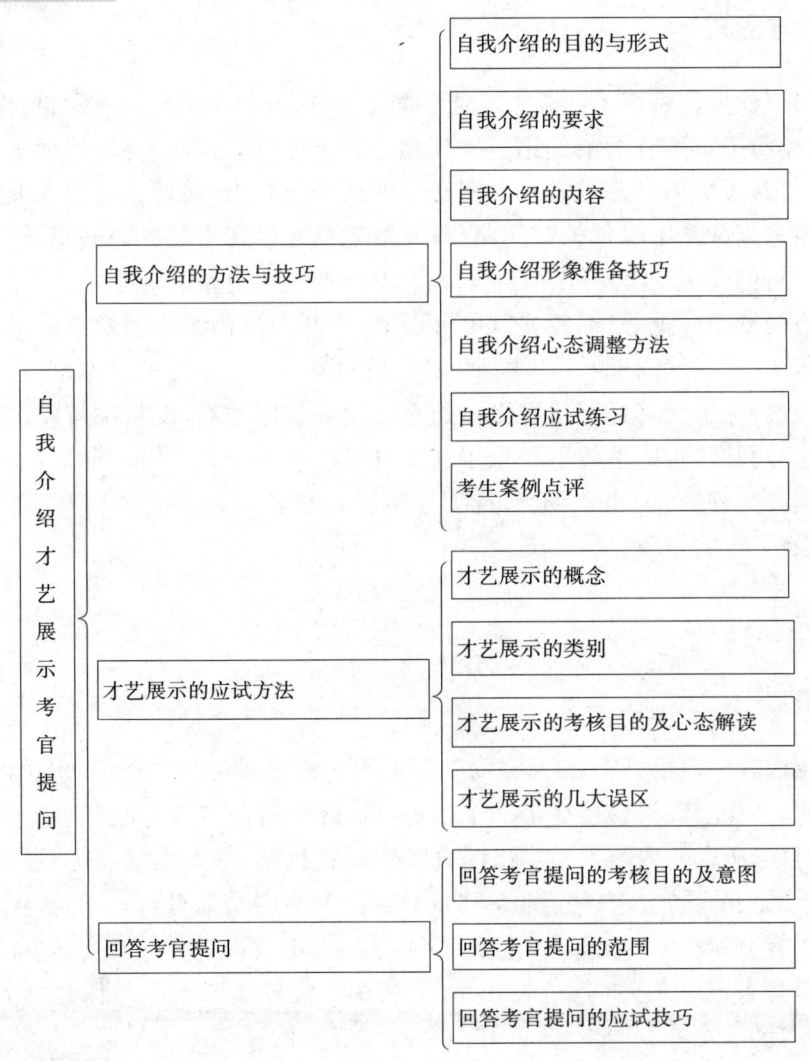

本章提要

　　面试是编导专业考试中的重要组成部分。虽然近几年诸多院校在编导考试中已取消了面试环节,但部分专业院校以及很多省份的联考仍保留了这一项目。并且由于面试对于考生的心理素质的要求极高,容易给考官留下最为直接的印象,因此面试的重要性

不容小觑。本章所设的三部分内容是大部分院校面试中最为重要的环节。而本书之所以将这三个部分放在一起，是因为它们之间有着诸多连带性，面试时也经常把它们放在一起考查。很多考生认为面试就是临场发挥，但实际上对于这三项考核科目，考生是最容易在考试之前做出准备的。在准备时，考生如果能找到自身优势，不断调整、完善，则将从容应对各类考核。

第一节　自我介绍的方法与技巧

一、自我介绍的目的与形式

考生自我介绍可以让考官迅速了解考生。对于考生来说，自我介绍就是展示自身风采的一个良好契机，是考生在考官面前的第一次亮相。一个良好的开端，将为后面的考试打下坚实的基础，并且考生可以通过自我介绍充分展现个人魅力，展现自己对专业的热爱。面试不可能给考官慢慢了解你的时间，自我介绍就是考生在有限的时间里，尽可能地向考官传递关于自己的优良信息，比如自身特长、对专业的热爱和积累等。

自我介绍一般有两种。一种是"标签式"，也可以说是"开门见山式"，通常来说一句话：我叫×××，来自×××，就读于×××中学，目的是向考官传达自己的基本信息，相当于笔试中的填写姓名、考生号一样。这样简短的介绍没有任何技巧，少数院校要求以这种特定的开场白进行面试，否则尽量不要采用这种自我介绍的方式。另一种是"表现式"，要求考生用一至两分钟的口头介绍把自身优势展示给考官。第二种方式比第一种方式要详细得多，也有一定的技巧。

二、自我介绍的要求

（一）保证内容真实

考生的自我介绍内容一定要真实，要从自身实际出发去完成对自己的介绍。有的考生不会总结自身优势，在查阅资料后抄袭了一个跟自己情况不符的自我介绍，然后死记硬背下来。面试的时候，所说的内容不是自己的真实体验和总结，给人感觉像是在机械性地背诵一篇与自己无关的课文。有些考生为了能够在自我介绍中显得与众不同，常常夸大甚至杜撰自己的能力和性格。比如，一个说话声音很小、不敢正视考官的女学生，却非要在自我介绍中声称自己性格外向、活泼开朗，常常在学校各类活动中担任主持人。这样明显的表里不一，足以使考官产生怀疑，甚至会对该考生的诚信产生质疑。与其让老师留下一个华而不实的坏印象，还不如展现出一个真实的自我，给老师留下一个诚实的好印象。

(二)避免空洞的抒情

有些考生会把自我介绍当作散文来写,没有具体的内容,只靠空洞的抒情来撑门面,片面地追求所谓的"文采",于是自我介绍就成了金玉其外、败絮其中的空壳。比如:有人说,用一种冷静的态度和冷峻的眼光看待这个世界,文字中自然免不了有忧郁的美,或美的忧郁。我说不是,我把每一个有朝霞的早晨,看作是周末的早晨。但当我发现往后退,就是开始于一点点放纵自己。我开始打点行装,开始漫长的人生跋涉……乍一听,这些话很有文艺气息,实则空洞、缺乏内容,并且也很难跟所学专业联系起来,颇有点无病呻吟的味道。显然,这样的方式是不可取的。

(三)忌以"秀"为主

可能是受近几年电视选秀节目的影响,选手登台时都有发表"参赛感言"的环节,于是众人竞相模仿,艺术类招生考试的面试环节也难免会受影响。其实二者有很大的差别,专业不同、目的不同、场合不同、时间限制不同,选拔方式也大不相同。有些考生竟然把考场当作选秀的舞台,"秀"本身就有一些虚构的成分,而对于艺术类专业的面试,需要的是考生的真实表现。因此,切忌照搬照抄,动不动就是豪言壮语称自己感动于编导的伟大而要成为传媒行业的未来,动不动就是家境贫寒而又自强不息。

(四)要有交流感

面试时,考生难免紧张,只要放松心态即可。很多考生事先会背诵自我介绍,面试中突然忘记某一句话,以至于后面也接不上,只好绞尽脑汁地回忆,甚至要从头再来一遍才能进行下去。显然这样的自我介绍方式无法实现与考官的真诚交流,达到展示自己的目的。

(五)形式内容的设计符合要求

有的考生准备了冗长的自我介绍,但面试是有时间限制的,考官出于时间考虑会打断考生的介绍,考生也会因为准备不足而无法将自己最与众不同的性格特点展示出来。所以考生一定要注意,自我介绍应根据各类学校不同的要求设计出适合的版本来。

三、自我介绍的内容

(一)姓名特征

考生可以通过介绍自己的名字,用自己的名字做文章,例如姓名有趣的由来,姓名中有着某种特殊寓意,姓名与某一位名人相似等,用姓名突出自身特色和优良品质。但要注意,有的学校在面试时不允许考生透露姓名,如果遇到这种情况切不可讲述姓名特征。

(二)家乡特点

突出家乡特色及地域特征有时也会给考官留下深刻的印象,但一般习惯于将其放置开篇,而且应做到内容简洁、重点鲜明。比如:我的家乡盛产葡萄、香梨……对,我就是来自新疆、能歌善舞的维吾尔族姑娘;我来自熊猫的故乡——成都;中国西北游,出发在兰州,没错,我是一个土生土长的兰州人……

(三)兴趣爱好

从兴趣爱好入手来介绍自我是一个重点推荐的方式。例如自己喜欢篮球、足球这样的运动,可以联系此兴趣爱好,说说它和传媒专业团结协作特点的关联;再如,考生可以多说一些跟本专业相关的兴趣爱好,例如爱看书、爱写作、爱摄影、爱使用电脑完成简单创作等等。

(四)与众不同的特点和经历

考生与众不同的经历也能让考官印象深刻。比如:有个考生由于母亲是一名声乐演员,从小就跟着母亲四处演出,耳濡目染造就了他对艺术类专业的喜爱;如果有个双胞胎的姐妹或兄弟,讲讲你们之间的故事;谈谈和你的小虎牙有关的俏皮可爱又能反映自己性格特点的小事;由于父母的工作性质,经常搬家,至今已经在十几个城市居住过等,都能成为考生自我介绍中与众不同的特点和经历。

(五)自己取得的成绩

考官非常在意考生是否有良好的综合素质和潜力,以及良好的人际关系和团队精神等。有经验的同学可以实事求是地介绍一下自己当班干部、团干部时受到的奖励,或用简短的语言总结自己获得奖励后的心得。比如:作为某省三好学生的代表;在校期间成功组织的校园艺术活动;曾经参与的大型中学生英语竞赛、体育比赛等。

四、自我介绍形象准备技巧

自我介绍是一种面对面的人际交流,因此在该环节考生需要注意自己的外表。尽管不可以貌取人,但衣着打扮往往体现了考生的艺术品位,有助于体现考生的精神面貌。对于艺术类考生,面试中一个人的仪态所展现出的气质是很重要的。考生着装应大方得体,符合学生的身份,不要过于成熟化、职业化,也不要过于夸张前卫,要体现出一个年轻学子健康、青春的风貌。至于是否化妆,则没有一定要求,只看把握是否适度。女生可略施淡妆,最好不要浓妆艳抹;男生应穿戴整齐庄重,不要奇装异服、发型夸张、乱戴饰物。具体要求如下:

(一)服饰得体,朴素大方

考官重点关注的是考生的艺术内涵、人文修养,而服装只要得体即可。考生没有必要专门为考试购置高档服装,以得体为要求,对服装的选择"讲究"一点即可。例如,考生应穿相对暖色系的衣服,因为艺考时间大多数是在寒冷的冬天,尽量使自己看起来阳光一点。考生还应留意各高校的面试要求,有些院校会对着装有所限制,如不许穿裙子,不许穿高跟鞋等。

(二)切忌浓妆艳抹,宜简不宜繁

大多数考生没有学习过化妆,过于浓重的化妆往往起不到美化和弥补的作用,反而使面容更加模糊,专业考试时以淡妆应对足以。考官对考生的第一印象固然重要,但考官希望看到的往往不是考生妆容的精致程度,而是其脸上的蓬勃朝气。

(三)发型不要标新立异

平时追求"另类"发型的考生,在专业考试中应尽量普通。留给考官深刻印象的往往是着装朴素大方、干净整洁、焕发出中学生朝气的考生。由于面试过程很多院校都会采取录像,考生应在临考前稍作整理,让脸部线条清晰地呈现。在发型选择上,应选择稳重清爽的发型,避免标新立异。

五、自我介绍心态调整方法

面试对考生的心理素质和临场发挥要求极高,保持好心态让自己处于最佳状态,可能就容易有机敏的反应,甚至超水平的发挥。反之,太过紧张可能会出现卡壳、语速过快等诸多问题。所以,考前调整好心态,考试中以稳定的心态来应对艺术考试是十分必要的。

在面试时,心态的好坏往往会影响到考生整体素质的展示。因此,心态的调整对于考生而言就显得尤为重要。在此,我们将面试心态的调整方法总结为以下几个方面:

第一,紧张多半是由于考生的不自信造成的,而避免不自信的办法就是平日进行大量的练习,给予自己足够的信心和底气,有把握地上"战场"。

第二,在进考场之前,可以与身边的同学进行简单的交流,不要一个人蒙头紧张。气氛活跃了,考生自然而然就进入一种轻松的氛围,以一种轻松的心态进入考场,也最有可能事半功倍。

第三,学会微笑。笑容是一种令人感觉愉快的面部表情,它可以拉近人与人之间的心理距离,为深入沟通与交往创造温馨和谐的氛围。于是,有人把笑容比作人际交往的润滑剂。在笑容中,微笑是最自然大方、真诚友善的,人们普遍认同微笑是基本笑容或常规表情。

【温馨小贴士】

从考生进入考场时,考官已经开始为其打分,光看你的气质方面,老师对你的水平就会有一个初步评估。让自己显得落落大方、有内涵是非常重要的。

1.注重仪表:除了发型、着装外,还要特别注意言谈举止,手上动作不要太多,更不要出现身体的大幅度晃动等。

2. 状态自如：以一种自然的状态进入考场，会让考生有很好的发挥。注重心态的把握。在考场门外要深吸口气，调整自己，轻松应对。

3. 注重交流：交流要有对象，无对象交流、言语苍白无力是不可取的。与考官还应注意眼神交流，哪位考官在和你交谈，尽量让眼神与他有一个互动，切忌东张西望、眼神迷离。

4. 自信：并非指语言上夸夸其谈，而是状态上精神饱满。

六、自我介绍应试练习

由于考场规模庞大、考生人数众多，很多考生看到这样的场面往往心理压力增大。所以，考生需进行多次练习，才能避免面试紧张问题的出现。更重要的是，考生必须放下平时的面子，大方地向身边的每一个人来展示自己。在此，简要归纳一下自我介绍的基本练习方法：

首先，考生要控制好自己的语速，用一种与平常说话相仿的语速去向评委老师"说"自己所准备的介绍稿，而不是去背它。重要的就是多练习，去熟练你的自我介绍。

其次，表情非常重要，微笑是考生必须去练习的。虽然笑不难，但如何笑得自然也是考生必须学会的。

再次，必须练习站姿。平日里考生可能不是很注意，有很多小细节都无所谓，但在考试时，大家要尽量做到站得端、站得稳，避免站的时候一直晃或者像站军姿一样僵硬。

最后，也是最为关键的，就是自我介绍的流利程度。在这一点上，很多同学会在考试时忘词，考生能够做的就是一遍又一遍地练习，在老师面前、父母面前、同学面前，做到任何时间、任何地点都能脱口而出，除此之外别无他法。

【温馨小贴士】

自我练习的几个小方法：

(1) 对镜练习法：对着镜子练习，观察并调整自己的举止。

(2) 想象练习法：想象自己在不同场合对不同人物介绍自己。

(3) 对众练习法：找到一个群体，比如同学或家长，对着大家大方地介绍自己。

七、考生案例点评

【范例一】

各位尊敬的评委老师，大家好，我是来自甘肃兰州的考生郝天瑞。我性格阳光活泼，平时喜欢打羽毛球来锻炼自己的身体。生活中我喜欢上网，一方面是因为通过网络可以了解学习很多新的知识和技术，班里也会把制表和做PPT的任务交给我，通过对未知领域的探索，我会把自己的新想法、新创意融入其中，更好地去完成它们，也是因为这个原因，我被推举为班上的生活委员和计算机课代表。另一方面我认为利用网络来缓解生活中的压力也未尝不可,我会合理利用周六晚上的时间来带领我的小团队集体作战,当然也是因为这一行动的合理和有序得到了家长们的理解。

之所以选择这个专业我并不盲目,一方面我的性格有很多方面都比较适合,除了我比较理性之外,同时在生活中我还是个比较感性的人,喜欢捕捉生活中的细节,用一种感恩的方式来对待生活;另一方面是因为对新闻敏锐的洞察力和对新技术的探索。基于以上原因,我认为选择这个专业是正确的,我也希望能有机会更加系统地了解它、学好它。

【评析】

自我介绍可以从自己的性格特点入手,让评委老师欣赏你。向别人展示自己、介绍自己,必须抓住自己性格之中的主要特点,通过几件具体的、典型的事例,突出自己某一方面的性格特点,力求展现个性化的自我。该考生就重点突出了自己擅长计算机应用,而这恰恰与编导专业强调动手能力不谋而合。

【范例二】

各位评委老师好!

我叫师帅,是一名少数民族考生。之所以选择编导这个专业,主要是受我母亲的影响。我的母亲是一名声乐演员,小时候由于父母工作忙,我会经常跟着妈妈去各地演出,在妈妈演出时我都是她台下最忠实的观众。而在平时叔叔阿姨们排练演出时,我常会动动这儿、问问那儿。随着年龄的增长,我也开始能看明白了些简单的编排,慢慢地我发现原来这里面的学问很多。

可能是从小的耳濡目染,我渐渐地喜欢上这个专业。平时在学校里,我会组织我们班级和全校的各类文艺活动,也时常表演一些节目。很多节目还代表学校去参加过文艺汇演。

之所以选择编导专业我并不盲目,一方面是自己对它的热爱让我有信心能够学好这个专业,更重要的是,我希望我能够承载着母亲对于舞台的热爱,承载着自己对于编导的追求,在更高、更大的舞台上,画出属于我自己的更美的蓝图。

【评析】

自我介绍中如果可以让老师看到考生的特殊经历恰恰与专业有关,这定会为考生增分不少。该考生的自我介绍有一定的特殊性,因为自己的母亲是一名声乐演员,使其有了一定的先天优势,可以极早接触艺术。但考生有意识地将这一经历结合在个人的自我介绍中,则使该考生的自身优势极为明显。

【范例三】

诸位考官,上午好!

小女,吴步龄。这个"吴"是口天之吴,"步"乃是脚步的步,"龄"嘛就是年龄的龄。小时候啊,每每被旁人问起:为何取这样一个名字啊?小女就会轻扬起头,骄傲地回答:那是我无所不灵啊!

时光荏苒,岁月如梭。当十八岁的我再次被他人问及此事时,我就会回答道:"那是家人希望我一步一步、脚踏实地地走好每一个快乐的年龄啊。"

于是我一路走来,走到了高考的面前。我面临着人生的一次重大选择,可我,毅然地选择了西北民族大学的编导专业!其实,从小学起呀,小女就一直活跃在各种学生活动及比赛的舞台上,从整场活动的策划到节目之间的串词,再到演员与观众之间的互动,在这样一次次的体验与锤炼中,我给大家带来了许多欢乐,同时,大伙的笑声也成就了我的梦想。在这个过程中我爱上了编导,爱上了给大伙带去快乐的感觉。

这一切都让我执著地追求民大,追逐着我的编导梦,走到这里,我一定会以自己最好的状态,迎接这场梦的考验。

【评析】

俏皮的介绍很容易突出考生的性格特点,介绍内容中也包含了考生的各种信息,在介绍自己的年龄、爱好的同时,也向考官传达了自己考电视编导专业的优势所在。

【范例四】

上天给了我黑色的眼睛,我要用它来寻找光明,就像向日葵执著地寻找阳光。各位老师好,我叫林晶,今年18岁,一个像向日葵一样的阳光女孩,来自吉林。

我曾为时光匆匆流逝而遗憾,曾为生命如此短暂而感伤,曾为花草树木的凋残而惆怅,曾为生活的艰辛而彷徨。于是我积累生活中的点点滴滴,希望能找到一个可以倾诉心声的专业,它精彩而不张扬,它充实而不烦琐,它能带给我无尽的快乐和自信,让我更坚定地去选择它。今天无疑让我找到了实现它的梦想舞台。爱生活、爱文学、爱电影,这就是我,一个闹中有静而又多愁善感的女孩,希望阳光下的蓓蕾能在这里开放,在胶片与电波的摇篮里茁壮成长!

请记住我,来自吉林的林晶!

【评析】

前面讲到有时候诗句散文的抒情容易让自我介绍矫揉造作。但该考生的表达较为简洁又突出了和专业的关系,适当地使用诗句散文则可为考试增色。不过,相较于之前的自我介绍,该考生的自我介绍就会因缺乏实质性的内容而稍显逊色。

第二节 才艺展示的应试方法

一、才艺展示的概念

才艺展示,也叫艺术特长展示,是指在艺术的范围内,经过多年的学习与练习,精通或达到一定高度的技巧和能力,在有限的时间内(一般是2~4分钟)进行充分的展示。在设有才艺展示的院校中,它旨在为考生提供一个自我展示的平台,全方位考查考生的艺术才华。

二、才艺展示的类别

(一)声乐

声乐,是指用人声演唱的音乐形式。声乐按唱法分为:美声唱法、民族唱法和通俗唱法。建议考生最好使用美声或民族唱法。如果只唱流行歌曲,在考试中缺乏优势和竞争力。如果声乐基础并不好,则应该避免选择该类型进行才艺展示。考生在选择曲目时,一定要客观、正确地认识自己的声音条件、技术程度和歌唱能力,针对自己的长处和缺点,选择适合自己的作品。应以技术上有能力完成、表现上轻松自然、完成作品较圆满为准。

(二)朗诵

规范的普通话、对文章及台词合理的情绪表达,是学习编导的学生必须具备的专业素质。在才艺展示中,影视台词片段角色性扮演朗诵是不错的选择。值得一提的是,编导专业考生不同于播音主持专业考生,应尽量避免选取名家名篇。要想朗诵好就必须掌握朗诵技巧,如音调的高低、音量的大小、声音的强弱、速度的快慢,有对比、有起伏、有变化,使整个朗诵犹如一曲优美的乐章。

(三)舞蹈

选择舞蹈的考生首先应选择可以突出自己长处的舞蹈。民间舞和古典舞最为专业,难度较高,适合有良好舞蹈基础的考生。舞蹈基础一般的考生应尽量避免舞蹈动作的复杂化,以免造成失误。其次,考生还应注意音乐与舞蹈在风格上的对应性。特定的舞蹈往往有特定的音乐与之相呼应。有许多考生根本辨别不出特定音乐的风格与民族属性,所以在平时应尽可能多了解不同民族的音乐风格及特点,并留心观察这些音乐与舞蹈之间的关系。

(四)乐器

乐器的演奏或者伴奏表演也是诸多考生经常选择的项目。如果考生本身专业水准较高,一定要给考官做出完整大气地展示,也可以在允许的情况下,将已经取得的获奖证明或专业考级证书展示给考官。对于大多数编导考生来说,此项目通常较为业余,诸多考官也并非专业人士,因此,有时候一首稳定、简洁的吉他伴唱,一个简单、熟练的快板评书,一段轻松、娴熟的口琴表演等不失为较好的选择。

(五)单口相声

单口相声对于编导考试来说是一个很好的特长展示。这项才艺既独特又能活跃气氛,难度一般不大,大多数考生可以通过长期练习把握好基本要领。但要注意,表演时语言务必生动娴熟,时间不宜过长,最好控制在两三分钟以内。

(六)戏曲

戏曲表演对于编导考试来说是一项极为出色的才艺,因为两者之间存在诸多的专业关联因素。但戏曲表演通常难度较高,因此如果似是而非、五音不全或者对于戏曲了解不深的考生,一般切忌选择。

(七)健美操

健美操是一项深受广大群众喜爱的,普及性极强的,集体操、舞蹈、音乐、健身、娱乐于一体的体育项目。展示健美操相较于其他才艺来说较为简单,也可提升考生青春阳光的形象。但考生需要注意的是健美操的着装和动作的规范性,不要把它等同于广播体操表演或者广场舞表演,这样则会让考官啼笑皆非。

(八)书法

书法是一项专业性较强的才艺,考试中进行展示也需要花费较多时间,因此请考生一定仔细阅读各院校的招生章程,有的学校是不允许该项目作为才艺展示出现的。如果允许,最好以呈示获奖证书及作品原件等方式进行。

三、才艺展示的考核目的及心态解读

(一)考官希望看到什么

在艺术类专业测试中设置艺术特长展示环节,其目的是考查考生的综合艺术素质,了解考生的兴趣、特长等,最终考查考生是否适合学习该专业以及未来在这个专业领域有无发展的潜力。因此,考官在该环节首先想要了解考生具备哪些基本艺术素质;其次,观察考生现场才艺展示的表现力,从而进一步对该考生的艺术修养、艺术理解力和艺术创造力进行考查。

其实,不仅仅是唱歌、跳舞、乐器等基本的"吹拉弹唱"是才艺展示的首选,一些小技能,如手工、剪纸、口技、模仿、魔术等也都能展示考生的个人魅力。同时,像书画、摄影、DV制作等不方便在现场展示的才艺,考生可以直接对自己的作品进行讲解,必要时还可展示获奖证书等。

(二)良好的心态至关重要

既然才艺展示是表演性质的,那么就要求考生的展示有很强的可观性。才艺展示不是日常生活中的自娱自乐,而是考生直接面对考官进行的展示,所以考试中的临场发挥就显得尤为重要。优秀的才艺需要台下的勤学苦练,同时,台上的良好发挥也非常重要。两个才艺水平程度相当的考生,发挥超常和发挥失常,最终取得的成绩可能会相差甚远。而考生最难克服的障碍就是紧张,所以调整好心态在才艺展示中十分重要。

相信自己,放松心态。不管做什么事情,信心都很重要,尤其是在考前。即使考生掌握的才艺技巧还不能达到运用自如的程度,考试前也要积极调整好自己的心态。考生应在充分理解作品的基础上,集中全部注意力,积极调动自身情绪表现才艺。虽然只有短短的几分钟,但考生应该切实投入到作品中,投入到角色中,展示自己的生活体验,流露真情实感,只有这样才能把自己的艺术感染力传递给考官,才能打动他们。

四、才艺展示的几大误区

才艺展示本应该是专业测试中最轻松愉快的环节,但在最近几年的考试中,有很多考生却对该环节存在着误解,这不但会影响考生对艺术修养的展示,还会因误解造成反面效果。下面列举几个常见误区,供考生引以为戒。

(一)盲目把爱好当才艺

有很多考生在准备才艺展示时,误以为随便唱几首自己喜欢的流行歌曲就可以了。事实并非如此,才艺展示并不是平日里 KTV 中的自我陶醉。当很多考生被问及为什么选择此项才艺时,大多数的回答都是说,因为自己爱好唱歌。考生一定要明确"才艺"不仅仅是"爱好","爱好"要经过细心的选择和加工,加上平日合理的训练才能变为才艺。

(二)哗众取宠,低级趣味的搞笑

有些考生认为,在考场上能够让评委开怀大笑便可以拿到一个较高的分数,为此便去模仿一些逗乐搞笑的场面,甚至去模仿一些有争议的明星,竭尽所能地迎合考官。事实上,这并不是一种好的做法。才艺展示只是艺术考试中的一个环节,考生需要做的是展现自己,而不是取悦考官。同时应该注意的是,一些受争议的内容,往往也在考官中颇具争议。为此,建议考生要以主流艺术、主流文化为展示的内容,不要以低级趣味、搞怪表演等作为才艺。

(三)把基本功当才艺

有的考生会把武术的踢腿、马步,跆拳道的出拳、劈腿,时装模特的台步等基本功当作才艺,这也是一种认识上的误区。比如有些考生展示跆拳道的基本功,既不好看,也不能让考官了解你的水平,因为在这些基本功中,考官根本看不到你所展示的跆拳道的精髓和神韵。考官希望看到的是考生对一门才艺的整体把握,应该是一个经过选择设计的节目,而非基本功。表演跆拳道的考生,可以利用自己的功夫设计一段与跆拳道有关的情节进行表演;而走 T 台的考生,则可以在考试的时候带上自己设计的服装,展示自己对服装的理解。如果这样,相信定会给考官留下深刻的印象。

(四)奇装异服,追求另类

有些考生在穿着上追新求异,希望以此给考官留下深刻的印象。选择另类的穿着,甚至过于暴露,并没有理解考试的真正意义;想突出自己,但又没有把握好"度"。考生参加的仅仅是一次中学升大学的资格考试,并非选秀。作为高中生,只要保持自己高中生应有的精神面貌就可以了,浓妆艳抹、穿着另类必定会使自己的形象分数大打折扣。

第三节　回答考官提问

一、回答考官提问的考核目的及意图

在艺术类考试的面试环节中,考官会对考生的性格、人品、知识背景、专业素养等多个方面灵活进行考核,侧重于考查考生是否具备专业素质及潜力。这一环节是考生发挥自我的一个重要阶段,同时也是加深考官对其印象的重要部分。在这一阶段,考官为了达到相对比较准确的判断,大部分考官的提问完全是随机的,但绝不是漫无目的的。随机是针对不同考生来说的,考官会视具体情况进行有针对性的提问,尽管问题千差万别,但考查方向较为接近。那么,考生应考前对考官们提问方向的了解就显得尤为重要。提问方向主要是指考官根据什么来提问,即考查目的。提问的目的,主要是了解考生在瞬间对问题的理解把握能力和即兴组织语言的能力,了解考生的知识涉猎情况,以便综合权衡、全面评价考生。

考官在提问时通常会遵循联想的方式。比如,考官首先从考生的服装、动作、自我介绍中提及的或是才艺展示中涉及的相关内容和观点作为切入口展开联想,并以此为依据向考生提出问题。其次是考官提问的连续性。由于面试的时间有限,因此考官会顺着考生刚结束的话题紧接着提问,从而让问题层层深化。此外,考官的提问一般是有针对性的。因为问题如果不适合你,不仅会造成交流的障碍,耽误了时间,也影响对考生的考查。为了避免这种局面的出现,一般考官会针对你的特点或是特长,有的放矢地提问。这就意味着考生可有意地向评委老师展示个人的特长,并在事先有目的地围绕自身的优势与特点准备问题,这样考生就无形中掌握了面试提问的主动权。

考官提问主要集中在以下几个方面:

(一)捕捉能力

捕捉能力反映了考生对话语重点的鉴别能力。有时主考老师说的一席话并非句句都是重点,特别是当主考老师提问的重点只有一两处时,考生要在听到主考老师问话后迅速抓住问话的中心,就重点问题进行思考、分析,并组织语言表达出来。在捕捉问话重点的过程中,考生要弄懂主考老师说的每一句话的具体意思,同时又要把握其说话的整体语意,然后在对比分析中找到重点。

(二)理解能力

理解能力反映了考生对话语中心意思的把握能力。语言的表意容量是巨大的,一句话的中心意思也许并没有在字面上体现出来,而是通过重音、语气、表情等显露出来。简

单来说,考生要理解主考老师到底问的是什么问题,并就此做出自己的回答。

(三)分析能力

分析能力反映了考生对问题的研究判断能力。考生在分析问题时,除了要在整体上把握话语中心意思以外,还要对问题涉及的内容进行具体的评判与分析。比如,当主考老师让你谈谈对某一事件的看法时,考生首先要表明自己对这件事情的态度,是喜欢还是厌恶,是支持还是反对,这是从整体理解和判断角度的回答;接着,考生应该说明自己为什么会有这样的看法,这件事情的前因后果是怎样的,它所具有的社会影响力和发展方向如何。对问题分析得越透彻,越能反映出考生的思维判断能力。

(四)知识面

知识面反映的是考生平时的积累和涉猎的领域。在提问中,主考老师的有些问题是带有知识问答性质的,包括文史方面、艺术领域的知识和社会前沿现象等。如果考生有这方面的知识储备,则可以给考官留下良好的印象。

(五)表达能力

表达能力综合反映了考生对问题的捕捉、分析和理解程度,它是问答项目中的核心环节。考生应对主考老师提出的问题有清晰、准确的表达。当然,我们不排除考生头脑清晰但表达不畅现象的出现,这就需要考生平时多通过朗读、演讲等方式进行语言表达的训练。

(六)沟通能力

沟通能力反映的是考生与其他社会人的交际能力。在考试过程中,考生应该认真倾听主考老师提出的问题,积极思考,礼貌得体地做出回答,让主考老师感觉到你是在专注倾听并认真作答的。这样才能形成良好的交际态势,从而完成整个考试过程。

(七)应变能力

应变能力反映的是考生对意外事件的处理能力。当主考老师提出一些比较敏感、棘手的问题时,考生应该有能力巧妙地化解难题,并大方地予以作答。

以上这些能力的考查并不一定是逐项进行的,也不会同时都考查,很多情况都是综合完成的。考生在日常的准备过程中可以逐项对照,找出自己的不足,然后一一加以训练和解决。而在考试过程中则不必一一对照、衡量,只要自然放松、积极投入就可以了。

二、回答考官提问的范围

通常来说,考官提出问题的种类繁多,准确地说是没有具体范围的。但作为相关专业考试,各自有自己的侧重,大致范围可归纳为以下几类供大家参考:

(一)专业问答

为了考查学生的艺术素质和专业知识,面试中常会有专业知识问答环节。考官经常会提出一些类似于笔试中的填空题或是简答题,一般来说种类繁杂,因此对于考生来说会带有一定的偶然性。考生在准备时可多阅读专业书籍,注意平时积累。

该类型主要包括:

1. 对影视作品的认识和评价

这是考官最喜欢提问的一大类问题,这类问题几乎都和专业相关。如:

你为什么要报考广播电视编导专业?

你最喜欢的电视节目是什么?谈谈你喜欢它的理由。

你喜爱哪部电影?说说对它的认识。

说一位你喜爱的导演、演员或者主持人。

谈谈中国电视或者中国电影的发展现状。

你认为学习广播电视编导应具备哪些综合素质?

当然,考官难免也会问些和影视艺术相关的常识,例如影视基本理论和历史。尤为重要的是有关影视视听语言的专业问题,比如对镜头和蒙太奇等常识的理解,对构图、用光、色彩、景别、机位、拍摄方法等的认识。这些问题并不要求考生死记硬背,重点应放在理解上。

2. 文学及艺术常识提问

因为编导专业要求考生具备良好的文学修养,因此考官在提问时经常会问一些文艺常识,但基本都是在中学课本所覆盖的范围内。这些内容浩如烟海,需要考生平时多加积累。如:

中国四大名著的作者,试分析在书中的某个人物形象等。

你最喜欢的文学作品是什么,并说出理由。

文学常识对你报考的专业是否有用,说出理由。

谈谈你对艺术审美的认识。

3. 时政常识提问

这部分主要包括历史、地理、政治、时事常识,甚至包括自然科学和社会生活常识。应对此类提问只能依靠考生平时对各门功课的学习和课外的长期积累。

(二)考生的兴趣爱好

兴趣爱好是最好的老师。面试中考官很关注的一个问题就是,考生是真的喜欢艺术吗?你学习艺术的真正目的是什么?这些问题的答案都潜藏在考生平时的兴趣爱好中。倘若某考生想考电视编导,却连一篇长篇小说都没读过,平时也不爱看电视,这就很难说明该考生是适合学习该专业的。

(三)考生阅读的经验和范围

这里的阅读,既包括对文学作品的阅读,也包括对影视作品的观赏。考官经常喜欢问的问题是:你看过哪些电影？最喜欢哪一类的电影(电视)作品？最喜欢的导演是谁？描述一下令你印象深刻的电影片段,借此考查考生的视听感受能力。

(四)考生印象深刻的经历

你最近一次被感动是什么时候？为什么？这主要是考查学生的情感世界,你究竟是一个情感丰富的人还是一个冷漠自私的人？对于一个从事编导工作的人来说,情感是非常重要的因素。

(五)考生的性格和价值观

文如其人,艺术也如此。一个人所拥有的性格和价值观,一定会多多少少在他创作的艺术作品中有所体现。一个骨子里冷漠厌世的人,他的作品是不可能积极向上的;一个激愤偏颇的人,其作品也不可能是厚道温和的;一个虚伪做作的影视从业人员,也不可能在电视节目创作中有真诚自然的流露。所以,考官在考查学生的基本素质时,也非常重视对其性格和价值观的考查,通过面试了解考生的世界观、人生观以及整个精神状态。

你是否具有人文关怀的本质,本性是否真诚宽厚？你是否具有集体观念、团队精神？这些都是考官要考查的。比如直接让考生总结个人的性格特征,并举例说明。再如让考生说说别人对其的看法,或是考生对周围人的看法。比如,介绍考生最好的朋友,描述他是个什么样子的人,解释你为什么喜欢他。这种问题看似在介绍别人,实际上,考生还是在介绍自己——通过考生的介绍表现其性格,目的是为了考查考生是否具有良好的处理人际关系的能力。

在提问环节,考官要观察考生的气质和个性,是否具有凝聚力、人格魅力、组织能力和公关能力。考生的语言首先要中肯、简洁、明确。既不要自恃过高,目空一切,也不要故作谦恭,把自己贬得一无是处。尤其注意的是,不要夸大其词,更不要故意撒谎。

在面试中还有可能涉及的问题包括:

1. 考生对某种社会现象的看法。
2. 对考生知识面的了解。
3. 对考生观察能力的全面考查。
4. 对考生随机应变能力的即兴观察。

当然,在提问环节可能会有很多别出心裁的问题出现。这就需要考生在做好临场应变的同时,遵循上述要求准确作答。

三、回答考官提问的应试技巧

虽然考官问答环节的内容并不确定,但应对面试还是要有一定的方法和技巧的。

1. 轻松。尽量以最佳的状态面对考试,把这当成平时的一次测试或者练习。

2. 语言简洁,具有逻辑性。考生尽量要用简洁、明了的语言与考官交流,在有限的时间里表达自我,增进考官对自己的了解和肯定。

3. 实事求是。不要为了虚荣而撒谎,面对有着丰富生活经验的考官,一旦谎言被戳穿,便彻底丧失了被录取的机会。所以,考生面对考官的提问,坦诚的态度是非常重要的。

4. 听清问题,快速反应。由于考试时间有限,同时考官长时间的工作已经处于非常疲惫的状态,所以从考官的角度来讲,他们应该特别希望与考生进行快节奏、高密度的交流;一旦节奏慢下来,人就更容易疲劳了。所以,考生应该反应灵敏,以适应考官的心理节奏。

5. 做到有礼有节。一个人的修养体现在方方面面的细节中,对考官保持应有的礼貌是很必要的。比如进考场时,先说一声:"老师好",出考场时说一声:"谢谢老师"。与考官交流时,注意看他的眼睛,不要眼神恍惚。不可随意打断考官的话,不抢话。除此之外,考生不必过于谦恭,不要刻意逢迎讨好,为人要不卑不亢。

6. 不会没关系,面试的问题很多没有标准答案。经常有这种情况,考生在遇到一个不会的专业问题时,马上乱了阵脚,说话前言不搭后语。其实面试和其他考试不一样,不会因为一道题答不出你就会被淘汰出局。有时,考官与其说是在考查知识点,还不如说是在考查你的应变能力,更何况考官的许多问题是没有标准答案的,考的就是你的即兴发挥或者是自圆其说的能力。

7. 自信不狂妄。有些考生也许在当地学校是出色的尖子生,但到了人才济济的考场就未必了。所以,希望每个考生在自信的同时,千万不要狂妄,切忌目空一切。

第十三章　即兴评述

框架梳理

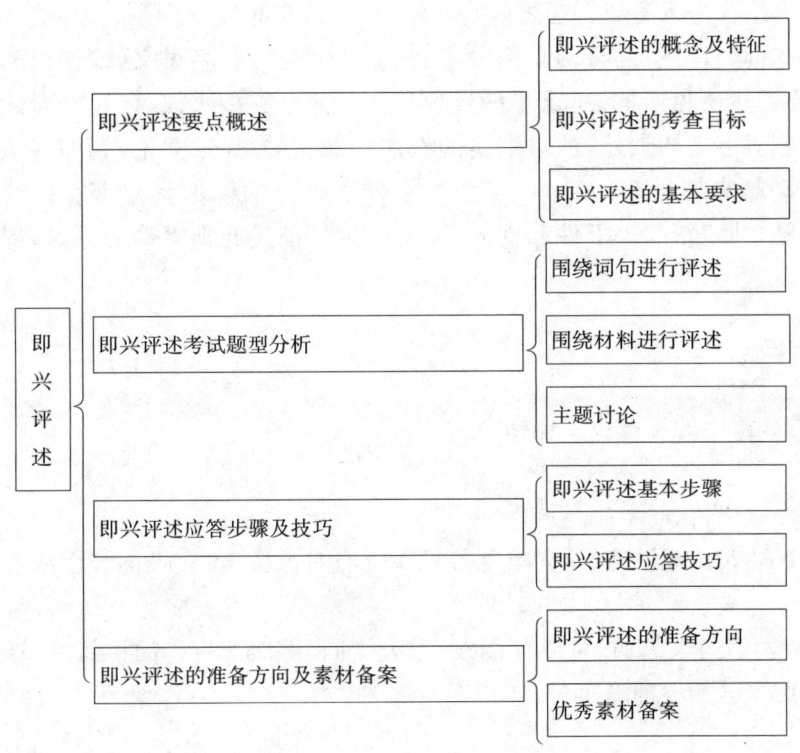

本章提要

即兴评述旨在考查考生快速的思维反应能力和语言组织能力,以及临场的心理素质。它要求考生思维敏捷,快速组织语言能力强,记忆力强,同时它也是对考生综合知识积累的有效检验方式之一。从历年考试的情况来看,有相当一部分考生因为本项内容发挥失常而影响艺考成绩。因此,即兴评述需引起各位考生的足够重视。

第一节　即兴评述要点概述

一、即兴评述的概念及特征

在艺术类考试中,校方为了考查学生的语言表达能力和反应能力,多以即兴评述或者话题讨论的形式出题。其中,即兴评述要求考生个人根据考官所指定的话题或者材料,针对材料所要传达的中心思想组织好语言,进行一个两三分钟的演讲式评述;话题讨论则是以多个考生为单位对某一指定材料或话题进行讨论。这类考试的形式均为面试,内容一般大同小异,考生在进入考场答题之前有 3～5 分钟的准备时间。

考生首先要明白"即兴评述"是分两个部分进行的。"评述",顾名思义,即评论和叙述。即兴评述不仅要评述所见所闻,更重要的还要谈出所感。夹叙夹议,评述结合。从复述到描述,从描述到对事实的叙述,从对事实的叙述到独立的思考、立论,到即兴谈出自己的观点,思维活动越来越复杂,表达的难度也越来越大了。例如,针对雾霾持续严重、"土豪"文化、"单独二胎"新政等事件和现象,需要考生在描述此类事件的同时,提出自己的看法。

二、即兴评述的考查目标

考官对考生能力和素质的考核主要包括:

(一)心理素质

常见问题:面试评述时出现语塞、语言重复等现象。有时低头声小、眼神恍惚或者缺乏眼神交流等。

对策:练习胆量,学会与人沟通,可以在朋友、家人、师长等面前进行演讲练习,让他们提出意见,同时克服自己的心理障碍。

(二)知识面

常见问题:知识面较窄,无法理解题目并准确获知考核点。
对策:有意拓宽知识面,关注时事,体察生活。

(三)逻辑思维能力

常见问题:评述内容一盘散沙,言之无物,让考官找不到关联。
对策:学会组织自己的语言,让语言层次条理清晰,话语有说服力。在准备时大致在思维中列出观点提纲等。

(四)辩证的观点

常见问题:"一叶障目,不见泰山。"

对策:学会从不同的角度思考问题,用联系和发展的眼光看问题。多阅读书报上的观点鲜明的新闻评论材料,多观看新闻评论类栏目,例如《新闻1+1》等。

(五)演讲与口才

常见问题:"茶壶煮饺子,有东西倒不出来。"

对策:加强平时的表达练习,可以在人多时增加一些辩论和演讲训练等。

(六)记忆力

常见问题:为自己的评述提供论据时,对论据记忆不清,导致评述中断。

对策:专项练习背诵有用的案例、名言警句、古诗词等。

三、即兴评述的基本要求

(一)认真分析,理清思路

在拿到评述的话题或者素材时,首先要做的还是认真审题和分析,在理解的过程中快速理清思路、把握脉络。对于哪些内容需要"述",哪些地方需要"评",要能够做到心中有数,并且选择某个立场观点或者评述的角度进行表达。

(二)观点鲜明,思维辩证

评述时一定要观点鲜明,从某件事或者某个题目可以生发出很多种不同的观点和见解。因为评述的时间有限,只能把一种观点和看法阐述清楚,所以在理清思路后,选择某一个自己最想说的也是最有把握的观点进行准备。在实际进行评述时,一定要观点鲜明、言简意赅,最好能够一语中的、切中要害。在观点鲜明的同时,还要表现出对问题所持有的辩证态度。在阐释完主要观点之后,仍要用一两句话来进行思辨性总结。

(三)联系实际,旁征博引

一味地说理论证必然会让人感觉索然无味,所以在短短几分钟的即兴评述中,应该适时地用一两个简短的现实事例来形象生动地辅助自己评述观点,也可以旁征博引、引经据典,用一些众所周知或者具有说服力的例证来支撑自己的观点。

(四)语言流畅,表达清晰

因为是即兴口语评述,表达过程必然是随机应变、边想边说。因此,评论语言要清晰,忌用太多的口语助词、副词。同时,口语表达有稍纵即逝的特点,说出去的话不可能收回来,如果说错了想要纠正就只能重新说一遍,这对于有着严格时间限制的即兴评述来说是极其不利的。这就对考生提出了更高的要求，不仅要能够出口成章，还要准确清晰。

(五)沉着自信，有感而发

但凡说理论证的语言都需要一种理性的态度和肯定的气势。如果缺乏理性则难以自圆其说；如果缺乏肯定则难以说服他人。由此可见，即兴评述当中沉着是必需的，自信是必要的。但是有了沉着、自信，也不能想当然地侃侃而谈，要确保在有限的时间里深思熟虑后再有感而发，这样才可能会打动评委老师。

第二节 即兴评述考试题型分析

一、围绕词句进行评述

围绕一个词、一句话进行评述是该项目较为常见的考试类型。针对此种方法，考生可以在考前突击性地记忆一些通俗易懂、朗朗上口的名言警句，考试时巧妙地运用到即兴评述中。此外，考生也可在考前将常考题型写成作文，注入名言、警句、谚语或较为成熟的观点，再通过反复练习将其转化为口头评述。

常见的题型可以细分为以下四个小类：

1. 叙事类，如"童年"、"今天是我的生日"、"我最尴尬的一件事"等。
2. 描述类，如"我最喜欢的主持人"、"我最喜爱的一档电视节目"、"家乡的美"等。
3. 评析类，如"中国人是否应该过圣诞节"、"我与节能减排"等。
4. 抽象类，如"假如我有一双翅膀"、"我是90后"等。

【温馨小贴士】

在上述四类考题中，特别是抽象类的考题，很多都没有包含明确观点，题目只是给出了一个大致的范围。这就要求考生在审题思考时从考题中明确地提炼出自己的观点，再结合既定观点展开评述。

二、围绕材料进行评述

此类题目类似于高考作文中的话题作文或材料作文。一般而言，考题会出现一段背景材料作为提示，大家根据此材料总结观点进行评述。材料内容丰富多样，涉及生活的各个方面，可能是一段新闻、一则消息、一个故事或一个典故等。例如，有这样一段背景提示：

每逢春节，拜年的方式由过去的登门拜访、电话问候，到现在的互发短信，的确快捷简便。但也有人质疑是不是人情味少了；短信的内容千篇一律，你发给我,我转发给人,人又转发给别人。比如"一马当先送祝福,万马奔腾小康路,快马加鞭事业创,马不停蹄奔前程!"美则美矣,但有多少真情实感呢?于是有人幽默地发出这样的拜年短信:"祝新春快乐!其余祝福语请参看其他短信。"对此你有何看法?

  这类试题要求考生做一个生活的有心人,有较宽的知识面,关心社会的热点问题,并且有自己独立的见解。在以往的考试中,有很多考生由于吃不透背景提示的实质,所以提炼观点也是"捡了芝麻,丢了西瓜",离题万里。在平时的生活中,考生要学会关心社会热点,收集材料,尤其是应该训练从材料中提炼观点的能力。此类题目也成为现在艺考中出题频率最高的一类,考生应十分重视。

三、主题讨论

  主题讨论也叫小组讨论,就是考官给一组考生提供一个共同的题目,让大家针对该题目先进行自我观点的阐述,而后围绕这一题目进行讨论。考生需要注意的是,"讨论"不等同于"辩论",辩论双方往往论述的目的正好相反,而"讨论"时大家论述的目的常常会有许多相似性,把对方辩得哑口无言并不是主题讨论想要的效果,通过各自观点的阐述使大家尽量达成共识则是主题讨论最终的目的。因此在主题讨论中,鲜明得当观点的提出者、观点依据的推动者往往会成为考试中的佼佼者。

  在主题讨论环节常会出现两种极端的情况:一种是一些准备不充分的同学在考试现场"失语",成为了激烈讨论的旁观者;另一种则是不给别人半点发言机会,同时自己也不善于倾听别人的意见,就在不停地大唱"独角戏"。这两种考试策略都是不提倡的。前者由于自身的"冷静",整场讨论一直持"观望"态度,一直在观察别人而忽略了自己观点的阐述,导致并没有把自己的观点表达清楚,自然也很难给主考老师留下清晰的印象;后者在考场采用"地毯式"铺盖自己的话语,以博得自己观点的突出,虽然在气势上信心十足,但也缺乏了几分倾听别人意见的绅士态度,更何况在凝重激烈的考场中,考生所说的话语未必都正确,适时适度地倾听也有助于修正自己的观点,同时对别人观点的疏漏之处进行补充,更能凸显自己思考观察、分析处理能力之强。

  主题讨论的题目大都是高中生身边的一些能够触及的事,所以希望对这部分考试内容忧心忡忡的考生能放松心态轻松迎战,从容地、自信地、尽量清晰完整地阐述自己对该问题的看法,并随时补充自己和别人观点的遗漏之处。

  如果有可能的话,在分别阐述观点后,进入集体讨论环节时,争取第一个发言,这样将有更充足的时间来完善自己的阐述内容;但也要掌握好语气,大家是在一起讨论,有激烈之处不可强制别人接受你的观点,且不能给人以高高在上的说教之感,要做到以情感人,以理服人。在主题讨论环节,考生要给考官一种讲述交流感,要把考官及在场的其他考生作为听你讲故事的观众,要自然并发自内心,内容上也应尽量做到有理有据。

【温馨小贴士】

表 13.1　历年考试中常见主题讨论范例及观点

主题1——中学生出国留学之我见	
观点1：高中生出国留学开阔人生视野	我赞成高中生出国留学。原因有三点：第一，出国留学可以开阔人生视野，拥有高质量的学习环境。井底之蛙是不可能大有作为的。高中生到国外留学，会大大扩展他们的视野，异国的风土人情会丰富他们的人生阅历，而且留学的国家大都是发达国家，在这样的环境中，学生更易成才。第二，出国留学有助于培养学生的自立能力，形成坚强意志。学生到国外留学将面临一个崭新而陌生的环境，将会独立地面对许多必须自己处理的事情。在一系列的挑战中，他们会逐渐地提高自立能力，形成坚强意志，这对他们的今后发展关系重大。第三，出国留学的人成才率较高。我国党和国家领导人中不少都曾出国留学，如周恩来、邓小平、聂荣臻等等；文化名人如鲁迅、詹天佑、冯友兰、季羡林等也都曾经在国外苦读，回国后成为国家栋梁。因此，我赞成高中生出国留学。
观点2：中学生出国留学影响价值观	我不赞成中学生过早出国留学。一些家长为了帮助孩子躲避国内的高考压力，并且认为出国镀金后就能身价倍增，因此他们动用自己所有的积蓄和亲友关系送孩子出国。在独自生活的异国他乡，孩子如何形成正确清晰的人生观、价值观呢？中西方有着几百年、几千年的文化差异，中学、大学时代又是一个人形成人生观、价值观的重要时期，中学生被送到一个与自己民族的信仰、价值取向和人生追求有着很大差异的环境中，在三五年的学习之后，他们容易形成中西方两种思维方式和行为准则，归属感、使命感会变得模糊，那时候他们就会徘徊在两种人生观、价值观之间。所以在送孩子出国之前，家长应该充分考虑如何帮助孩子形成正确清晰的人生观、价值观，否则，出国留学就会阻碍孩子未来的发展。
观点3：出国留学学习先进科学文化知识	我认为读万卷书，不如行万里路。正如前面一位同学所说的，中学生出国不但可以开阔视野，还可以学习外国的先进科学文化知识，报效祖国。从古到今，我国有许多名人志士都选择了出国留学。一代美术大师徐悲鸿，曾经到东京、巴黎、柏林等地留学，研究素描和油画。回国后他依然拿起毛笔作画，是古为今用、洋为中用的典范，在我国美术史上起到了承前启后、继往开来的巨大作用。钱学森，为了祖国的利益，放弃国外优厚的俸禄，选择回到当时还贫穷落后的祖国，他为新中国的科技事业、航天事业和国防建设呕心沥血，作出了开拓性的贡献。还有孙中山、周恩来等等，这样的例子不胜枚举。毕竟中国还是发展中国家，更需要我们来将她建设得更加强大，然而，闭门造车是不可取的。出国留学，会扩大知识面，学到更多的东西，留学最终是为了报效我们的祖国！
观点4：留学价值观不明确，增加家庭负担	我是反对中学生出国留学的。因为很多学生出国留学价值观并不明确，对家庭而言也是一种负担。许多家长送孩子出国都是盲目迷信国外的教学，认为拿张洋文凭含金量高，就业出路会更好。于是，不管家庭条件允不允许，省吃俭用也要凑出钱来让孩子去镀金。可是有一点不能忽视，即无论多么先进的教育体系也无法取代家庭的教育和温情。家庭是孩子成长最重要、最亲切的环境，过早送孩子出国学习，使孩子相当长时间生活在一个陌生的环境中，失去了父母的支持、监督与帮助，对其身心的健康发展都会有影响。有些孩子还不成熟，一旦到国外宽松的环境下，没有人整天盯在后面，自控能力较差、意志薄弱的人就有可能误入歧途。所以我觉得年龄小的孩子不要出国留学，大学毕业之后可再考虑，这样不仅能为家里减轻负担，还有更明确的攻读方向，而且自身也更成熟，承受力也增强。

主题2——我的财富观	
观点1：金钱就是财富	我认为，金钱是财富，也许这么说显得有点俗。但我们必须得承认：金钱不是万能的，但没有金钱是万万不能的！钱是我们生活的物质基础，满足了这个基础，我们才会有能力、有精力去学习，去工作，去创业！大家还记得几年前那张名为"大眼睛"的照片吧？那个清苦的甜甜握着小笔头可怜巴巴地望着我们。其实，在我国，在全世界，还有无数"大眼睛"，流露着对知识的渴望，在望着这个世界！他们没有机会走进课堂去学习，没有机会用知识改变命运，为什么？金钱阻碍了他们！贫穷就是落后！但有了金钱就可以改变！等我有了钱，就要捐给希望工程！建更多的学校！让更多的孩子走进课堂，走出贫穷的阴影！让更多的人实现梦想，有美好幸福的生活！金钱就是财富！
观点2：家庭就是财富	我不同意你的看法，我认为金钱是万恶之源。我们常常听到一对夫妻，因为有了钱，家庭破裂，人财两空。我认为家庭才是一切财富的源泉。人的一生至少有一半的时间是和家人一起度过的。很多时候我们开心、生气、烦恼、困苦，都要向家人倾诉，寻求家人的帮助。家人能够给予我们关心、爱护、容忍、教育、道德和力量，这些为我们在社会中生存提供了取之不尽、用之不竭的源泉。家庭对一个人的人生观、价值观的影响和教育也是巨大的。家庭的不幸会让孩子失去亲人的疼爱，家庭的不和睦会让人们无法专心工作上的事，家庭观念的淡泊，甚至会引起很多社会问题。家庭不仅仅关系一家老小的贫富安危，它也关系着整个社会的安定团结。所以我觉得家庭才是所有财富的源泉。
观点3：苦难是财富	我认为苦难是财富。原因有三点：第一，苦难能增加我们心灵的韧性，磨炼我们的意志，使我们今后不惧怕生活的挑战。历数人类历史上的英雄，莫不经历了众多艰难苦险，从而由柔弱变得坚强，在以后的人生路途上，无坚不摧，无往不胜。第二，苦难加深了我们对于人生的体验和对人性的洞察，使我们面对今后的挫折心胸更豁达，目标更明确，行动更坚决。比如，司马迁在遭受令人极度屈辱的宫刑后，在绝境中更加明确了自己今生的使命。于是，发愤著述，终于创作完成了不朽之作《史记》。第三，苦难让我们更加珍惜来之不易的幸福生活，会让我们怀着一份感恩的心情去生活，从而使我们活得更为充实，更为昂扬。从以上三点，我认为苦难就是财富。
观点4：健康就是财富	我觉得健康就是财富！"身体是革命的本钱"这句老话就很好地强调了健康的重要！在这里，我想给大家讲个小故事：有个青年老埋怨自己穷，整天不开心。当一个老人问他为什么不开心时，他说："我很穷！"而老人却说他很富有，青年不解。老人问："如果我砍掉你一根手指头，给你1000元，你干不干？"青年说："不干。"老人又问："如果让你失去双眼，给你10万，你干不干？"青年答："不干。"老人再问："如果让你马上变成80岁的老人，给你1000万，行不行？"青年果断地说："当然不行！"老人笑眯眯地问："你已经拥有超过千万的财富，为什么还整天唉声叹气自己穷呢？"没错，正像老人说的那样，唯有健康的人才是美丽的、富有的，才可以享受无限美好的生活！所以，健康就是人生最宝贵的财富。

第三节　即兴评述应答步骤及技巧

一、即兴评述基本步骤

抽到一个题目，要认真审题，知道题目要求你议论的是什么，这是第一步。评述中的观点可能是命题已经明确的，例如成语、名言等，这样考生只需要展开即可。倘若遇到需要考生自己从命题中演绎、提炼的，则要求考生准确提炼题目中的观点。主考老师一般会在考生抽取题目后，让考生把题目出声朗读一遍，目的就是让考生明确并且记住、记准题目。下去准备时，首先要有一个明确且正确的观点，这是"立论"的关键。比如"对高中生早恋现象谈谈你的看法"一题，如果你说"高中生早恋也没有什么，处理好了还可以促进学习，事业爱情两不误"。这个观点虽然很明确，但不能说是正确的。有了明确且正确的观点，才能有话可说，有话好说。

【范例一】

题目：你如何看待"抗日雷剧"？

观点：拍摄爱国题材电视剧固然是好，但应当尊重历史、尊重观众，不可随意夸大事实，误导观众。

【范例二】

题目：央视"春晚"应不应该被取消？

【分析】

首先，针对近年来春晚的现状（好与坏均需有所涉及）进行概括性总结；其次，就春晚是否应该被取消提出自己的观点（春晚不应该被取消）。针对自己提出的观点进行分析，可包括对春晚的历史由来、在春节中所扮演的角色以及春晚的文化功能、审美功能、娱乐功能等多个方面的分析；再次，就春晚存在的问题进行分析，并提出自己的意见和建议；最后，总结全文，再次提出"春晚不应该被取消，但应改进"的核心观点。

【范例三】

题目：中学生应不应该上网？请就中学生上网这一现象进行描述。可从目前互联网技术飞速发展、中学生上网较为普遍，一方面上网对其增长知识，获取新事物、新资讯有帮助，但同时也有很多中学生因沉迷网络无法自拔。

【分析】

观点一：中学生可以上网，但要有其必然的前提。首先，解释中学生之所以可以上网的原因包括哪些；其次，分析中学生上网存在的危害有哪些；最后，分析为什么中学生群体的上网行为会备受关注，以及该群体上网容易出现问题的原因所在。

观点二：首先，可加大国家相关部门对互联网的监管力度，为中学生提供绿色的网络环境；其次，学校和家长应做好对中学生的引导，使其能够正确认识互联网；最后，中学生应提高自身的自律意识，科学合理地使用互联网。

观点三：在有关部门的认真监管下，中学生应在学校、家长的正确引导下，合理、自觉地利用互联网帮助其完成学业，丰富业余生活，获取最新资讯，缓解精神压力，切不可沉迷网络耽误时间、荒废学业，留下遗憾。

【温馨小贴士】

准备即兴评述时，切不可试图把要说的每一句话都想好，因为无论是在主观上还是客观上都做不到这一点。有些考生在评述时往往说了一半，甚至只说几句话就说不下去了，其中有很大一部分就是因为他没有把提纲和结构准备好，话说了一半就不知道往下再说什么了，这是广大考生特别要吸取的教训。

二、即兴评述应答技巧

（一）强行记忆，边想边说

即兴评述对考生的强行记忆能力也是一个检验。快速想好了提纲，要反复加强记忆，首先是把大的分观点和结构记住，然后再强行记忆分观点的小观点和小结构。说的时候，一边想一边说，不要试图去背准备时的原话，而要去说准备时观点的意思。不用担心说得不精彩和不流畅，精彩和流畅都是相对而言的。偶有哆嗦、重复、不顺畅，包括词语的不太准确，在即兴口语表达中都是正常现象，关键是要言之有物、言之有序，让整个评述呈现出交流状态就可以了。

（二）联系实际，巧用例证

即兴评述是要应考者谈谈对某一问题的看法，而不是让应考者做一篇理论文章或学术演讲，因此，不必把问题想得太复杂、太抽象、太"理论化"。有的考生不明此道，一开始就拉一个很大的架势，一上来就说了一堆冠冕堂皇而又空洞的话，反而显得华而不实。无论什么题目，评述就是谈自己的看法，你是怎么认为的就怎么谈，而不要去揣摩主考老师的心思，投其所好。联系实际，是最好的方法，联系自己的实际，联系自己身边人的实际，联系自己所熟悉的社会环境的实际，谈自己最为熟悉的、最有感受的人和事，容易有感而发，入情入理。可以多准备一些生动的例子，正面的、反面的、古今中外的、名家名人的、自己的和自己身边的实例。特别是当思维和语言不太顺畅时，或一时想不起准备的提纲时，都可以信手拈来一个生动的例子，一方面增加了论证的力度，一方面可边说边理清思路。当然，也不可把评述讲成了案例堆砌，关键是要用得恰如其分、不留痕迹。

（三）自信连贯，一气呵成

即兴评述的成功与否，与应考者的自信心强弱有直接关系。准备得再好，怯场不自信也难以出色发挥。加上即兴评述的考试一般都是在相对正式的环境下进行，有的考生第一次进入这样的环境，面对多位考官，面对摄像机镜头，的确容易紧张。因此，自信心就显得尤为重要。可以用"把收听对象设想成不同意你的观点的人"的方法来调动自己的评述欲望，"我有理"、"我一定要说服你"，可以增强评述的主动性、说服力。另外，尽量使评述连贯、流利，即使一时"无话可说"，也要"硬着头皮往下说"，尽量不要让语流出现"断线"、"卡壳"，因为这种"断线"、"卡壳"会加剧思维的空白和心理的紧张，咬紧牙关，坚定信念，就一定能够渡过暂时的难关，一气呵成，完成评述。

(四)即兴评述误区要点

1. 有述无评

有的考生在评述时从头到尾只讲了一个故事,尽管生动感人,但却没有观点。"评述"万万不能只述不评,而且要以评为主。评述前先告诉考官你抽到的是什么题目或用简洁的一两句话点出材料的主要内容。不要长篇复述材料以拖延时间,因为考官是在聆听你的观点和看法以后才给出分数的。如有一篇材料介绍香港演员成龙致力于慈善事业因而入选感动中国十大人物,有的同学因个人十分喜爱成龙,了解过不少有关成龙的资料,所以在考场上如数家珍地介绍一遍成龙的电影和公益事业,还有的同学评述全是溢美之词,从头到尾都在大力褒扬成龙。原本从此材料中可以提炼的观点包括演员的德艺双馨、为社会奉献等,但由于考生的大量生平讲述而耽误了时间,影响了考试发挥。

2. 离题万里

抽到材料后,首先要看清、看懂材料,抓住材料表达的主要意思,不要以偏概全。比如有一篇材料的标题是"我国七大水系均被污染,其中四分之一连农田都灌溉不了"。结果在同一考场居然有两个考生都把题目理解成"我国有四分之一的农田无水灌溉"。试想一下,我国是人口大国,如果农田有四分之一不能灌溉了,那后果不敢想象。还是这道题,有的考生三分之二的篇幅都在谈农业对我国的重要性,而这道题的重点在标题的前面:"七大水系遭到污染",后面举农业的例子只是用来说明水污染的程度有多么严重。

3. 模式化、标签化

很多同学参加过艺考辅导,都会在事先准备很多备用的模板或范文,但如果不仔细分析题目,只要稍有相似就套用模板,很有可能会因偏题而无法拿到高分。如有一道考题题目是"残疾人演出,精彩节目掺杂音",讲的是在残疾人演出的晚会上,部分观众要么中途离场,要么大声打电话。一位考生在评述时大谈特谈残疾人自强不息、身残志坚,克服重重困难才排练出精彩的节目,只在最后一句话提到了观众应尊重他们的辛勤付出。仅从标题我们就可以看出这道题的目的是让考生呼吁观众尊重残疾人的劳动成果,重视社会公德的培养。但该考生可能准备过有关残疾人自强不息、辛勤奋斗的内容,一看题目与残疾人有关就往上套,反而偏离了材料中心。

4. 泛泛而谈、空洞无物、语言干瘪

我们读书看报,不喜欢会议报道;看电视、听广播,不喜欢领导讲话,因为这些语言往往是笼统的、空泛的、口号性的,令人感觉如同嚼蜡、索然无味。而很多考生评述的内容也同样会有此类问题。比如有位考生抽到的材料标题是"公交车上的让座风波",讲的是一位有座位的小伙子因不肯给老奶奶让座而和售票员发生争执的事。该题目的主题十分鲜明,就是谈社会公德。这位考生围绕公交让座展开论述,翻来覆去就是那几句"应该讲道德"。其实社会公德有很多方面可讲,公交让座只是其中一个很微小的方面。比如我们从小就学过的"不随地吐痰,不乱扔垃圾"都是道德层面的建设,如果能结合每年 9

月20日的"公民道德宣传日",谈到文明礼仪是调整人际关系的一种行为规范,人际关系的和谐是构建和谐社会的基础,那么就能使评述更有深度和力度。给出的材料只是个引子,起抛砖引玉的作用,不要局限于材料就事论事,要有扩展和纵深挖掘的能力。

第四节 即兴评述的准备方向及素材备案

即兴评述主要是考查学生的思维反应能力、语言组织能力、问题分析能力以及心理素质等综合能力素养。很多考生直言最怕即兴评述,其实大可不必,只要你抱着一颗平常心,看问题乐观一点,就不会过于失态。俗话说,"台上三分钟,台下十年功",平时的知识储备显得十分重要。如果没有平时的实践积累,就很难一蹴而就。因此,考生可通过平时自选题目、自我评述的方式加以练习,积累经验。考生可在学习之余,自拟一个题目,先准备几分钟,再评述几分钟。开始的准备时间可以稍长一些,如20分钟,评述3~5分钟。随着练习的增加和经验的积累,准备时间可以逐渐缩短。考生在准备时可以请自己的家人或同学帮助练习,请他们做你的听众,事后帮你分析不足,挑毛病。当练习超过20个题目后,考生即兴评述的能力必然会得到明显的提高。下面我们给出考生一些即兴评述的准备方向以及素材备案,帮助考生更好地应对考试。

一、即兴评述的准备方向

表13.2 即兴评述的准备方向

考题方向	举例
社会热点	1.谈谈高速免费造成交通堵塞。2.中国对于非自然文化遗产的保护。3.谈谈你对中国梦的看法。4.谈谈在灾难或突发性事件面前一个媒体人该如何做。5.如何看待"双11"购物。6.如何看待官员落马。7.如何看待社会上广泛出现的食品安全问题。8.如何看待明星吸毒现象。9.如何看待醉酒驾车现象。10.如何看待校车频繁出事的现象。11.如何看待近些年的"雾霾"现象以及我们对环保的认识。12.如何理解"扶不扶"现象。
【考题方向分析】社会热点是近年来即兴评述考试中最为重要的考查内容,它涉及的方面十分广泛,包括社会、人文、道德、环保、时事热点等。旨在通过考生对这些问题的关注和认识来衡量考生的综合素质。因此,广大考生在备考时应多关注新闻时事和社会热点问题,并对此类问题要有一定的判断能力。建议考生可利用空余时间多读文字类短新闻,多看多听新闻类节目,关注凤凰网、央视新闻网、新浪网、腾讯网的相关新闻资讯。	
影视传媒	1.如何看待《中国汉字听写大会》等传播传统文化类的节目。2.谈谈限娱令的影响。3.中国娱乐节目如何保持原创性。4.谈谈你对商业电影和票房的看法。5.如何看待《新闻联播》的平民化。6.谈谈《舌尖上的中国》成功的原因。7.谈谈你对《变形记》的看法。8.如何看待央视主持人"跳槽"。9.谈谈你对各类"微文化"现象的认识。10.谈谈你对青年作家当导演现象的看法。

	【考题方向分析】影视传媒类考题主要考查考生作为相关专业的学习者对该领域的熟知及热爱程度。对于此类考题方向的准备,考生可在平时多观看各类型电视节目和电影篇目,也可通过关注传媒前沿现象应对此类考题。考生需要注意的是,切不可只关注自己感兴趣的类型,因为在考试时涉及的领域五花八门,所以考生需要全方面地去关注各个类型。
青春校园	1.中国大学生是该先就业还是先择业。2.谈谈你眼中的中国应试教育和素质教育。3.谈谈你的财富观。4.怎样看待高考改革。5.谈谈你对"官二代"、"富二代"、"星二代"现象的看法。6.谈谈你对"代沟"的看法。7.谈谈你对"个性发展"与"团队协作"关系的认识。8.谈谈你对"一夜成名"的看法。9.你如何看待"上大学是成才的唯一出路"这句话。10.高中生应不应该穿校服。
	【考题方向分析】青春校园是即兴评述中考生们最有发言权的话题之一,考生可结合自己的真实体验进行相应的评述。此类考试方向主要从考生的个人素质出发,注重90后年轻一代遇到的问题。由于该题型贴近考生的生活实际,因此需要引起考生的足够重视。针对此类考题,考生在评述时只要内容积极向上且能够体现个人的价值观和人生态度即可。评论角度不要偏激或者过于个人化,应该从学生群体和社会大潮出发进行探讨。
名言解读	1.方与圆。2."自古逢秋悲寂寥,我言秋日胜春朝"你赞同吗？3."厚积而薄发。"4.李嘉诚说:"孤独是我成功的秘诀",你怎么看？5."独木不成林,单弦不成音"你赞同吗？6."己所不欲,勿施于人。"7."父母在,不远游,游必有方。"8."酒香不怕巷子深。"9."读万卷书,行万里路。"10."志存当高远。"
	【考题方向分析】名言解读在即兴评述中也是较为传统的题型,这类考题的发挥好坏一定程度上取决于考生的语言文字能力,因此,阅读古文、熟读经典,再加上认真学习高中语文课本的知识,定能应对此类考题。

二、优秀素材备案

【范例一】

开雾霾的玩笑笑不出来

"生活中不是缺少美,而是缺少发现美的眼睛。"罗丹的这句话如果用在雾霾的身上,就应该这么说:生活中不缺少丑,而是缺少承认丑的勇气。

挂在某媒体网站上的一篇文章就让大家见识了什么叫"缺少承认丑的勇气"。文章呼吁大家不要光记着雾霾的不好,还要记着雾霾的好,比如文章就总结了雾霾至少有五大好处,让中国人更平等、更团结、更幽默、更清醒、更长知识了。这是一篇动摇常识的文章,虽然以搞笑的面目出现,本来不值得一评,但因为在网上造成了一定影响,迎合了一部分人的需要,觉得有必要把这里面的道理说说清楚。

作者说,雾霾让国人更平等、更团结了,大家在雾霾面前是半斤八两,轮流患难,谁也拿不出多少优越感,还是不要相互拆台了。言下之意,有难得同当。这话要说也没错,每个地方都在往天上输送着PM2.5,都是有责任的。可有福呢,怎么没想跟我们共享？一些地方以牺牲环境为代价,为了自己的一点利益,却让半个中国陪着倒霉,有这样团结大家的吗？

要说公平,看起来,空气无处不在,是唯一不太可能被特供的生活必需品,但可别天真地以为土豪就无处可逃。他买张机票就飞走了,你买张机票要精打细算好几个月;一般人住鸟笼子一样的房子,一天不开就闷得慌。而土豪们的豪宅里精心地配备着各种传说中的空气净化器、新风系统。你真以为土豪们会像工薪阶层一样在垃圾一样的空气里吞云吐雾?

那一张张苦笑的脸上分明挂着泪痕。一个没有能力保护自己又不甘心堕落的人才会用自嘲的方式挪揄现实。我的确看到了一种力量,不过不是战胜的决心,而是对现实的不满。这可不是什么幽默,这里面包含着的是对生存的担忧。这种"乐观"其实是一种反向的抗议。

至于长见识,这方面能举的例子实在太多了。比如,结石宝宝让大家认识了三聚氰胺,现在雾霾又普及了PM2.5的知识,这些只有化学家、物理学家才搞得清楚的东西,我们国家随便拉个人来都能说道半天。可我们需要这些知识干吗?我们又不是物理学家、化学家,我们有必要去认识增白剂、瘦肉精、牛肉膏是什么东西吗?我们只需要认识奶粉长什么模样,天空不应该是灰色的,空气是可以拿来呼吸的就行。

身处困境,的确应该乐观一点,要有苦中作乐的勇气和肚量。我们向来佩服身处逆境依然不改本色的人,但面对持续这么长时间的雾霾,日渐萎缩的肺活量,愁得茶饭不思,突然给了这么大一笔精神大餐,我们消化得了吗?我们能破罐子破摔,可我们的孩子怎么办?我们不缺精神食粮,缺的是能解决问题的办法、方向和可能。

明知不可为而为之,那是挺折腾人的,有时候必须得看开点;明知可为而不为,那是渎职、是犯罪。中国的现代化一直说不能重复过去的错误,伦敦60多年前的雾霾曾夺去1.2万人的生命,难道我们也要亲身亲历一遍才有感觉吗?一定要有切肤之痛才知道珍惜吗?

【范例二】

<h3 style="text-align:center">担当,是青春的亮色</h3>

"青年一代有理想、有担当,国家就有前途,民族就有希望,实现中华民族伟大复兴就有源源不断的强大力量。"今年12月5日,习近平总书记给华中农业大学"本禹志愿服务队"回信时说。

这是观照历史、植根现实的不刊之论。青年最富活力、最有朝气,是社会中备受瞩目的先锋力量。他们向着理想生长,浑身充满希望与力量。在他们身上,我们看到未来的模样。

有担当的青春才够闪亮,历史的书页,定格了一段段闪亮的青春。1919年,风雨飘摇中的国人看不到未来,"五四"运动让中国青年登上历史舞台,向世人宣告一个青春中国正在挺立。湘江边的青年毛泽东振臂高呼:"天下者,我们的天下。国家者,我们的国家。社会者,我们的社会。我们不说,谁说?我们不干,谁干?"

这样的呼声,回响于近代民族独立、自强、复兴的整个过程,一代代青年以主人翁的姿态,听从时代召唤,挑起历史重担,不断开拓民族走向现代化的路径。也正是这一环扣一环的梦想接力,才熔铸成如今一个日渐清晰的中国梦。

接过梦想的接力棒,历史方位清晰地标明了当代青年的责任。从现在起到本世纪中叶,是我们实现两个"一百年"目标和民族复兴的关键时期,也恰好是这一代青年人从青年到中年的人生黄金期,他们的人生路注定与中国梦交织在一起。面对徐徐展开的梦想画卷,身处风云激荡的改革前沿,怎样体认责任、勇于担当,让国之梦点燃我之梦,以我之梦托起国之梦,是当代青年不可回避的人生之问。

敢于担当,就要焕发朝气。如果找一个词来形容青年,"朝气"二字不可或缺。把青年比作早上八九点钟的太阳,就是因为他们清新、鲜活和充满希望。朝气蓬勃的人信仰奋斗,自信用双手开创未来,用劳动创造价值。他们不会因为有人"拼爹",便斗志消沉,生活在抱怨里;不会因为压力山大,就被无力和悲观的风气缠绕,生活在抑郁里;也不会因为潜规则或灰色地带的诱惑,便从于流俗,生活在阴暗里。他们清楚地知道作为国家一员、社会一分子、历史一环应肩负的责任,也明白拥有怎样的人生,最终只有自己负责。因此他们选择生活在阳光里,并把这种阳光的正能量,注入社会肌体,提振国民精神。

敢于担当,就要展现锐气。"锐气"二字,同样非青年莫属。青年是天然的改革力量,如果一个社会,连青年都不敢争先,不敢突破常规,那还能期望谁呢?一部改革开放史,多少青年弄潮儿,在改革的最前沿、开放的最外端,活跃的大多是追梦的年轻人。当前我们正迈进全面深化改革的新境界,新境界必有新天地、新机遇,必然造就新英雄、新宠儿,青春的事业需要青春的力量。然而,改革要过深水区,要涉险滩、啃硬骨头、破瓶颈,需要年轻人有冲劲、有锐气,以一往无前、锐不可当的气势,冲破束缚,闯出新路。创新是青年的优势,他们活泼而敏锐的心灵,更容易发现新知识,接受新事物,创造新价值,为恢宏的改革做开路先锋。

"梦想就是一种让你感到坚持就是幸福的东西。"新的历史征程已经开启。朋友们,让我们走向前去,勇于担当吧,在实现中华民族伟大复兴的中国梦的实践中,放飞青春梦想!

【范例三】

道德之树,不应掩盖事实的森林

有图像有说明,可有些时候,你所看到的,并非真相。

北京街头,一个外国小伙儿撞倒了一个东北大姐。恰巧路过的摄影人,拍到了双方拉扯的情景。他将一系列的照片发到了网上,想当然配以"被撞者疑似讹人"的图片说明。马上,舆论群起而攻之,有电视台的评论人也不分青红皂白地对东北大姐冷嘲热讽。后来,记者调查证实,外国小伙儿不仅撞了人,还爆粗口,被撞者无辜遭"围攻"。

沈阳街头,也有一位老人被飞驰的电动车撞倒。他被撞人者扶起来后说:"孩子,我没事,我有医保,你赶紧上班去吧。"很快,老人就成为"咱不讹人"的榜样。

不管是对东北大姐的责难,还是对沈阳老人的褒扬,在舆论的评判中,道德明显居于事实之上。人们首先想到的是有没有"讹人",而非事实——究竟怎么回事,到底谁对谁错,以及,被撞者有无权利要求赔偿。而一旦道德掩盖了事实,原本人们所追求的道德,很可能就变了样儿。

前些时候,媒体报道说富豪相亲,万千佳丽排队待选,排场之大、条件之苛刻令人瞠目。作为一种丑陋现象,相亲的富豪被大加挞伐,人们怒不可遏,义愤填膺。当央视的报道揭开事件的神秘面纱,发现所谓的"相亲",不过是一家公司诱惑有钱人入会而制造的噱头时,那些挥动着道德大棒的口诛笔伐者作何感想?当所有的指责和愤怒,不过是一场骗局的佐料时,我们的道德何处安放?

人们似乎很容易就在道德的驱使下"不明真相",从街头的撞人事件,到微博、微信上的小道消息,甚至重大政治事件,道德时常被谎言所蒙骗。《时代》杂志曾刊登过一张照片:一个瘦骨嶙峋的波斯尼亚人,被塞尔维亚人囚禁在一个俘虏营里。如此"纳粹"行径,显而易见地要受责惩。于是,媒体发起了一场国际运动,直指新的"奥斯维辛"。可是后来人们发现,照片中的那个人是一个因抢劫而被捕的波斯尼亚人,因常年患有肺结核而消瘦。

你有没有转发过这样的微博微信:一个孩子走丢了,需要好心人帮忙寻找,知情者请给某个手机打电话。你转发时的第一反应是什么?事情是真是假,还是孩子好可怜?即使心有疑虑,"帮助可怜孩子"的正义感还是会让你做"善事"。

在道德的面前,事实就这样变得不重要。而往往,出于善良情感的支持或同情,出于良好初衷的决策和选择,未必就能如我们所愿地实现了公平和正义。因为道德具有掩盖性,它可能会遮蔽具体问题。比如,站在道德的制高点上,我们会支持外来人口享有平等的权利。但是,将这样一个道德选择变成具体的利益取舍时,问题就远没有那么简单。反对"不平等待遇"这个抽象概念的人,一样反对异地高考,因为它将降低自己孩子进入名校的机会。此时,享有平等权的道德,是不是也遮盖了确实有人利益受损的事实呢?

这就是我们所要的道德吗?事实在哪里,真相又是什么?论争的意义何在,对异己的包容有无可能?如果这些都不存在,那么,我们对道德的追求,只可能是一种虚无,我们在挥动道德大棒的讨伐之中,也就变成了自己深恶痛绝之人。

【范例四】

"人肉"有风险 "搜索"须谨慎

2013年12月3日,高中女生琪琪从陆丰望洋河桥上跃下身亡。前一天,因怀疑她偷窃服装,店主将监控视频截图发至微博求人肉搜索。很快,她的个人隐私信息曝光,成为身边同学朋友指指点点的对象。广东陆丰警方8日立案侦查后,将服装店主刑拘。

18岁花季少女,正值豆蔻年华,居然因为人肉搜索而自寻短见,过早离开人世,令人惋叹。那些毫不犹豫地将她的照片、姓名、学校、家庭住址发上网的人肉搜索者,那些不知情、不分青红皂白地对少女进行指责、辱骂的网友,是你们在道德、正义的名义下实施的群体性行为将她送上黄泉路,面对如此悲惨结局,你们的心好受吗?

"如果你爱他,把他放到人肉引擎上去,你很快就会知道他的一切;如果你恨他,把他放到人肉引擎上去,因为那里是地狱。"能把人害死的人肉搜索,说是"地狱"恐怕也不过分,这类说法也不能不引起社会的反思与重视。人肉搜索是一把双刃剑,它既可对官员进行监督,将一些贪官污吏拉下马(如"表哥"),也可能对普通人构成伤害。2008年的"王菲、姜岩事件"就是一例,不堪人肉搜索骚扰的王菲将几大网站告上法庭,成为中国"人肉搜索第一案"。

人肉搜索在网络与现实之间架起一座桥梁,只要跨一小步,它就走到真实世界里。人肉搜索将被搜索者的信息传上网,不可避免地就触及肖像权、隐私权、名誉权等问题,存在法律风险,但现行法律对此并没有作出明确的、针对性的规定。对人肉搜索可能存在的侵权风险,除了公职人员,对平民百姓的人肉搜索,还是要管起来,不能让人肉搜索渐行渐远最终衍变成网络之恶。

人肉搜索的可怕之处就在于一个"众"字,众人拾柴火焰高,众人一搜底细清。细究起来,法不责众是群体无意识的最大心理支撑,也是归责之难点所在。化解之道,一方面,切实推行有限网络实名制(后台实名),增加网民的责任感,让他们在参与人肉搜索之前对自己的行为多做理性判断;另一方面,明确网络经营商的监管责任,对广大网民发布的信息进行审核监督,对不适当的言论及时删除,做到防患于未然。

【范例五】

"爸爸去哪儿"与"如何做父亲"

五对明星父子一起参加录制的《爸爸去哪儿》,吸引了越来越多的观众,这档节目为什么火爆?它展现的是行色匆匆、忙忙碌碌、常不在家的爸爸们。爸爸不在家,《爸爸去哪儿》把这一现象推向了大家关注的焦点。然而有意思的是,收看这档节目的观众,女粉丝的数量仍然远远超过男士。忙碌奔走的爸爸们仍然无暇关注诸如"爸爸去哪儿"这样的话题。"爸爸"这个角色,在儿童成长中,一不小心成了醒目的缺席者。

问"爸爸在哪儿",是对父爱的呼唤;问"如何做父亲",是对责任的追问。爱与责任,我们都难以逃避。鲁迅先生论如何做父亲,说父母的责任除了给孩子一个健康的身体,"还须教这新生命去发展",在新旧文化更替之际,先生呼吁破除旧的家庭观、教育观,要以孩子为本位理解孩子,以发展的思想指导孩子,以独立为目标解放孩子,非常中肯而切实。

今天如何做父亲,回答这个问题,首先要"在这里",然后讨论"如何做"。孩子的小心灵呼唤父亲回归。父亲缺席的家庭,对孩子尤其对男孩子的培育影响很大。幼儿园、小学甚至中学阶段阴盛阳衰,多是男教师和父亲角色缺席的结果。培养新一代坚毅、果敢、顽强的男子汉,在父爱缺失的家庭里,隔代教养的留守儿童中,无异于缘木求鱼。这需要爸爸回归家庭,担负起缺失的责任。

做父亲,还要担起教育的责任,并改良我们的社会。最近,甜甜摔婴案持续发酵。令人遗憾的是,一个问题女孩的身后,站着一个闪烁其词的父亲。这名父亲没有意识到自己教育的失责与愧疚,只是觉得问题有点大了。这样的父亲,没有担起责任,不仅给自己的家庭蒙上阴影,也给社会带来灾难。要改良我们的社会,我们就要有改变自己的决心,还要改变周边的诸种不合理、不合情、不合法。

另外,我们对自己的孩子要学会放手,但是这个真的有点难。我们不想择校,但害怕孩子"输在起跑线上";我们希望孩子"自己的事自己做",但他磨磨蹭蹭会浪费时间;我们希望孩子自立,从独自来去学校开始,但交通乱象让人担惊受怕,更不要说路边还有"坏人";我们希望孩子富有爱心,又担心爱心被利用,给幼小心灵投下抹不去的阴影;我们希望给孩子一个快乐的童年,但害怕将来不适应社会他们有一个痛苦的成年……就这样,我们纠结着当年鲁迅先生的纠结。

可能鲁迅先生的药方依然有效,即"所以根本方法,只有改良社会",而且要从我做起。这就要求我们每一个人都对社会负起应负的责任,学着做合格的父亲。

【范例六】

喜羊羊暴力之争,分级制亟待提上议程

今年4月发生的连云港10岁男童模仿《喜羊羊与灰太狼》中"灰太狼烤全羊"的情节,将同村4岁、7岁两名小伙伴绑在树上点火烧成重伤一案近日宣判,《喜羊羊与灰太狼》的制作公司、被告广东原创动力文化传播有限公司被判承担原告损失的15%,赔偿原告3.9万多元。

法院认为,传播对象主要是未成年人这个特殊群体,在制作传播相关影像制品时,制作方除了应遵守音像制品管理条例的规定,还应受到未成年人权益保护的相关法律法规的制约,应该主动严格审查不宜未成年人观看的情节和画面,并负有提示风险、警示模仿的注意义务。诚然,制作方应当在遵守法规的基础上考虑受众,但是,"未成年人"是个非常宽泛的概念,4岁的未成年人和14岁的未成年人在判断力和民事行为能力上都完全不是一个群体,那么,在我国对动画与其他影视作品均没有清晰的内容规制的情况下,制作方究竟应该以几岁未成年人的接受程度为判断标准对内容进行筛选?

按照动画播出到孩子观看的过程来看,如果要追究制作方的责任,审查方和监护人同样应承担责任。而这两个群体或许会感觉比制作方更委屈和无力,要知道,动画片甚至连"家长指引"都没有。

2013年10月,《喜羊羊》和《熊出没》因涉及暴力、危险情节、不文明语言等因素被责令整改,两部动画遭到前所未有的惩罚,一时禁播之声四起。央视曾点评"时下国内动画片除了三分之一是《喜羊羊与灰太狼》之外,剩下的三分之二全部是充满了血腥与暴力的动画片,实在不适合小孩子观看",但实际上,很多动画的目标受众根本就不是小孩子,例如当年被央视重金引进大幅删减却仍因投诉而停播的《EVA》(新世纪福音战士)。少年儿童从来不是动画产业的唯一消费者,在国际上甚至早已不是主要消费者,国内亦如是。一刀切的禁播和斩脚趾避沙虫是一个思路,就像因为儿童不应接触血腥暴力色情的内容,所以任何涉及这一类内容的经典电影或名著小说都应被禁消失一样荒谬。

纯粹通过审查无法有效地对动画内容进行筛选,而禁播等同于剥夺少年儿童观看其

年龄适当观赏内容动画的权利。最根本的方法在于建立分级制度。根据动画或影片内容来规定和划分适当观赏年龄，是国际通用并被证明有实际效果的做法。在各国有不同的分级方式，一般分为所有年龄均可观看，家长陪同观看，12/13岁以下、15岁以下、17/18岁以下禁止观看等。以美国的4Kids制作的配音动画为例，在引进日本动画时秉承"不见血、不杀人、不抽烟、不喝酒"的原则，虽然将枪改为弹弓和手指、把刀和香烟去掉等改动被评价为"丧心病狂"，但也同时表现了在动画分级和对儿童保护方面的谨慎。模仿《喜羊羊》烤小伙伴的儿童只有9岁，想模仿《熊出没》买真电锯的孩子只有4岁，这些本不应是他们接触的动画内容，分级制度的缺失实际上是没有尽到对儿童保护的责任。至于被媒体称为太暴力不应让未成年人接触的动画《进击的巨人》，在其出产地日本本身就是深夜档成人类动画，就连在国内被认定为可让儿童观看的《超人奥特曼》，在日本也属于一定年龄方可观看的特摄片类。

　　任何年龄层次的受众都希望有权利观赏到内容更丰富且适合自身年龄层的作品，这一原则对于动画与其他影视作品均适用。近年来，国家欲大力发展动漫产业却一筹莫展，很大程度上是由于受众的对口模糊而导致创意受限和优秀作品夭折。儿童模仿动画施行暴力，不能只把板子打在制作方身上，分级制度的缺失是儿童保护的严重漏洞，也是阻碍动画及影视作品发展的一大障碍。禁播和单纯的审核都无法解决问题，分级制度的建立亟待提上议程。

后 记

近些年,市面上出现了众多关于影视编导类艺考考前辅导的教材,这些书籍要么过于陈旧、要么流于形式,缺少了一本真正意义上的工具书。并且作为影视产业飞速发展的年代,昨天还可能被人们津津乐道的产物,今天已然成了旧爱。在这样的背景下,我们针对艺术考试的新形势、新变化,大胆地对本书结构、案例、考题等进行了全面整合和梳理,让它能够成为全国各地考生的好帮手,更能成为一部"经典影片"承载无数考生的艺考梦。

在撰写中,我们汲取了大量已有的研究成果,参阅了众多中外有关著作。作为高校戏剧与影视专业的年轻教师,我们更觉得这是对我们十年前曾经走过的艺考之路的一次总结,回忆点滴便深感触动。我与我的同事张辉刚作为主编一起在完成本书的过程中,我们很好的取长补短相互学习,不仅收获了丰富的专业知识,更在学习之余收获了难能可贵的友谊,这对于我们来说更显珍贵。

对于此书的完成,首先想感谢曾经教导过我们的老师,正是你们的孜孜教诲,才让我们有底气站上讲台为人师表。我们也想感谢曾经教过的所有艺考生,是你们的汗水与泪水,让我们明白追梦之路的不易,是你们对艺术的执著,让我们明白身上的责任。

在成书出版过程中,我们也想感谢西北民族大学新闻传播学院各位领导的支持,正是由于你们的鼓励,让我们觉得站上讲台是人生最伟大的时刻。感谢中国传媒大学出版社欧丽娜女士,对于本书的出版给予了极大帮助。

在这里我们还要感谢西北民族大学新闻传播学院马晓慧、郭雨等众多参与写作的本科生们,正是你们的集思广益和艺考经历,让我们觉得这项研究成果有了重要的意义和价值;正是你们多达十二次以上的核实与校对,才让本书的错误降到了最低。作为一同完成书写的作者团队,我们因你们而感到自豪;同样作为你们的老师,也为你们的表现而倍感骄傲。还有很多对本书写作提出过宝贵意见并给予帮助的同仁们,在此一并感谢。

十年,从一个曾经热爱电影电视的男孩转眼间成为了一名站上讲台传播影视的专业教师,我们不得不感慨艺术带来的无限魅力。我们常在思考电影电视究竟为我们带来了什么,也许是《爸爸去哪儿了》里你感受到温情存在,也许是《中国好声音》里你成为了追梦少年，也许你会为《辛德勒名单》里所有人性的光辉触动，也许你正为《肖申克救赎》里的安迪流泪。还有很多的也许无法述说，但也许这就是电影电视，它会让你不分国界、不分年代，为了同样的情愫而悲喜。

另外有一件特别需要说明的事情：本书中引用了一些视频资料截图、图片、经典案例、学生习作和其他艺考资料，目的仅为艺考学生提供更有效的参考，虽然我们经过多方努力，但还是未能联系到版权方，所以在此特意表示我们深深的歉意，并希望得到您的理解，谨向您致以最深切的感谢。

最后，我们希望所有的艺考生坚定自己的梦想，让此书成为你的良师益友，伴随着你通向艺考的成功之路。

宁 珂

2015 年 6 月于兰州

图书在版编目(CIP)数据

影视编导专业技巧解析/张辉刚,宁珂主编. －－北京:中国传媒大学出版社,2015.9(2019.11 重印)

ISBN 978-7-5657-1355-2

Ⅰ.①影… Ⅱ.①张… ②宁… Ⅲ.①艺术—高等学校—入学考试—自学参考资料 Ⅳ.①J

中国版本图书馆 CIP 数据核字(2015)第 071476 号

影视编导专业技巧解析
YINGSHI BIANDAO ZHUANYE JIQIAO JIEXI

主　　编	张辉刚　宁　珂
责任编辑	欧丽娜
责任印制	李志鹏
封扉设计	风得信设计·阿东
出版发行	中国传媒大学出版社
社　　址	北京市朝阳区定福庄东街1号　邮编:100024
电　　话	86-10-65450528　65450532　传真:65779405
网　　址	http://cucp.cuc.edu.cn
经　　销	全国新华书店
印　　刷	三河市东方印刷有限公司
开　　本	787mm×1092mm　1/16
印　　张	17.25
字　　数	388 千字
版　　次	2015年9月第1版
印　　次	2019年11月第3次印刷
书　　号	ISBN 978-7-5657-1355-2/J·1355　定　价　39.00元

版权所有　　翻印必究　　印装错误　　负责调换